L. HUMBERT

EXERCICES

ET

QUESTIONNAIRES

SUR

LA GRAMMAIRE FRANÇAISE

DE

M. A. CHASSANG

Lauréat de l'Académie française
Inspecteur général de l'Instruction publique

COURS SUPÉRIEUR

LIVRE DU MAITRE

PREMIER VOLUME

Étymologie — Doublets — Formation des Mots

Ouvrage conforme aux programmes du 2 août 1880

PARIS

GARNIER FRÈRES, LIBRAIRES-ÉDITEURS

6, RUE DES SAINTS-PÈRES, 6

EXERCICES

LA GRAMMAIRE FRANÇAISE

—

COURS SUPÉRIEUR

PARIS

TYPOGRAPHIE GEORGES CHAMEROT

19, RUE DES SAINTS-PÈRES, 19

L. HUMBERT

EXERCICES

ET

QUESTIONNAIRES

SUR

LA GRAMMAIRE FRANÇAISE

DE

M. A. CHASSANG

Lauréat de l'Académie française

Inspecteur général de l'Instruction publique

COURS SUPÉRIEUR

LIVRE DU MAITRE

PREMIER VOLUME

Étymologie — Doublets — Formation des Mots

Ouvrage conforme aux programmes du 2 août 1880

PARIS

GARNIER FRÈRES, LIBRAIRES-ÉDITEURS

6, RUE DES SAINTS-PÈRES, 6

1883

EXERCICES FRANÇAIS

INTRODUCTION

ORIGINES
ET HISTOIRE DE LA LANGUE FRANÇAISE

QUESTIONNAIRE

De tous les éléments qui sont entrés dans la formation de la langue française, quel est le principal?

Qu'entend-on par latin populaire?

Quel était l'idiome des Gaulois?

Comment le latin s'imposa-t-il aux Gaulois?

Que disent de la langue latine Plutarque et saint Augustin?

L'ancien celtique disparut-il complètement de la Gaule?

L'invasion des tribus germaniques modifia-t-elle beaucoup la langue parlée en Gaule?

Qu'entend-on par langue romane?

Quelles furent les autres langues formées par le latin populaire dans les pays méridionaux de l'Europe?

Où fut parlée la langue d'*oc* et quels étaient ses dialectes?

Quels étaient les dialectes de la langue d'*oïl* et où étaient-ils parlés?

D'où viennent ces mots de langue d'*oc* et langue d'*oïl*?

A quel moment le dialecte français de la langue d'*oïl* l'a-t-il emporté sur les autres?

Que devinrent les autres dialectes?

Par quoi est établie la différence principale entre la langue française et la langue d'*oïl*?

Quel est le cas qui subsiste à peu près seul dans la langue française?

Quel est le caractère principal des idiomes modernes comparés aux idiomes de l'antiquité?

Quels sont les deux faits principaux dont il faut tenir compte pour bien connaitre la langue française?

Qu'est-ce que l'histoire de la langue française?

De quoi est formé le fond de la langue française?

A quelles époques se sont introduits dans la langue française des mots *arabes, italiens, allemands, espagnols, anglais?*

Qu'entend-on par *mots de formation populaire* et *mots de formation savante?*

A quelle époque surtout les érudits ont-ils fait entrer dans la langue des mots d'origine grecque et latine?

Qu'appelle-t-on *doublets?*

<table>
<tr><td>

Les doublets ont-ils tous la même origine?

Est-ce le hasard seul qui a présidé à la formation des mots d'origine populaire, venus du latin?

</td><td>

Qu'est-ce qu'on entend par *Maintien des voyelles accentuées en latin?*

Quelles sont les deux applications particulières de la règle précédente? Citez des exemples.

</td></tr>
</table>

MOTS D'ORIGINE CELTIQUE

1er EXERCICE.

Donner le sens des mots suivants qui sont d'origine celtique.

Arpent (latin *aripennem* et *arpennem*). — Bagage. — Balai, du celtique *balan*, genêt. — Banne (bas-latin *bennam*, chariot en osier). — Barre, du celtique *bar*, branche. — Bec (latin *beccum*). — Bidet. — Bouge. — Bouleau. — Braie (latin *bracam*). — Bruyère (bas-latin *brugariam* et celtique *brug*, buisson). — Claie (bas-latin *clidam*, *cliam* et celtique *cloued*). — Cormoran, (mot formant pléonasme, de *cor* pour *corb* qui en vieux français signifie corbeau, et du celtique *môrvram*, de *môr*, la mer, et *bran*, corbeau.) — Cruche, du celtique *cruc.*

Corrigé. — Voir un dictionnaire.

2e EXERCICE.

Suite du précédent.

Dartre. — Dru, du celtique *druz*, gras. — Gober, du celtique *gob*, bouche. — Goéland, dérivé du celtique *guela*, pleurer. — Goélette, comme le précédent. — Harnais, du celtique *harnez*, ferraille. — Jarret, du celtique *garr*, jambe. — Marne, latin *margam*. — Pinson, du celtique *pinc*, gai et pinson. — Quai, du celtique *hae*, haie, barrière. — Ruche, du celtique *rusken*, écorce et ruche, les ruches étant faites d'écorces d'arbres. —

Sornette, dérivé du celtique *surn*, bagatelle. — Toque, du celtique *tok*, chapeau, coiffure en général. — Truand, du celtique *truaghan*, pauvre. — Vassal, du celtique *guaz*, homme serviteur.

Corrigé. — Voir un dictionnaire.

MOTS D'ORIGINE LATINE

Observation. — Les mots français d'origine latine sont très nombreux; ils forment le fond de notre langue. Ils seront étudiés plus loin et d'une façon particulière : 1° à propos des doublets ; 2° comme application des lois qui ont présidé à la formation des mots populaires ; 3° au chapitre des Origines latines de l'alphabet français ; 4° au chapitre des Mots composés.

MOTS D'ORIGINE GERMANIQUE

Observation. — Il y a en français environ 450 mots d'origine germanique. Beaucoup sont entrés dans la langue par l'intermédiaire du bas-latin. C'est ainsi que de l'ancien haut-allemand *skepeno* était venu *scabinus*, que l'on a dans les textes carlovingiens avec le sens de juge ; de l'accusatif *scabinum* est venu *eschevin*, puis *échevin*. Nous ne pouvons citer ici, avec leurs transformations successives, tous ces mots que l'on trouvera réunis dans l'introduction du *Dictionnaire étymologique* de M. Brachet ; nous donnons seulement ceux qui ont rapport à la guerre et à la marine.

3ᵉ EXERCICE.

Avec les mots français suivants qui sont d'origine germanique, former deux listes, la première contenant les termes de guerre, la seconde contenant les termes de marine.

Amarrer. — Bac. — Baudrier. — Bief. — Blesser. — Bord. — Brandir. — Brèche. — Briser. — Butin. —

Canot. — Chaloupe. — Cible. — Cingler. — Cotte. — Crabe. — Crique. — Dard. — Digue. — Drague. — Écrevisse. — Épier. — Esquif. — Est. — Esturgeon. — Étape. — Falaise. — Fanon. — Flèche. — Foc. — Frêt. — Gaffe. — Gréer. — Guerre. — Hallebarde. — Halte. — Hamac. — Hareng. — Hauban. — Haubert. — Havre. — Heaume. — Héraut. — Homard. — Hune. — Mât. — Nord. — Ouest. — Radouber. — Sud. — Tillac. — Varech. — Vase.

Corrigé. — 1° *Termes de guerre :* Baudrier. — Blesser. — Brandir. — Brèche. — Briser. — Butin. — Cible. — Cotte. — Dard. — Épier. — Étape. — Flèche. — Guerre. — Hallebarde. — Halte. — Haubert. — Heaume. — Héraut.

2° *Termes de marine :* Amarrer. — Bac. — Bief. — Bord. — Canot. — Chaloupe. — Cingler. — Crabe. — Crique. — Digue. — Drague. — Écrevisse. — Esquif. — Est. — Esturgeon. — Falaise. — Fanon. — Foc. — Frêt. — Gaffe. — Gréer. — Hamac. — Hareng. — Hauban. — Havre. — Homard. — Hune. — Mât. — Nord. — Ouest. — Radouber. — Sud. — Tillac. — Varech. — Vase.

MOTS D'ORIGINE ITALIENNE

4ᵉ EXERCICE.

Trouver les mots français venus des mots italiens suivants.

Accolata. — **Accorto**, fin, avisé. — **Acquarella**, lavis, détrempe. — **Adagio**, lentement. — **Affidato.** — **Affronto**, injure. — **Aggio**, change, terme de banque. — **Allarme** (primitiv. **all'arme**, aux armes). — **All'erta** (littér. aux gardes, garde à vous). — **Altezza.** — **Altiere**, hautain. — **Andante**, allant. — **Archibuso.** — **Arcivolto.** — **Arietta**, diminutif de **aria**, air de musique. — **Arlecchino.** — **Arpeggio**, dérivé de **arpa**, harpe. —

**Arsenale. — Articiocco. — Artigiano. — Attitu-
dine.**

Corrigé. — Accolade. — Accort. — Aquarelle. — Adagio.
— Affidé. — Affront. — Agio. — Alarme. — Alerte. --
Altesse. — Altier. — Andante. — Arquebuse. — Archivolte.
— Ariette. — Arlequin. — Arpège. — Arsenal. — Artichaud
— Artisan. — Attitude.

5e EXERCICE.

Trouver les mots français venus des mots italiens suivants.

Babbole, jouet. — **Bagatella,** tour de bateleur. —
Bagno, nom d'un local de bains employé accidentelle-
ment à renfermer des prisonniers. — **Bacchetta** (diminutif de **bacchio,** bâton). — **Balcone.** — **Baldac-
chino** (proprement, dit Littré, nom d'une étoffe très
riche, qui, ayant servi à faire des tentures, a fini par
donner son nom à l'ensemble de l'appareil qu'elle cou-
vre, et même à un ornement architectural; de **Baldaco,**
nom altéré de Bagdad, ville où se fabriquait ce genre
d'étoffe). — **Balordo.** — **Balaustro** (venu du grec
βαλαύστιον, fleur du grenadier, parce que chaque pilier
ressemble, par le renflement de son milieu, à cette fleur).
— **Bambino,** petit garçon. —**Bambocchio,** poupée.—
Banca, banc (à cause du banc qu'avaient à l'origine,
comme beaucoup d'autres marchands, ceux qui faisaient
le commerce d'argent). — **Bancarotta** (litt. banc
rompu, parce qu'après une faillite on rompait celui que le
commerçant avait sur le marché).—**Bandiera,** bannière.
—**Bandito,** propr. banni.—**Bandoliera.**—**Baracca.**
—**Barca.**—**Barcarola,** chant du gondolier, *barcaiuolo,*
de Venise. — **Bastione.** — **Battaglione.**—**Battifolle**
(rempart, boulevard où les jeunes gens allaient s'amuser).

Corrigé. — Babiole. — Bagatelle. — Bagne. — Baguette.

— Balcon.— Baldaquin. — Balourd. — Balustre. — Bambin. — Bamboche. — Banque. — Banqueroute. — Bandière. — Bandit. — Bandoulière. — Baraque. — Barque. — Barcarole. — Bastion. — Bataillon. — Batifoler.

6ᵉ EXERCICE.

Trouver les mots français venus des mots italiens suivants.

Belladonna (littér. *belle dame*, plante ainsi appelée parce que les Italiens s'en servent pour faire du fard). — **Belvedere** (de **bello**, beau, et **vedere**, voir). — **Bilancio**, balance. — **Biglione**, monnaie de cuivre. — **Biscotto**, biscuit. — **Bossolo**, petite boîte (diminutif de **bosso**, buis). — **Bravaccio** (en italien la désinence *accio* est péjorative). — **Bravata**. — **Bravo** (du bas-latin *bravus*, sauvage). — **Bravura**. — **Brigata**. — **Briga**. — **Brigantino**. — **Bronzo**. — **Brugna**, prune. — **Brusco**, aigre, âpre. — **Buffetto**. — **Buffone** (dérivé du verbe **buffare**, railler, proprement *bouffer*, parce que l'art des bouffons consistait anciennement à faire des grimaces, dont la plus fréquente était de grossir ses joues). — **Bullettina**, billet. — **Burlesco**, grotesque (de *burlare*, plaisanter). — **Busto**.

Corrigé. — Belladone. — Belvédère. — Bilan. — Billon. — Biscotte. — Boussole. — Bravache. — Bravade. — Brave. — Bravoure. — Brigade. — Brigue. — Brigantin. — Bronze. — Brugnon. — Brusque. — Buffet. — Bouffon. — Bulletin. — Burlesque. — Buste *et par altération* busc.

7ᵉ EXERCICE.

Trouver les mots français venus des mots italiens suivants.

Cappuccio, chou cabus. — **Catenaccio**, verrou. — **Cadenza**. — **Cagna**. — **Calzoni**, haut-de-chausses. — **Calafatare** (d'un mot arabe qui signifie introduire de l'étoupe dans les fentes d'un navire). — **Calcare.** — **Calibro** (d'un mot arabe qui signifie moule). — **Calma.** — **Cameo** (du bas-grec κάμπτον, chose faite par la main). — **Camerista** (dérivé de *camera*, chambre). — **Canaglia** (dérivé de *cane*, chien). — **Canavaccio,** grosse toile à broder. —**Candi** (d'un mot arabe qui est relatif à la préparation du sucre). —**Cannone** (augmentatif de canne, par assimilation de forme). — **Cantata** (dérivé de *cantare*, chanter). —**Cantina,** cave, cellier.— **Capitoso.** — **Capitone,** soie non tordue. —**Caporale.** —**Cappone.** — **Cappucino.** —**Capriccio** (littér. saut de chèvre, chose inattendue). — **Carabina** (venu par altération de calabrin, cavalier de la Calabre). — **Caraffa.** — **Carcassa.** — **Carezzare.** — **Caricatura** (de **caricare,** charger). — **Carnovale** (du bas-latin *carnelevale* (*carnis levamen*), temps où l'on enlève l'usage de la chair, le carnaval étant proprement la nuit qui précède le mercredi des Cendres).

Corrigé. — Cabus. — Cabriole. — Cadenas. — Cadence. — Cagne, *chienne*, et cagneux. — Caleçon. — Calefater. — Calquer. — Calibre. — Calme. — Camée. — Camériste. — Canaille. — Canevas. — Candi. — Canon. — Cantate. — Cantine. — Capiteux. — Capiton. — Caporal. — Capon. — Capucin. — Caprice. — Carabine. — Carafe. — Carcasse. — Caresser. — Caricature. — Carnaval.

8ᵉ EXERCICE.

Trouver les mots français venus des mots italiens suivants.

Carosello. — **Carrubo** (de l'arabe *charroub*, qui désigne ce fruit). —**Carrozza.** — **Cartello,** affiche.—**Cartoccio,** cornet de papier. — **Cartone** (de **carta,** papier). —**Casamatta.** —**Cascata,** chute.—**Casino,** maison de campagne. — **Casco.** — **Catacomba.** —

Catafalco. — **Cavalcata.** — **Cavaliere.** — **Cavalleresco.** — **Cavalleria.** — **Cavatina.** — **Cavezzone.** — **Cedrato** (proprement citronné, de **cedro**, citron). — **Cervellata** (ainsi appelé parce qu'à l'origine on y faisait entrer de la cervelle). — **Ciarlatano** (de **ciarlare**, babiller). — **Ciurma.** — **Cicerone** (du nom de l'orateur romain Cicéron, à cause des abondantes paroles de ces gens). — **Cittadella** (propr. petite ville). — **Cittadino.** — **Clavicembalo.** — **Cocchio.** — **Colli**, *plur.* charges (parce que la charge se porte sur le cou). — **Colonello.** — **Comparsa**, action de paraître et personnage muet. — **Concerto.** — **Concetti**, *plur.* pensées brillantes. — **Condottiere**, capitaine. — **Congedo.** — **Contrabbando** (propr. contre le ban, l'ordonnance). — **Cornice.** — **Corteggio** (dérivé de **corte**, cour). — **Costume.** — **Cupola** (diminutif de **cupa**, coupe). — **Cortigiano.** — **Cotone** (de l'arabe *qoton*, même sens). — **Crescendo.** — **Crociata** (dérivé de **croce**, croix).

Corrigé. — Carousel. — Caroube. — Carrosse. — Cartel. — Cartouche. — Carton. — Casemate. — Cascade. — Casino. — Casque. — Catacombe. — Catafalque. — Cavalcade. — Cavalier. — Chevaleresque. — Cavalerie. — Cavatine. — Caveçon. — Cedrat. — Cervelas. — Charlatan. — Chiourme. — Cicerone. — Citrouille. — Citadelle. — Citadin. — Clavecin. — Coche. — Colis *ou* coli. — Colonel. — Comparse. — Concert. — Concetti. — Condottierre. — Congé. — Contrebande. — Corniche. — Cortège. — Costume. — Coupole. — Courtisan. — Coton. — Crescendo. — Croisade.

9ᵉ EXERCICE.

Trouver les mots français venus des mots italiens suivants.

Disinvoltura. — **Dilettante.** — **Doge** (propr. duc). — **Doccia**, conduit pour l'eau. — **Dogana** (impôt perçu au profit du doge sur les marchandises importées à Venise). — **Ducato** (monnaie marquée à l'effigie d'un duc).

Escaramuzza. — **Facciata** (dérivé de **faccia**, face).
— **Falsetto** (du latin falsus). — **Fanale** (du grec φανός,
brillant). — **Fanfaluca**, flammèche. — **Fantaccino**
(diminutif de **fante**, petit garçon). — **Facchino**, porte-
faix. — **Feluca** (d'un mot arabe qui signifie navire). —
Festone. — **Fiasco**. — **Filigrana**. — **Filugello** (dérivé de *filo*, fil). — **Fioretto**, petite fleur et fleuret. —
Fioriture (dérivé de *fiorire*, fleurir). — **Foga**. — **Fra-
cassare** (littér. casser à travers). — **Franco**. — **Fran-
gipani**, Italien inventeur d'un parfum dont on se servit
d'abord pour les gants, puis dans la composition d'une
espèce de pâtisserie. — **Frasca**, branche et au pluriel
balivernes. — **Fucile**. — **Furfanteria**, action de coquin.

Corrigé. — Désinvolture. — Dilettante. — Doge. — Dou-
che. — Douane. — Ducat. — Escarmouche. — Façade. —
Fausset. — Fanal. — Fanfreluche. — Fantassin. — Faquin.
— Felouque. — Feston. — Fiasco. — Filigrane. — Filoselle.
— Fleuret. — Fioriture. — Fougue. — Fracasser. — Franco.
— Frangipane. — Frasques. — Fusil. — Forfanterie.

10e EXERCICE.

Trouver les mots français venus des mots italiens suivants.

Gabbiere (dér. de **gabbia**, hune). — **Gabbione**
(propr. grand panier). — **Gala**, magnificence, réjouis-
sance. — **Gambata**, coup que l'on se donne à la jambe.
— **Ganascia** (du latin *gena*, joue). — **Garbo**, grâce,
courbure. — **Gazzetta** (du nom de la petite pièce de
monnaie que coûtait le papier-nouvelle vendu à Venise).
— **Giavelina**. — **Giberna**, gibecière. — **Gigantesco**
(dérivé de *gigante*, géant). — **Gioviale** (du latin *jovialis*,
qui appartient à Jupiter, lequel était considéré par les
astrologues comme une cause de joie et de bonheur).

— **Girandola** (venu du latin *girare*, tourner). '— **Gondola**. — **Grandezza**. — **Grandioso**. — **Granito**. — **Grechesco**, à la grecque. — **Greggia** (seta), soie brute. — **Grottesco** (dérivé de **grotta**, à cause des peintures trouvées dans des grottes anciennes). — **Gruppo**. — **Guazzo**, lavage. — **Guscio**, cosse.

Imbroglio. — **Impresario** (littér. entrepreneur). — **Improvvisare**. — **Improvvisto**. — **Incarnato**, rouge de chair. — **Incognito**. — **Infanteria**. — **In-gamba** (littér. en jambe, alerte). — **Isolare**.

Corrigé. — Gabier. — Gabion. — Gala. — Gambade. — Ganache. — Galbe. — Gazette. — Javeline. — Giberne. — Gigantesque. — Jovial. — Girandole. — Gondole. — Grandesse. — Grandiose. — Granit. — Grègues. — Grège. — Grotesque. — Grouppe. — Gouache. — Gousse.

Imbroglio. — Impresario. — Improviser. — Improviste. — Incarnat. — Incognito. — Infanterie. — Ingambe. — Isoler.

11e EXERCICE.

Trouver les mots français venus des mots italiens suivants.

Laguna (du latin *lacuna*, fosse, mare). — **Lavanda**, plante donnant une eau parfumée avec laquelle on se lave. — **Lava**. — **Lazzaretto** (du bas-latin *lazarus*, ladre, lépreux). — **Lazzarone**, mendiant. — **Lazzi**, pluriel de **lazzo**, badinage. — **Lesina**, alène. (M. Littré rapporte qu'il y avait au xvie siècle, à Vicence, une compagnie d'avares qui raccommodaient eux-mêmes leurs souliers et savates, et, comme il faut pour cela une alène, ils en prirent le nom.) — **Lotto**, lot, sort.

Macarone, sorte de pâte. — **Maccheroni**. — **Macchietta**, ébauche. — **Madonna**. — **Madrepora** (de *madre*, mère, et πῶρος, pierre). — **Madrigale**. — **Malandrino**. — **Mandolino** (dérivation altérée du grec πανδοῦρα, instrument de musique à cordes). — **Maneggio** (du latin *manus*, main). — **Marasca**, espèce de cerise acide. — **Marmotta** (du latin *murem montanum*, rat de montagne). — **Marzapane**. — **Mascherata**. — **Medaglia**, médaille. — **Mercantile**. — **Modello**. — **Mosaico** (du bas-latin *mosaicum* et du grec μουσεῖον). — **Moschetto**. — **Moschettone**. — **Mostaccio** (du grec μύσταξ). — **Mozzo**, jeune garçon (du latin *mustus*, jeune, frais). — **Mula**, pantoufle.

Nicchia. — **Nocchiere** (du latin *nauclerus*, venu du grec ναύκληρος). — **Noleggiare**, fréter. — **Numero**.

Corrigé. — Lagune. — Lavande. — Lave. — Lazaret. — Lazarone. — Lazzi. — Lésine. — Loto.

Macaron. — Macaroni. — Maquette. — Madone. — Madrépore. — Madrigal. — Malandrin. — Mandoline. — Manège. — Marasquin. — Marmotte. — Massepain. — Mascarade. — Médaille. — Mercantile. — Modèle. — Mosaïque. — Mousquet. — Mousqueton. — Moustache. — Mousse. — Mule.

Niche. — Nocher. — Noliser. — Numéro.

12ᵉ EXERCICE.

Trouver les mots français venus des mots italiens suivants.

Opera, œuvre. — **Oratorio** (du latin *oratorium*, dérivé de *orare*, prier). — **Orvietano**, remède vendu en public par un charlatan d'Orvieto, ville d'Italie.

Paladino (du latin palatinus, qui appartient au palais). — **Paletta**, petite pelle. — **Parapetto**, qui garantit la poitrine. — **Parasole**. — **Paravento**. — **Partigiano**. — **Pantalone**, vêtement en usage chez les Vénitiens, nommés eux-mêmes *Pantalons* parce qu'ils avaient saint Pantaléon pour patron. — **Pasquinata**, dérivé de **Pasquino**, tailleur de Rome chez lequel on faisait des médisances. — **Passata**. — **Pastello** (du latin *pastillus*, petit gâteau). — **Pasticcio** (propr. pâté, du latin *pasta*, pâte. — **Pasticciere**. — **Patacchia**. — **Peccadiglio** (diminutif de peccato, faute). — **Pavese**, bouclier. — **Pedante** (venu du grec παιδεύειν, instruire). — **Pennacchio** (dérivé du latin *penna*, plume). — **Pennone**. — **Perrochetto**.

Corrigé. — Opéra. — Oratorio. — Orviétan. — Paladin. — Palette. — Parapet. — Parasol. — Paravent. — Partisan. — Pantalon. — Pasquinade. — Passade. — Pastel. — Pastiche. — Pâtissier. — Patache. — Peccadille. — Pavois. — Pédant. — Panache. — Pennon. — Perroquet.

13e EXERCICE.

Trouver les mots français venus des mots italiens suivants.

Petto (in). — **Pianissimo**. — **Piano**, doux et doucement. — **Piano-forte**. — **Piastra** (propr. lame de métal). — **Piastrone**. — **Piedestallo** (litt. pied de support). — **Pigliare** (du latin *pilare*, voler). — **Pilastro** (du latin *pila*, colonne). — **Pittoresco** (dérivé de pittore, peintre, du latin *pictorem*). — **Poltrone**. — **Popolaccio**. — **Porcellana**, coquille. — **Posta**. — **Posticcio** (dérivé de **posto**, mis, placé). — **Postiglione**. — **Prestezza**. — **Presto**. — **Profilo**.

Quadriglia (dérivé du préfixe latin quadr-, quatre). — **Quadro**, carré.

Rabbuffo. — **Rachetta** (dérivé d'un mot signifiant paume de la main). — **Rada** (d'un vieux mot scandinave signifiant équipement des vaisseaux). — **Regata** (propr. émulation). — **Ridotto**, retraite. — **Ripresaglia** (de **ripreso**, repris). — **Riso** (du latin *oryza* et du grec ὄρυζα). — **Ritornello**. — **Riuscire**. — **Riverso**, envers. — **Rivolta**, action de faire volte, de tourner la face contre. — **Rodomonte**, nom d'un personnage créé par le Boïardo et adopté par l'Arioste (propr. qui roule des montagnes).

Corrigé. — In petto. — Pianissimo. — Piano, *adv*. — Piano, *à l'origine* forte-piano et piano-forte, *instrument de musique*. — Piastre. — Plastron. — Piédestal. — Piller. — Pilastre. — Pittoresque. — Poltron. — Populace. — Porcelaine. — Poste. — Postiche. — Postillon. — Prestesse. — Preste. — Profil. — Quadrille. — Cadre.

Rebuffade. — Raquette. — Rade. — Régate. — Redoute. — Représaille. — Riz. — Ritournelle. — Réussir. — Revers. — Révolte. — Rodomont.

<h2 style="text-align:center">14e EXERCICE.</h2>

Trouver les mots français venus des mots italiens suivants.

Saccheggiare. — **Saccoccia** (diminutif de **sacco**, sac). — **Sacripante**, nom d'un personnage emprunté par l'Arioste au Boïardo et qui était un faux brave. — **Saltimbanco** (litt. saute-banc). — **Sbirro.** — **Scarlattina**, écarlate. — **Scirocco** (d'un mot arabe qui signifie vent de l'est). — **Semola** (du latin *simila*, fleur de farine). — **Sentinella.** — **Sepia** (du latin *sepia*, seiche). — **Serenissimo** (du latin *serenissimus*). — **Setin** (du latin *seta*, soie). — **Setone** (du bas-latin *seto*, dérivé de *seta*). — **Siroppo.** — **Soldato.** — **Solfeggiare.** — **Solo.** — **Sonata.** — **Sonetto.** — **Soperchieria**, outrage, insulte. — **Soprano.** — **Sorta** (du latin *sortem*, sort, manière d'être). — **Spadaccino** (dérivé de **spada**, épée). — **Stanza**, demeure, arrêt. — **Stiletto.** — **Stucco** (de l'ancien haut-allemand stucchi, croûte). — **Svelto** (de **svellere**, tirer).

Corrigé. — Saccager. — Sacoche. — Sacripant. — Saltimbanque. — Sbire. — Scarlatine. — Siroco. — Semoule.

— Sentinelle. — Sepia. — Sérénissime. — Satin. — Séton. — Sirop. — Soldat. — Solfège. — Solo. — Sonate. — Sonnet. — Supercherie. — Soprano. — Sorte. — Spadassin. — Stance. — Stilet. — Stuc. — Svelte.

15ᵉ EXERCICE.

Trouver les mots français venus des mots italiens suivants, en observant qu'il y a en français un e prosthétique.

Scala, échelle (on descend d'un vaisseau à terre à l'aide d'une échelle). — **Scalata.** — **Scappata** (de **scappare,** échapper). — **Scarpa,** talus. — **Schinanzia** (du grec κυνάγχη, angine). — **Schizzo** (du latin *schedius,* fait sur-le-champ). — **Scorta** (dérivé de **scorgere,** montrer le chemin). — **Scrocco,** écornifleur, coquin. — **Spadone** (augmentatif de **spada,** épée). — **Spalliere** (dérivé de **spalla,** appui pour les épaules). — **Spione.** — **Squadra.** — **Squadrone.** — **Staffetta,** courrier (dérivé de **staffa,** étrier). — **Staffiere,** — **Staffilata** (coup d'étrivières). — **Stampare,** imprimer. — **Steccata,** palissade. — **Stocco,** bâton. — **Strada** (du latin *strata,* voie pavée). — **Stramazzone,** grand couteau. — **Strappata** (dérivé de **strappare,** arracher). — **Stroppiare.**

Corrigé. — Escale. — Escalade. — Escapade. — Escarpe. — Esquinancie. — Escopette. — Esquisse. — Escorte. — Escroc. — Espadon. — Espalier. — Espion. — Escadre. — Escadron. — Estafette. — Estafier. — Estafilade. — Estomper. — Estacade. — Estoc. — Estrade. — Estramaçon. — Estrapade. — Estropier.

16ᵉ EXERCICE.

Trouver les mots français venus des mots italiens suivants.

Talismano (de l'arabe *telesm* qui représente le grec τέλεσμα, initiation). — **Tara** (de l'arabe *tarha,* signifiant

tare, déchet). — **Tarantella**. — **Tarocchi**, cartes taro-
tées, c'est-à-dire dont le dos est marqué de grisailles
en compartiments. — **Tartana** (d'un mot arabe désignant une sorte de vaisseau). — **Tazza** (de l'arabe
tassa, coupe). — **Tenore**. — **Timballo**, (de l'arabe
tabl, tambour). — **Tocca**. — **Tonti**, nom d'un Napolitain inventeur, au XVIIe siècle, d'une sorte d'association
de rentiers. — **Torso**, trognon de chou, chose coupée,
torse. — **Traffico**. — **Tramontana**, étoile polaire,
ainsi nommée parce qu'en Italie elle se voit au delà des
monts. — **Trampellino** (d'un verbe signifiant sauter).
— **Trillo**, *onomatopée*. — **Tromba**, tube, tube à feu.
— **Trombone**, augmentatif de **tromba**, trompe.

Corrigé. — Talisman. — Tare. — Tarentelle. — Tarots.
— Tartane. — Tasse. — Ténor. — Timbale. — Toque. —
Tontine. — Torse. — Trafic. — Tramontane. — Tremplin. —
Trille. — Tromblon. — Trombone.

17e EXERCICE.

Trouver les mots français venus des mots italiens suivants.

Valigia. — **Vedetta** (dérivé de **vedere**, voir). —
Vermicello (propr. petit ver). — **Villa**, maison de campagne. — **Villeggiatura** (du verbe **villeggiare**, séjourner à la campagne). — **Viola**. — **Violone**. — **Vio-
loncello**. — **Virtuoso**, habile. — **Vivandiere**. —
Vogare. — **Volta**, tour, révolution. — **Volteggiare**.
— **Vulcano** (du latin *Vulcanus*, Vulcain, dieu du feu).
Zecchino (dérivé de **zecca**, atelier monétaire, venu
lui-même de l'arabe *sikka*, signifiant coin à frapper la
monnaie).—**Zediglia**.—**Zibellino** (du bas-latin *sabel-
lum*, martre). — **Zibetto**, civette. — **Zigrino** (de *sagri*,
nom turc de ce cuir particulier). — **Zimarra**.

Corrigé. — Valise. — Vedette. — Vermicelle. — Villa. —

Villégiature. — Viole. — Violon. — Violoncelle. — Virtuose. — Vivandier. — Voguer. — Volte. — Voltiger. — Volcan.

Sequin. — Cédille. — Zibeline. — Civette. — Chagrin. — Simarre.

18ᵉ EXERCICE.

Dresser, au moyen des mots contenus dans les exercices précédents, la liste de nos termes de guerre et de marine venus de l'italien.

Corrigé. — 1° *Guerre* : Alarme. — Alerte. — Arquebuse. — Arsenal. — Bandière. — Baraque. — Bastion. — Bataillon. — Brigade. — Canon. — Cantine. — Caporal. — Carabine. — Casemate. — Citadelle. — Colonel. — Condottiere. — Escadron. — Escalade. — Escarmouche. — Escarpe. — Escopette. — Escorte. — Espadon. — Espion. — Estafette. — Estafier. — Estafilade. — Estoc. — Estramaçon. — Fantassin. — Fleuret. — Fusil. — Gabion. — Giberne. — Infanterie. — Javeline. — Mousquet. — Mousqueton. — Parapet. — Pavois. — Redoute. — Révolte. — Sbire. — Sentinelle. — Soldat. — Spadassin. — Tromblon. — Vedette. — Vivandier.

2° *Marine* : Barque. — Boussole. — Brigantin. — Calefater. — Escadre. — Escale. — Felouque. — Gabier. — Gondole. — Lagune. — Lazaret. — Nocher. — Noliser. — Rade. — Régate. — Tartane. — Voguer.

19ᵉ EXERCICE.

Quels sont, d'après les exercices précédents, les termes de musique que nous avons empruntés à la langue italienne?

Corrigé. — Adagio. — Andante. — Ariette. — Arpège. — Barcarole. — Cadence. — Cantate. — Cavatine. — Clavecin. — Concert. — Crescendo. — Dilettante. — Mandoline. — Opéra. — Oratorio. — Pianissimo. — Piano. — Quadrille. — Ritournelle. — Solfège. — Solo. — Sonate. — Soprano. — Tarentelle. — Ténor. — Trille. — Trombone. — Viole. — Violon. — Violoncelle. — Virtuose.

20ᵉ EXERCICE.

Quels sont les termes d'architecture, de peinture et de sculpture que nous avons empruntés à la langue italienne?

Corrigé. — Aquarelle. — Archivolte. — Balcon. — Baldaquin. — Balustre. — Belvédère. — Buste. — Cadre. — Calquer. — Camée. — Caricature. — Cartouche. — Catacombe. — Catafalque. — Corniche. — Coupole. — Estomper. — Façade. — Girandole. — Maquette. — Mosaïque. — Pastel. — Pilastre. — Profil. — Sépia. — Stuc. — Torse.

21ᵉ EXERCICE.

Quels sont les termes de banque et de commerce que nous avons empruntés à la langue italienne?

Corrigé. — Agio. — Banque. — Banqueroute. — Bilan.-Billon. — Colis. — Douane. — Ducat. — Escroc. — Franco. — Piastre. — Sacoche. — Sequin. — Tare. — Tontine. — Trafic.

22ᵉ EXERCICE.

Relever, dans les listes précédentes, un certain nombre de mots qui nous sont venus du grec ou du latin par l'intermédiaire de l'italien.

Corrigé. — Balustre. — Brave. — Camée. — Camériste. — Cantate. — Carnaval. — Cicérone. — Esquinancie. — Esquisse. — Estrade. — Fausset. — Fanal. — Ganache. — Girandole. — Jovial. — Lagune. — Lazaret. — Mandoline. — Manège. — Mosaïque. — Moustache. — Nocher. — Oratorio. — Paladin. — Panache. — Pastel. — Pastiche. — Pédant. — Pilastre. — Piller. — Pittoresque. — Riz. — Semoule. — Seton. — Sorte. — Volcan.

MOTS D'ORIGINE ESPAGNOLE.

23ᵉ EXERCICE.

Trouver les mots français venus des mots espagnols suivants.

Albada (dérivé de *alba*, aube). — **Albino** (dérivé de *albo*, blanc). — **Anchoa**, petit poisson. —**Algarabia**, langue arabe, et aussi bruit confus, baragouin. —**Arrumar**, disposer la cargaison d'un navire. — **Aviso.**

Banderola, flamme fixée au bout d'une lance. — **Barbon**, qui a la barbe longue. — **Basquina**, jupe. — **Bastonada.** — **Bizarro** (à l'origine vaillant, brave).— **Bocal.** — **Borrasca**, orage causé par le vent du nord.

Cabestante. — **Cabra**, chèvre (a fourni un verbe dérivé).—**Calabaza.**—**Camarada**, homme de chambrée. — **Camisola.** — **Camusa**, chamois, animal ayant le nez court et plat.—**Caparaçon** (augmentatif du bas-latin *caparo*, chapron). — **Capitan**, chef d'une compagnie. — **Carriola**, petit char. — **Casaca**, vêtement de maison. — **Casa**, maison.— **Caserna** (dérivé de *casa*).—**Castañetas**, ainsi nommées à cause de la ressemblance qu'on leur a trouvées avec des cosses de châtaignes. — **Casuista**, qui examine les cas de conscience. — **Cazoleta.** — **Celada** (du latin *cælata*, sousent. *cassis*, casque ciselé).—**Chocolate** (d'un mot mexicain ayant le même sens). — **Cigarro.** — **Cimitarra**, sorte de sabre. — **Cochinilla**, insecte vivant sur le nopal et produisant un principe colorant. — **Corredor** (dérivé de *correre*, courir), l'endroit où l'on court, où l'on passe. — **Criollo**, devenu en italien creolo, mot inventé par les conquérants des Indes occidentales.

Corrigé. — Aubade. — Albinos. — Anchois. — Charabia. — Arrimer. — Aviso. — Banderole. — Barbon. — Basquine.

— Bastonade. — Bizare. — Bocal. — Bourrasque. — Cabestan. — Cabrer. — Calebasse. — Camarade. — Camisole. — Camus. — Caparaçon. — Capitan *et* capitaine. — Carriole. — Casaque. — Case. — Caserne. — Castagnettes. — Casuiste. — Cassollette. — Salade. — Chocolat. — Cigare. — Cimeterre. — Cochenille. — Corridor. — Créole.

24ᵉ EXERCICE.

Trouver les mots français venus des mots espagnols suivants.

Diana (d'un ancien adjectif dérivé de *dia*, jour). — **Disparate**[1], *subst. masc.* sottise, extravagance (du verbe *disparar*, faire des sottises). — **Domino,** capuchon noir porté par les prêtres. — **Dueña** (propr. dame).

El dorado (litt. le doré, le pays d'or, prétendu pays qu'aurait découvert un lieutenant de Pizarre dans l'Amérique du Sud). — **Embarcadero** (dérivé de **embarcar,** embarquer). — **Embargo,** séquestre. — **Encartase,** action de prendre une mauvaise carte, de faire une sottise. — **Escuadra.** — **Españoletta.**

Gaban, manteau. — **Galon.** — **Guitarra** (du latin *cithara,* grec κιθάρα).

Hablar, parler (du latin *fabulari*). — **Hacanea.** — **Hombre,** homme, nom d'un jeu de cartes où celui qui fait jouer s'appelle l'*homme.*

Junquillo (diminutif dérivé du latin *juncus,* jonc, à cause de la couleur et de la forme de cette plante).

Marmelada, pulpe de coing. — **Matamoros** (littér. tueur de Mores). — **Mulato** (dérivé de mulo, mulet).

Corrigé. — Diane. — Disparate (*Quelle disparate je vais faire !* SÉVIGNÉ.) — Domino. — Duègne. — Eldorado. — Em

____

1. Ce mot espagnol a fourni au français un substantif féminin aujourd'hui vieilli. Quant à l'adjectif français *disparate*, il vient directement du latin *disparatus.*

barcadère. — Embargo. — Incartade. — Escadre. — Espagnolette. — Caban. — Galon. — Guitare. — Hableur. — Haquenée. — Hombre. — Jonquille. — Marmelade. — Matamore. — Mulâtre.

25ᵉ EXERCICE.

Trouver les mots français venus des mots espagnols suivants.

Nacarado, fait ou orné de nacre, et aussi qui est d'une couleur entre le rouge et l'orange. — **Negro** (du latin *niger*, noir). — **Nogado,** gâteau d'amandes au caramel (dérivé du latin *nux*, noix).

Paño, étoffe, vêtement (du latin *pannus*, pièce d'étoffe). — **Panada,** soupe faite avec du pain mitonné. — **Pinta,** marque et aussi mesure. — **Pintado,** bigarré (dérivé du latin *pingere*, peindre). — **Platina** (diminutif de plata, argent). — **Punto,** *terme de jeu*, point, as.

Regalar. — **Risco,** écueil, rocher escarpé.

Siesta (du latin *sexta hora*, la sixième heure ou heure de midi). — **Sobresalto** (du latin *supra*, sur, et *saltus*, saut).

Tabaco. — **Tomate** (du mexicain *tomatl*, même sens). — **Trama** (du latin *trama*, de *trameare*, passer au delà). — **Turquesa,** pierre précieuse trouvée d'abord dans l'ancienne Turquie.

Zarabanda. — **Zarzaparilla** (de *zarza*, ronce, et *Parillo*, nom du médecin qui le premier a employé cette plante dépurative).

Corrigé. — Nacarat. — Nègre. — Nougat. — Pagne. — Panade. — Pinte. — Pintade. — Platine. — Ponte. — Régaler. — Risque. — Sieste. — Soubresaut. — Tabac. — Tomate. — Turquoise. — Sarabande. — Salsepareille.

MOTS D'ORIGINE PORTUGAISE.

26ᵉ EXERCICE.

Trouver les mots français venus des mots portugais suivants.

Auto-da-fe (littér. acte de foi). — **Bailadeira,** danseuse (de *baile,* danse). — **Bergamota** (du turc *berg armuth,* poire du Seigneur). — **Bezuar,** contre-poison. — **Chamada** (de *chamar,* appeler, venu du latin *clamare*), batterie de tambour. — **Coquo,** sorte de boisson. — **Escaques,** ancien français eschac (mot dans lequel on retrouve le persan chah, roi ; le joueur qui met le roi sous le coup d'une prise, avertit son adversaire en disant *ech-chah,* le roi[1] !) — **Fetisso**, objet *fée*[2], doué d'un pouvoir magique. — **Gazella** (de l'arabe *ghazal,* même sens). — **Mameluco** (de l'arabe *mamlouk,* esclave). — **Marabuto** (de l'arabe *morabit,* ermite). — **Mandarin** (d'un mot indien corrompu du sanscrit *mantrin,* ministre, conseiller). — **Sene** (de l'arabe *sena*), arbuste. — **Sorbete** (dérivé du verbe arabe *scharab,* boire). — **Sofa** (de l'arabe *soffa,* même sens). — **Turbante** (de l'arabe *dulbande,* tour-bande).

Corrigé. — Autodafé. — Bayadère. — Bergamote. — Bézoard. — Chamade. — Coco. — Échec. — Fétiche. — Gazelle. — Mameluk. — Marabout. — Mandarin. — Séné. — Sorbet. — Sofa. — Turban.

---

1. Notre expression *échec et mat* est une altération de l'arabe *ech-chah-mat,* le roi est mort, en portugais *xamate* ou *xaque mate,* en espagnol *xaque y mate,* en italien *scacco matto.* — MARCEL DEVIC, *Dictionnaire étymologique de tous les mots d'origine orientale.*

2. Le vieux verbe *féer* que ne donne plus la dernière édition du *Dictionnaire de l'Académie* était dérivé de *fée,* venu du bas-latin *fata,* parque.

MOTS D'ORIGINE PROVENÇALE.

27e EXERCICE.

Trouver les mots français venus des mots provençaux suivants

Alcali (de l'arabe *al* et *cali*, nom de plante). — **Al mussa** (de l'allemand *mütze*, bonnet, précédé de l'article arabe *al*). — **Amiralh** (de l'arabe *amir al bahr*, commandant de la mer). — **Autan** (du latin *altanus*, qui signifie vent de la mer, vent de la haute mer, et vent du Sud-Ouest). — **Badaul**, niais (du bas-latin *badare*, bâiller). — **Ballada**, chanson à danser. — **Barreta** (du latin *birrum*, sorte d'étoffe). — **Bastida** (du bas-latin *bastire*, bâtir). — **Batum,** mastic, enduit, autre forme de *betum*, bitume. — **Bigarrat**, orange amère. — **Cabrit** (du bas-latin *capritum*, chevreau). — **Capriola**, saut de chèvre. — **Capmail** (de *cap*, tête, et *mail*, armure). — **Camois**, boue, souillure (en vieux français *cambois*). — **Cap** (du latin *caput*, tête). — **Carnacier**, bourreau, rapprochez *carnazza*, chair morte (dérivé du latin *caro*, *carnis*, chair). — **Cicala** (du latin *cicada*, même sens). — **Cornelina** (du latin *cornu*, corne, parce que la couleur en ressemble à l'ongle rosé du doigt, l'ongle étant assimilé à la corne [1]). — **Corsari** (dérivé de *corsa*, course). — **Crozada.**

Corrigé. — Alcali. — Aumusse. — Amiral. — Autan. — Badaud. — Ballade. — Barrette. — Bastide. — Béton. — Bigarade. — Cabri. — Cabriole. — Camail. — Cambouis. — Cap. — Carnassier. — Cigale. — Cornaline. — Corsaire. — Croisade.

28e EXERCICE.

Trouver les mots français venus des mots provençaux suivants.

Daurada, dorée (dériv. du latin *deaurare*, dorer). —

___

1. En grec, cette pierre se nommait ὄνυξ, ongle.

Donzella (du bas-latin *dominicella*, diminutif de *domina*, dame). — **Espada,** épée, sabre de bois pour battre le chanvre. — **Fastigar,** dégoûter (comparez *mâcher*, venu du latin *masticare*). — **Fat,** fou, ignorant (du latin *fatuus*, fou, niais). — **Forcat** (participe répondant au français forcé, d'un verbe du bas-latin dérivé de *fortis*, fort. — **Gasar,** caqueter. — **Granada** (venu du latin *granatum*, sous-ent. *malum*, pomme à grains). — **Granat.** — **Malastruq,** vieux français *malestru* (de mots latins signifiant qui est sous l'influence d'un mauvais astre). — **Menestral,** artisan. — **Mistral** (du latin *magistralis*, proprem. le vent maître). — **Pelos,** fourré, dur, épais (du latin *pilosus*, velu). — **Primavera** (du latin *primus*, et *ver*, printemps). — **Raditz** (du latin *radix*, racine). — **Rahusar,** tromper. — **Rodar,** rouler, tourner (du latin *rotare*, tourner). — **Vergua** (du latin *virga*, verge).

Corrigé. — Dorade. — Donzelle. — Espade. — Fatiguer. — Fat. — Forçat. — Jaser. — Grenade. — Grenat. — Malotru. — Menestrel. — Mistral. — Pelouse. — Primevère. — Radis. — Ruser. — Roder. — Vergue.

MOTS D'ORIGINE ALLEMANDE

29ᵉ EXERCICE.

Trouver les mots français venus des mots allemands suivants.

Backbord (de *Back*, château d'avant, et *Bord*, bord ; parce que dans les anciennes embarcations du Nord, le château d'avant était sur la gauche). — **Beiwache** (de *bei*, auprès, et *wachen*, veiller). — **Blockhaus** (de *Block*, bloc, et *Haus*, maison). — **Block-hûs,** forme ancienne du mot précédent. — **Brachsme,** sorte de poisson d'eau douce. — **Branntwein** (de *brennen*, brûler, et *Wein*, vin). — **Eiderdaunen** (du suédois *Eider*, espèce d'oie du Nord, et *Dun*, petite plume, duvet). — **Elenn** (et en hollandais *eland*), espèce de cerf qui se trouve dans le Nord. — **Flitsch**, mot du moyen haut-allemand. — **Gang**, allée, chemin, filon (de *gehen*, aller). — **Graben**, creuser. — **Guss**, fonte (de *giessen*, verser, couler). — **Habersack**, sac à avoine. — **Halt**, station (de *halten*, s'arrêter). — **Haubitze**, pièce de grosse artillerie; rapprocher l'espagnol obuz (du bohémien *haufnice*, qui signifiait proprement un engin à lancer des pierres). — **Hurrah** (du slave *huraj*, au paradis, d'après l'idée que tout homme qui meurt en combattant vaillamment va en paradis).

Corrigé. — Babord. — Bivouac. — Blockhaus. — Blocus. — Brême. — Brandevin. — Édredon. — Élan. — Flèche. — Gangue. — Creuser. — Gueuse. — Havresac. — Halte. — Obus. — Hourra, hurra *ou* hurrah.

30ᵉ EXERCICE.

Trouver les mots français venus des mots allemands suivants.

Kalesche (du polonais kolaska), sorte de voiture. — **Kirchvasser** (de *Kirsch*, cerise, et *Wasser*, eau). — **Kobalt.** — **Kreutzer.** — **Kupfer-asche** (littér. cendres de cuivre; rapprocher l'anglais *copperas*, et l'italien *copparosa*). — **Landsknecht** (de *Land*, pays, et *Knecht*, serviteur; fantassin du *flachland*, ou pays plat; nom donné à ce soldat pour le distinguer des soldats suisses qui venaient des montagnes d'Uri ou d'Unterwalden). — **Lustig**, gai, jovial (de *Lust*, plaisir). — **Manganerz**, minerai renfermant du manganèse. — **Nudel**, pâte faite avec de la farine et des œufs. — **Pfeife** et **pfeifer** (en italien *pifero*), petite flûte. — **Pottasche** (de *Pott*, pot, et *Asche*, cendre). — **Quarz**

(on rapproche *Warze*, mamelon; pierre mamelonnée).
— **Reiter**, cavalier (de *reiten*, chevaucher). — **Renn**. —
Ross, cheval. — **Säbel**. — **Säbeltasche** (littér. poche
du sabre). — **Sauerkraut** (de *sauer*, aigre, et *Kraut*,
herbe). — **Schabrake**. — **Schlagen**, battre. —
Schnapphahn (de *schnappen*, attraper, et *Hahn*, coq).
— **Spath**. — **Stumpf** (proprem. émoussé; il y a en
français un *e* prosthétique). — **Trinken**, boire. — **Wa-
genmeister** (de *Wagen*, voiture, et *Meister*, maître).
— **Walzer** (de *wälzen*, tourner en cercle). — **Zink**.

Corrigé. — Calèche. — Kirch. — Cobalt. — Couperose. —
Lansquenet. — Loustic. — Manganèse. — Nouille. — Fifre.
— Potasse. — Quartz. — Reître. — Renne. — Rosse. — Sabre.
— Sabretache. — Choucroûte. — Chabraque. — Schlague.
— Chenapan. — Spath. — Estampe. — Trinquer. — Vague-
mestre. — Valser. — Zinc.

MOTS D'ORIGINE ANGLAISE

31ᵉ EXERCICE.

Trouver les mots français venus des mots anglais suivants.

Ale (pron. él'), sorte de bière anglaise † [1]. — **Alligator**, reptile vulgairement appelé caïman.

Ballast, lest (mot admis par l'Académie dans le sens
de sable ou gravier que l'on tasse sur les voies ferrées
pour assujettir les traverses). — **Beefsteak**, tranche
de bœuf en grillade (de *beef*, bœuf, mot venant du français, et *steak*, tranche). — **Bill**, ancienn. bille (altération du français bulle), projet d'acte du Parlement d'An-

---

1. Le signe † indique un mot usité en français, mais non admis
par la dernière édition du *Dictionnaire de l'Académie*. Quand la prononciation est indiquée, d'après l'Académie, le mot a la même orthographe en français qu'en anglais.

gleterre. — **Bowl**, tasse. — **Bowling-green**, à l'origine emplacement gazonné où l'on jouait aux boules. — **Bowsprit**, terme de marine (de l'allemand *Bugspriet*, de *Bug*, proue, et *Spriet*, pièce de bois). — **Box**, frapper avec le poing. — **Box**, compartiment. — **Budget**, état que chaque année on dresse des dépenses et des recettes publiques (de l'ancien français *boulgette*, petite bourse, qui a pris en anglais le sens spécial de bourse du roi, trésor royal). — **Bulldog**, espèce de chien (de *bull*, taureau, et *dog*, chien; chien à taureau).

Corrigé. — Ale. — Alligator. — Ballast. — Bifteck. — Bill. — Bol. — Boulingrin. — Beaupré. — Boxer. — Box. — Budget. — Bouledogue.

32ᵉ EXERCICE.

Trouver les mots français venus des mots anglais suivants.

Cab, sorte de cabriolet où le cocher est placé derrière la voiture. — **Cabin** (autre forme de *cabane*, du celtique *cab*, hutte). — **Caboose**, terme de marine (du hollandais *Kabuys*, cuisine de navire marchand). — **Cheque**, terme de banque (du verbe *to check*, contrôler, vérifier). — **Clown**, paysan, rustaud, rustre †. — **Club**, réunion. — **Coke**, charbon désulfuré. — **Comfort**, consolation, satisfaction, bien-être. — **Committee**, réunion de personnes prises dans une assemblée. — **Coaltar**, on prononce Kôltar, goudron, de *coal*, charbon, et *tar*, goudron) †. — **Cottage**, que l'on prononce *cot' édj*, (dérivé de *cot*, cabane, venu du celtique *cot*, chaumière). — **Cricket**, litt. crosse, nom d'un jeu †. — **Croup**, maladie. — **Cutter**, terme de marine; on prononce, dit l'Académie, et plusieurs écrivent *cotre*.

Dandy, petit-maître, homme qui se pique d'élégance

dans sa toilette et ses manières. — **Dog,** chien. — **Drag.** — **Drain,** *verbe,* filtrer, épuiser, dessécher.

Express, train allant plus vite que les trains ordinaires.

Corrigé. — Cab. — Cabine. — Cambuse. — Chèque. — Clown. — Club. — Coke. — Confort. — Comité. — Coaltar. — Cottage. — Cricket. — Croup. — Cutter. — Dandy. — Dogue. — Drague. — Drainer. — Express.

33ᵉ EXERCICE.

Trouver les mots français venus des mots anglais suivants.

Fashion, mot désignant la mode, le ton, les manières du grand monde et le beau monde lui-même (venu du français *façon*) ÷. — **Fashionable.** — **Gin** (abrégé de *genevra,* corrompu lui-même du français *genièvre*) ÷. — **Grog,** boisson inventée par l'amiral Vernon (xviiiᵉ siècle) qui avait été surnommé par ses marins *Old Grog,* parce qu'il portait un paletot de *grogram,* étoffe à gros grains. — **Groom,** palefrenier, petit laquais (de l'ancien français *gromet,* domestique et surtout domestique de marchand de vin).—**Gutta-percha** (du malais *gatah,* gomme, et *Pertcha,* nom de l'île que nous appelons Sumatra). — **Hail,** verbe, propr. saluer (primitivement souhaiter la santé, de *health,* santé). — **Humour,** gaîté d'imagination, verve comique (du français *humeur,* pris autrefois en ce sens). — **Interlope,** *verbe,* s'entremettre, se faufiler (du bas-allemand *enterlopen,* allemand littéraire *unterlaufen,* de *unter,* sous et entre, et *laufen,* courir, courir entre, se glisser frauduleusement).

Corrigé. — Fashion. — Fashionable. — Gin. — Grog. — Groom. — Gutta-percha. — Héler. — Humour. — Interlope.

34ᵉ EXERCICE.

Trouver les mots français venus des mots anglais suivants.

Jockey, autrefois domestique, aujourd'hui celui qui monte les chevaux dans les courses (altération du français *Jaquet,* diminutif de *Jacques*). — **Jury** (de l'ancien français *jurée,* qui signifiait une assemblée assermentée pour quelque fonction).

Lasting, étoffe de laine rase qui dure fort longtemps (part. prés. du verbe *to last,* durer). — **Logg,** terme de marine, instrument employé pour mesurer la vitesse progressive d'un navire. — **Luff,** terme de marine, le bord ou le côté du navire qui se trouve frappé par le vent. — **Lunch,** repas accessoire entre le déjeuner et le dîner) †.

Meeting, on prononce *mitinng,* dit l'Académie; réunion publique (part. prés. du verbe *to meet,* se rencontrer). — **Mess,** réunion d'individus, surtout d'officiers, qui mangent ensemble, proprement plat, mets).

Corrigé. — Jockey. — Jury. — Lasting. — Loch. — Lof. — Lunch. — Meeting. — Mess.

35ᵉ EXERCICE.

Trouver les mots français venus des mots anglais suivants.

Packet-boat, navire (de *packet,* paquet de dépêches, et *boat,* bateau). — **Pamphlet**, petit livre de peu de pages (de *palme-feuillet,* feuillet qui se tient à la main). — **Plaid,** manteau de montagnard écossais. — **Porter,** espèce de bière forte †. — **Pudding** (du gaélique *putag, putagan,* boudin). — **Pulley** (de l'anglo-saxon *pullian,* tirer). — **Punch,** liqueur (du persan *pandj,* cinq, à cause des cinq ingrédients, thé, sucre, eau-de-vie, cannelle et citron, qui entrent dans cette boisson). — **Rail.** — **Railway,** route à rails. — **Riding coat**, vêtement (propr. vêtement pour chevaucher), (de *ride*, chevaucher, et *coat*, habit). — **Roastbeef,** morceau de bœuf rôti (de *roast*, rôti, et *beef*, qui est le français bœuf). — **Rout,** assemblée nombreuse de personnes du grand monde (de l'ancien français *route*, troupe, bande); on fait sentir le t, quelques-uns prononcent *raout*, dit l'Académie.

Corrigé. — Paquebot. — Pamphlet. — Plaid. — Porter. — Pudding. — Poulie. — Punch. — Rail. — Railway. — Redingote. — Rosbif. — Raout.

36ᵉ EXERCICE.

Trouver les mots français venus des mots anglais suivants.

Speech, on prononce *spitch*, allocution †. — **Spencer**, habit coupé entre la taille et les basques (probablement nom propre devenu nom de vêtement). — **Spleen,** on prononce *spline*, dit l'Académie ; sorte de mélancolie (du grec σπλήν, rate, la rate ayant passé pour être le siège de la mélancolie). — **Sport,** exercice en plein air (de l'ancien français *desport*, amusement). — **Square,** place carrée, en français jardin entouré d'une grille au milieu d'une place publique. — **Stall,** compartiment. — **Steeple chase,** on prononce *stiple-tchesse*, dit l'Académie (de *steeple*, clocher, et *chase*, chasse). — **Tender.** — **Ticket,** venu du français *étiquette*. — **Tilbury,** voiture (du nom du carrossier qui l'inventa). — **Toast,** on prononce et quelques-uns écrivent *toste*, dit l'Académie, proprement rôtie, puis vin qu'on boit avec la rôtie, et finalement coup bu à la santé (ancien français *tostée*, de *toster*, griller). — **Tourist** (de *tour*, voyage ; ancien français *tour*, même sens). — **Tramway,** voies à rails plats.

— **Turf,** tourbe à brûler, champ de gazon. — **Verdict,** résultat de la délibération du jury (ancien mot français, du bas-latin *vereditum,* vraiment dit). — **Waggon** chariot. — **Waterproof,** manteau imperméable (de *water,* eau, et *proof,* à l'épreuve). — **Whist,** silence (parce que ce jeu exige silence et attention). — **Yacht,** bâtiment léger (même racine que l'allemand *jagen,* chasser).

Corrigé. — Speech. — Spencer. — Spleen. — Sport. — Square. — Steeple-chase. — Tender. — Ticket. — Tilbury. — Toast. — Touriste. — Tramway. — Turf. — Verdict. — Wagon *ou* vagon. — Waterproof. — Whist. — Yacht.

37ᵉ EXERCICE.

Trouver, au moyen des listes précédentes, les mots qui, primitivement français, ont cessé d'être en usage dans notre langue et nous sont revenus par l'intermédiaire de l'anglais.

Corrigé. — Bill. — Budget. — Fashion. — Gin. — Groom. — Humour. — Jockey. — Jury. — Raout. — Sport. — Ticket. — Toast. — Touriste.

38ᵉ EXERCICE.

Dresser au moyen des exercices précédents la liste des mots français venus de l'anglais relatifs à la marine et à l'industrie.

Corrigé. — Beaupré. — Cabine. — Cambuse. — Cutter. — Drague. — Loch. — Lof. — Paquebot. — Yacht.
Ballast. — Coaltar. — Coke. — Express. — Gutta-percha. — Lasting. — Poulie. — Rail. — Railway. — Tender. — Ticket. — Tilbury. — Tramway. — Vagon.

N.-B. — Nous ne citons ici que les plus connus.

AUTRES MOTS D'ORIGINE EUROPÉENNE

39ᵉ EXERCICE.

Trouver les mots français venus des mots suivants.

FLAMAND. — **Kerk-misse**, messe de l'église, fête patronale.

GÉNEVOIS. — **Evalanche** (du bas-latin *avalantia*, descente). — **Ranz** (de l'allemand *ranz*, course).

HOLLANDAIS. — **Dok**, bassin. — **Dogger-boot**, bâtiment servant à la pêche du hareng. — **Happen**, mordre. — **Koolzaad** (de *kool*, chou, et *zaad*, semence, litt. semence de chou), nom donné à cette variété de chou dont les graines fournissent une huile bonne à brûler. — **Vrybuiter**, vieux français *fribustier* (de *vry*, libre, et *boot*, butin), libre faiseur de butin.

HONGROIS. —**Huszar** (de *husz*, vingt, parce que, dans les guerres contre les Turcs, chaque village devait fournir, sur vingt hommes, un homme équipé). — **Shako**, sorte de coiffure militaire.

POLONAIS. — **Mazurka, polka, redowa**, danses.

RUSSE. — **Knout**, instrument de supplice composé de nerfs de bœuf terminés par des crochets en fer. — **Steppe**, plaine vaste et inculte. —**Tsar**, nom que porte le souverain de la Russie (la forme *czar* est polonaise).

SUÉDOIS. —**Nickel**, nom d'un des génies nains des mines, donné par dépit à ce métal nouveau par les mineurs suédois qui l'avaient pris d'abord pour un minerai très précieux.

Corrigé. — Avalanche. — Kermesse. — Ranz. — Dock. — Dogre. — Happer. — Colza. — Flibustier. — Hussard. — Schako *ou* shako. — Mazurka. — Polka. — Redowa. — Knout. — Steppe. — Czar. — Nickel.

MOTS D'ORIGINE SÉMITIQUE
Hébreu, Turc, Arabe

40ᵉ EXERCICE.

Trouver les mots français venus des mots hébreux suivants.

Amen, vrai, vérité, mot par lequel se terminaient les prières des Juifs. — **Chabbath**, en latin *sabbatum* (de la racine *chabath*, se reposer). — **Eden**, jardin. — **Goulgoleth**, crâne, place du crâne; en transcription grecque γολγοθά. — **Hochi'ana**, forme d'impératif signifiant porte secours, assistance; en transcription grecque ὡσαννά. — **Iehovah**, nom de la divinité. — **Keroubim**, anges. — **Livyathan**, monstre aquatique mal défini. — **Pesha** (en latin *pascha*), passage, la Pâque juive se célébrant en mémoire de la sortie d'Égypte). — **Pourim**, *sorts* (fête juive instituée en mémoire des sorts jetés par Aman pour perdre les Israélites). — **Rabb**, (formé de *rab*, maître). — **Satan**, ennemi, adversaire, chef des anges rebelles. — **Serafim**, anges du feu. — **Tohou-va-bohou**, désert, solitude, néant, expression appliquée à la terre au premier chapitre de la Genèse. — **Yobel,** sorte de trompette au son de laquelle on annonçait l'année du jubilé [1].

Corrigé. — Amen. — Sabbat. — Éden. — Golgotha. — Hosanna. — Jéhovah. — Chérubin. — Léviathan. — Pâque. — Pourim. — Rabbin. — Satan. — Séraphin. — Tohu-bohu. — Jubilé.

41ᵉ EXERCICE.

Trouver les mots français venus des mots turcs suivants.

Diwan. — **Dolaman**, manteau. — **Efendi**, seigneur. — **Kieuchk**, belvédère. — **Kolbâk**, sorte de

____

1. La plupart de ces mots, avant de passer au français, ont été transcrits en latin par saint Jérôme.

coiffure. — **Odaliq,** femme attachée au service des chambres du palais. — **Tchibouq,** bâton, tuyau, pipe. — **Yataghan,** sorte de coutelas. — **Yenitcheri,** littér. nouveau soldat.

Corrigé. — Divan. — Doleman. — Effendi. — Kiosque. — Colback. — Odalisque. — Chibouque. — Yatagan. — Janissaire.

N.-B. — Il est difficile de dire si certains mots français sont venus du turc ou de l'arabe, quand les mots turcs ou arabes se ressemblent.

42ᵉ EXERCICE.

Trouver les mots français venus des mots arabes suivants.

Al-qoran, la lecture (par excellence). — **Allah** (pour al-ilah), la divinité. — **Charif,** illustre, noble. — **Cheikh,** vieillard, seigneur. — **Chatt,** prononcé *chott,* bord, rive d'un fleuve. — **Dhorra,** sorte de millet. — **Djinn,** les génies et les démons. — **Djoubba** (en espagnol *Chupa,* en italien *giuppa*), vêtement. — **Douar,** village composé de tentes. — **Emir** ou **amir,** chef. — **Fagir,** pauvre. — **Fellah,** laboureur. — **Ghazia,** prononcé en Algérie *razia,* incursion militaire. — **Ghoul,** ogre ou démon qui dévore les hommes. — **Gourbi,** village de tentes. — **Hachich,** herbe, foin, chanvre. — **Hachichi** (adjectif dérivé de *hachich,* boisson enivrante qui jouait un rôle important dans la fanatisation des sectaires ismaéliens). — **Harem,** gynécée. — **Hedjra,** fuite de Mahomet à Médine, le 6 juillet 622.

Corrigé. — Coran. — Allah. — Chérif. — Cheik. — Chott. — Dourah *ou* doura. — Djinn. — Jupe. — Douar. — Émir. — Faquir. — Fellah. — Razzia. — Goule. — Gourbi. — Hachich. — Assassin. — Harem. — Hégire.

43ᵉ EXERCICE.

Suite du précédent.

Imam. — **Islam,** religion musulmane, proprement *résignation à la volonté de Dieu.* — **Kakoua** (prononcé à la turque *kahvé*), liqueur. — **Khan,** hôtel. — **La'oq,** potion qu'on prend à petites gorgées. — **Maqabir,** cimetière (de là le nom d'une danse). — **Matrah,** ancien français *materas, mathelas.* — **Oualida** (prononcé en turc *validé*), mère. — **Ouilaya** (prononcé en turc *vilayet*), province, préfecture. — **Qabila,** tribu. — **Qadi,** juge. — **Qaid,** chef, capitaine. — **Salem'aleïk,** locution signifiant *salut sur toi.* — **Sandal,** arbre odoriférant. — **Semoum,** vent brûlant d'Afrique. — **Seyid,** seigneur. — **Soultan.** — **Soumag,** arbre produisant des baies servant à l'assaisonnement. — **Talq,** substance analogue au mica. — **Zagaya,** espèce de baïonnette.

Corrigé. — Iman. — Islam. — Café. — Khan. — Looch. — Macabre. — Matelas. — Validé. — Vilayet. — Kabyle. — Cadi. — Caïd. — Salamalec. — Sandal. — Simoun. — Séide. — Sultan. — Sumac. — Talc. — Zagaie.

44ᵉ EXERCICE.

Trouver les mots français venus de l'arabe par l'intermédiaire des mots espagnols suivants.

Alambique (de l'arabe *al-ambiq*, venu du grec ἄμβιξ, vase à distiller). — **Alazan** (de l'arabe *al-hasan*, le beau, l'élégant). — **Albaricoque** (de l'arabe *al-birkouk*, lequel était venu du bas-grec πραικόκκιον, ayant lui-même pour origine le latin præcoquum (de præcox), nom donné à ce fruit à cause de sa précocité) [1]. —

1. C'est là, dit Littré, un curieux exemple de la propagation et

Alcalde (de l'arabe *al-kadi*, le juge). — **Alcali** (de l'arabe *al-qali*, cendre de soude). — **Alcarraza** (de l'arabe *al-kourraz*, cruche). — **Alcoba** (de l'arabe *al-kobba*, la petite maison, la tente). — **Alcohol** (de l'arabe *al-kohl*, le sulfure de plomb). — **Algarada** (de l'arabe *al-ghara*, incursion militaire, expédition guerrière). — **Algebra** (de l'arabe *al-djebr*, réduction). — **Alguacil** (de l'arabe *al-wazir*, le vizir). — **Alquimia** (de l'arabe *al* et du grec χυμία ou χημεία, chimie). — **Arac** (de l'arabe *araq*, lait, lait fermenté du dattier). — **Arrecife** (de l'arabe *arrecif*, chaussée). — **Azarolla** (de l'arabe *az-zo'rour*, même sens).

Corrigé. — Alambic. — Alezan. — Abricot. — Alcade. — Alcali. — Alcarazas. — Alcôve. — Alcool, *a d'abord signifié une poudre sèche.* — Algarade. — Algèbre. — Alguazil. — Alchimie. — Arac. — Récif. — Azerolle.

45ᵉ EXERCICE.

Suite du précédent.

Badana (de l'arabe *bithanet*, peau de mouton tannée). — **Barbacana** (de l'arabe *barbakh*, même sign.). — **Beduino** (de l'arabe *bedoui*, qui demeure dans le désert). — **Califa** (de l'arabe *kalifa*, successeur de Mahomet). — **Caramelo** (de l'arabe *Kora mochalla*, boule, chose douce). — **Cifra** (de l'arabe *sifr*, vide, mot employé pour désigner le zéro). — **Gabela** (de l'arabe *alcabala*, impôt, taxe). — **Jasmin** (de l'arabe *iasmin*, fleur odoriférante). — **Lacayo** (de l'arabe *lakiyy*, attaché à quelqu'un). — **Mantilla** (de l'arabe *mandila*, sorte de vêtement de femme). — **Maravedi** (de l'arabe

de l'altération d'un mot qui du latin est venu en français par l'intermédiaire de l'arabe et de l'espagnol. Quelques autres mots ont eu un sort analogue.

morabiti, monnaie frappée sous la dynastie des Almoravides). — **Mezquino** (de l'arabe *maskin*, pauvre). — **Mezquita** (de l'arabe *mesdjid*, lieu de prières). — **Momaia** (de l'arabe *moumia*, de cire). — **Mufti** (de l'arabe *moufti*, jurisconsulte). — **Musulman** (de l'arabe *mouslim*, qui fait partie de l'islam). — **Nabab** (de l'arabe *nowab*, lieutenant). —**Nadir** (de l'arabe *nadhir*, opposé à, en face de). — **Rob** (de l'arabe *robb*, sirop ou gelée de fruits). — **Tarifa** (de l'arabe *ta'arifa*, notification). — **Zarbatana** et *cerbatana* (de l'arabe *zabatâna*, canne creuse). — **Zenith** et *cenit* (corruption de l'arabe *semt*, chemin, et abréviation de *chemin au-dessus de la tête*).

Corrigé. — Basane. — Barbacane. — Bédouin. — Calife. — Caramel. — Chiffre. — Gabelle. — Jasmin. — Laquais. — Mantille. — Maravédis. — Mesquin. — Mosquée. — Momie. — Muphti. — Musulman. — Nabab. — Nadir. — Rob. — Tarif. — Sarbacane. — Zénith.

46ᵉ EXERCICE.

Trouver les mots français venus de l'arabe par l'intermédiaire de mots italiens (Voir exercices 4-17).

Corrigé. — Calefater. — Calibre. — Candi. — Caroube. — Coton. — Felouque. — Sirocco. — Talisman. — Tare. — Tartane. — Tasse. — Timbale. — Sequin.

MOTS D'ORIGINE PERSANE

47ᵉ EXERCICE.

Trouver les mots français venus des mots persans suivants.

Bazar. — **Boutkedè** et **Poutkoudè**, maison des idoles, temple d'idoles. — **Chagal**, animal ressemblant au renard. — **Chah,** roi (les Anglais transcrivent *shah,* et les Allemands *schah*). — **Chal,** drap grossier en poils de chèvres que les derviches jettent sur leurs épaules. — **Ferman,** ordre. — **Karwan.** — **Karwanseraï,** demeure, hôtel de la caravane. — **Houri,** littér. qui a les yeux noirs de la gazelle. — **Khediw,** roi, souverain. — **Lechkery,** soldats, puis, par dérivation, matelots indiens de la classe des parias.—**Nareng,** en espagnol *naranja,* vieux français orenge. — **Narghil,** cocotier, noix de coco avec laquelle on fait des pipes.—**Roupiya,** monnaie d'or ou d'argent. — **Seraï,** palais, demeure royale. — **Sipahi,** cavalier, soldat.

Corrigé. — Bazar. — Pagode. — Chacal. — Schah. — Châle. — Firman. — Caravane. — Caravansérail. — Houri. — Khédive. — Lascars. — Orange. — Narghileh. — Roupie. — Sérail. — Spahi.

MOTS D'ORIGINE MALAISE

48ᵉ EXERCICE.

Trouver les mots français venus des mots malais suivants.

Bambou. — **Gong.** — **Kasouari,** oiseau. — **Oranghoutan** (de *orang,* homme, et *houtan,* bois), littér. homme des bois. — **Penggouling** (de *gouling,* rouler), animal qui se roule en boule à la façon des hérissons. — **Praho,** en espagnol et en italien *piroga.* — **Rotan,** arbrisseau avec lequel on fait des cannes et des sièges. — **Sagou,** palmier produisant une fécule particulière.

Corrigé. — Bambou. — Gong. — Casoar. — Orang-outan. — Pangolin. — Pirogue. — Rotin. — Sagou.

AUTRES MOTS D'ORIGINE ASIATIQUE

49e EXERCICE.

Trouver les mots français venus des mots suivants.

CHINOIS. — **Té,** plante appelée par les botanistes *thea sinensis.*

SANSCRIT. — **Brahman,** homme de la caste sacerdotale. — **Iangala,** désert. — **Karnikin,** éléphant (de là le nom de son conducteur).

SIAMOIS. — **Banlangko**, du pâli *pallangko,* bois de lit, lit.

TAMOUL. — **Pareyers,** homme hors de classe.

Corrigé. — Thé. — Brahme. — Jungle. — Cornac. — Palanquin. — Paria.

MOTS DITS D'ORIGINE HISTORIQUE

1. — Mots venant d'un nom de peuple, de pays, de ville, etc.

50e EXERCICE.

Faire connaître l'étymologie des mots suivants.

Artésien. — Angora. — Assassin. — Berline. — Biscaïen. — Bougie. — Cachemire *et* casimir. — Calicot. — Canari. — Cantaloup. — Carmagnole. — Chiner. — Cognac. — Cordonnier. — Cravate. — Curaçao. — Damas. — Dinde. — Épagneul. — Esclave. — Faïence. — Fez. — Fiacre. — Flandrin. — Franc. — Frise.

Corrigé. — **Angora,** nom donné à des chats, à des chèvres, et à des lapins, d'un poil très soyeux, qui nous sont venus de la ville d'Angora, en Asie Mineure. — **Artésien** (puits), ainsi

nommés parce que les premiers de ces puits ont été forés
dans l'Artois. — **Assassin**, à l'origine membre de la secte
des *Haschischin* (par corruption assassins), buveurs de has-
chisché. — **Berline**, voiture fabriquée à Berlin. — **Biscaïen**,
à l'origine gros mousqueton inventé en Biscaye, puis balle
plus grosse que les balles ordinaires. — **Bougie**, du nom de
la ville d'Algérie où on a fabriqué d'abord cette sorte de
chandelle. — **Cachemire** et **casimir**, du nom du royaume
d'Asie où s'est d'abord fabriquée cette étoffe. — **Calicot**, de
Calicut, ville sur la côte de Malabar, d'où cette étoffe est venue
d'abord. — **Canari**, à l'origine *canarie*, serin des îles Cana-
ries. — **Cantaloup**, de *Cantaluppo*, maison de campagne des
papes, à deux myriamètres de Rome, d'où est venu ce melon.
— **Carmagnole**, sorte de vêtement, du nom d'une ville du
Piémont, qui, sous Henri IV, occupa beaucoup les esprits.
Quant à la chanson, dit Littré, et à la danse, on peut penser,
vu leur caractère révolutionnaire, qu'elles prirent leur nom
de tant de gens en carmagnole qui alors la chantaient et la
dansaient. — **Chiner**, de la *Chine*, parce que c'est dans ce
pays qu'on paraît avoir donné d'abord des couleurs différentes aux fils de la chaîne, de manière à produire des dessins
dans l'étoffe. — **Cognac**, de la ville du même nom où se fabrique cette eau-de-vie. — **Cordonnier**, dans l'ancien français *cordouanier*, proprement qui travaille le cordouan, cuir
que l'on importait de Cordoue. — **Cravate**, des *Cravates* ou
Croates qui vinrent en 1636 au service de la France et mirent
à la mode cette pièce d'habillement. — **Curaçao**, du nom
de l'une des Antilles où l'on a d'abord fabriqué cette liqueur.
— **Damas**, de la ville de Syrie où se fabriquait d'abord cette
étoffe. — **Dinde**, à l'origine coq et poule d'Inde, coq et poule
d'Amérique, l'Amérique ayant d'abord été nommée Inde. —
Épagneul, à l'origine *espagnol*, à cause de l'origine de ces
chiens. — **Esclave**, de *Slavus* ou *Sclavus*, nom de peuple,
qui fut employé pour désigner un serf après les guerres
qu'Othon le Grand et ses successeurs firent aux peuples sla-
ves. — **Faïence**, de *Faenza*, ville d'Italie, où cette poterie a
été inventée. — **Fez**, de la capitale du Maroc, où se fabri-
quent ces calottes. — **Fiacre**, de l'hôtel Saint-Fiacre, rue
Saint-Martin, où Sauvage établit, en 1640, des voitures de

louage qui, primitivement, ne coûtaient que cinq sous l'heure. — **Flandrin**, de *Flandre*, sobriquet péjoratif donné aux gens grands et fluets à cause de la haute taille des Flamands. — **Franc**, de *Franc*, nom de peuple ; à l'origine cette pièce de monnaie portait pour devise *Francorum rex* et représentait le roi à cheval. — **Frise**, terme de fortification, du nom du pays où ce genre de défense fut d'abord inventé et employé.

51ᵉ EXERCICE.

Suite du précédent.

Gavotte. — Gaze. — Gothique. — Grève. — Guinée. — Hermine. — Laconique. — Madras. — Maroquin. — Moka. — Mousseline. — Nankin. — Ottomane. — Perse. — Persienne. — Pistolet. — Rouennerie. — Sardonique. — Sarrasin. — Tournois. — Truie. — Vandalisme. — Vaudeville.

Corrigé. — **Gavotte**, danse originaire des *Gavots*, habitants du pays de Gap. — **Gaze**, de *Gaza*, ville d'Orient, où l'on fabriquait cette étoffe. — **Gothique**, de *gothicus*, adjectif dérivé de *Gothus*, Goth. — **Grève**, du nom de la place où se réunissaient jadis les ouvriers qui refusaient de travailler. — **Guinée**, du pays d'où venait l'or avec lequel Charles II fit frapper les premières pièces de ce nom. — **Hermine**, du latin *armenius*, arménien, parce que cette sorte de fourrure venait d'Arménie. — **Laconique**, de *Laconicus*, Lacédémonien, parce que les Lacédémoniens étaient brefs en paroles. — **Madras**, de la ville de l'Inde où cette étoffe a été d'abord fabriquée. — **Maroquin**, du *Maroc*, où se fabrique ce cuir. — **Moka**, café de *Moka*, ville d'Arabie. — **Mousseline**, de la ville de *Mosul*, ou *Mossoul*, en Asie, où se fait un grand commerce des toiles de cette sorte. — **Nankin**, de la ville de Chine (*nan* du sud, *king*, capitale), où se fabrique cette toile de coton. — **Ottomane**, siège en usage d'abord chez les Ottomans. — **Perse**, du nom du pays où cette toile a été inventée. — **Persienne**, contrevent ainsi dit de la *Perse*, pays qui s'en est d'abord servi. — **Pistolet**, de la ville de *Pistoie*.

— **Rouennerie**, dérivé de *Rouen*. — **Sardonique**, et aussi sardonien, de σαρδόνιος parce que ce rire était, croyait-on, provoqué par une herbe de Sardaigne. — **Sarrasin**, blé originaire du pays des Sarrasins. — **Tournois**, de *Tours*, où se frappait cette monnaie plus faible d'un cinquième que celle qui se frappait à Paris. — **Truie**, du latin *troja*, sorte de féminin de *porcus trojanus*, cochon rôti dont le ventre était farci, ce qui faisait penser au cheval de Troie. — **Vandalisme**, dérivé de *Vandale;* on sait que les Vandales mirent Rome au pillage; le mot vandalisme est récent et a été créé par l'abbé Grégoire pendant la Révolution. — **Vaudeville**, mot créé par Basselin pour les pièces de vers qu'il faisait dans le *val de Vire,* en Normandie.

2. — Mots venant d'un nom de personne.

52e EXERCICE.

Faire connaître l'étymologie des mots suivants.

Amphitryon. — Barême. — Calepin. — Daguerréotype. — Dahlia. — Dédale. — Escobarderie. — Fontange. — Galvanisme. — Gilet. — Guillemet. — Guillotine. — Hercule. — Jaquette. — Jérémiade.

Corrigé. — **Amphitryon**, celui qui donne à dîner ou qui paye les frais d'un dîner, par allusion à un passage d'une comédie de Molière (*Amphitryon*, acte III, scène 5) :
Le véritable Amphitryon est l'Amphitryon où l'on dîne. — **Barême**, livre de comptes tout faits, ainsi nommé de *Barrême,* auteur du premier ouvrage de ce genre. — **Calepin**, aujourd'hui petit agenda, carnet de notes, mais, au xviie siècle, vaste recueil de notes, et, à l'origine, volumineux dictionnaire en six langues, dont l'auteur était le moine *Ambroise Calepin*, mort en 1511. — **Daguerréotype**, de *Daguerre*, mort en 1851, inventeur avec Niepce, du procédé par lequel on fixe les images de la chambre obscure sur une plaque métallique préparée; la seconde partie du mot vient du grec. — **Dahlia**, plante dédiée au botaniste *Dahl* par Cavanilles. —

Dédale, labyrinthe, lieu où l'on s'égare, de *Dédale*, constructeur du labyrinthe de Crète. — **Escobarderie**, subterfuge, faux-fuyant, mot dérivé, ainsi qu'escobarder, *d'Escobar*, célèbre jésuite espagnol, mort en 1669, et immortalisé dans les *Provinciales* de Pascal. — **Fontange**, coiffure inventée par Mlle de Fontange, en 1679. — **Galvanisme**, dérivé de *Galvani*, physicien italien qui découvrit les phénomènes dits galvaniques, en 1780. — **Gilet**, à l'origine veste sans manches que portaient les *Gilles* en paradant sur les tréteaux de la foire. — **Guillemet**, du nom de l'imprimeur du seizième siècle qui inventa ce signe orthographique. — **Hercule**, homme fort et courageux, du nom du héros de l'antiquité, célèbre par ses travaux. — **Jaquette**, vêtement que portaient les *Jacques*, paysans révoltés du xive siècle. — **Jérémiade**, du nom du prophète *Jérémie*, célèbre par ses lamentations.

53e EXERCICE.

Suite du précédent.

Lambiner. — Louis. — Macadam. — Magnolier. — — Mansarde. — Marionnette *et* marotte. — Marotique. — Martinet. — Mégère. — Mercure. — Nicotine. — Phaéton. — Pierrot. — Praline. — Quinquet. — Roquet. — Sansonet. — Silhouette. — Simonie. — Strass. — Tontine. — Turlupinade.

Corrigé. — **Lambiner,** verbe dérivé de *Lambin*, professeur au Collège de France, mort en 1577, et réputé parmi les savants pour la longueur de ses explications, et la diffusion de ses commentaires. — **Louis,** monnaie d'or, ainsi appelée depuis Louis XIII, du nom des rois qui l'ont fait frapper. — **Macadam,** système d'empierrement imaginé par un ingénieur écossais nommé *Mac-Adam*. — **Magnolier,** arbre ainsi nommé du nom de *Magnol*, mort en 1715. — **Mansarde,** genre de fenêtre introduit par l'architecte *Mansard*, mort en 1708. — **Marionnette,** et **marotte,** à l'origine petites figurines de la vierge *Marie*, plus tard poupées, jouets. — **Marotique,** imité du vieux langage du poète *Marot*. —

Martinet, oiseau, dérivé de *Martin.* — **Mégère,** femme méchante et emportée, de *Mégère,* l'une des trois Furies. — **Mercure,** métal, du nom du dieu de la mythologie. — **Nicotine,** dérivé de *Nicot,* ambassadeur de France à Lisbonne, qui envoya la plante du tabac à Catherine de Médicis, en 1560. — **Phaéton,** cocher, par allusion à *Phaéton,* qui conduisit le char du Soleil. — **Pierrot,** oiseau, dérivé de *Pierre.* — **Praline,** du nom du maréchal de *Praslin,* dont le cuisinier inventa ce bonbon au xviie siècle. — **Quinquet,** du nom du mécanicien *Quinquet,* qui perfectionna cette sorte de lampe inventée par Argand. — **Roquet,** proprement chien de St Roch, puis chien en général, par allusion à la légende qui représente ce saint accompagné d'un chien. — **Sansonet,** oiseau, dérivé de *Samson.* — **Silhouette,** genre de portrait ainsi nommé parce qu'il était à la mode alors que *de Silhouette* était contrôleur général des finances sous Louis XV. — **Simonie,** dérivé du nom de *Simon* le magicien. — **Stras,** du nom du joailler allemand *Strass,* qui inventa cette composition. — **Tontine,** du nom du Napolitain *Tonti* qui, au xviie siècle, inventa cette sorte d'association. — **Turlupinade,** dérivé de *Turlupin,* acteur du temps de Louis XIII.

3. — Mots venant du nom d'un personnage ou d'un objet imaginaire.

54e EXERCICE.

Trouver l'étymologie des mots suivants.

Céladon. — Espiègle. — Flamberge. — Patelinage. — Renard. — Robinet. — Tartufe.

Corrigé. — **Céladon,** du nom d'un personnage du roman de l'Astrée, dont le caractère est d'une galanterie délicate. — **Espiègle,** du nom du héros malicieux d'une nouvelle allemande très populaire au xvie siècle et dont le titre était *Histoire joyeuse de Till Ulespiègle.* — **Flamberge,** du nom de l'épée de Renaud de Montauban dans les romans de chevalerie. — **Patelinage,** dérivé de *Patelin,* personnage célèbre d'une comédie du xvᵉ siècle. — **Renard,** du surnom donné au goupil (en latin *vulpes*), animal très rusé du roman du Renard. — **Robinet,** de *Robin,* surnom du mouton au moyen âge, parce que les premiers robinets étaient faits en forme de tête de mouton. — **Tartufe,** du nom du principal personnage de la comédie de Molière qui a pour titre *Le Tartuffe.*

MOTS D'ORIGINE SAVANTE

MOTS D'ORIGINE GRECQUE

OBSERVATION. — La plupart des mots suivants ne sont pas venus directement du grec en français; ils ont d'abord été transcrits en latin, soit par les auteurs classiques, soit par les écrivains du moyen âge, et c'est du latin qu'ils sont passés dans notre langue. D'autres mots français ont été formés par les savants soit d'une racine grecque augmentée d'un ou de plusieurs suffixes comme *achromatique*, soit de deux ou de plusieurs mots grecs juxtaposés comme *aéromètre, phonographe, anthroposomatologie.* Ces mots seront étudiés plus loin au chapitre des *Mots composés.*

55ᵉ EXERCICE.

Trouver les mots français de **formation savante** *venus de mots grecs suivants ; en indiquer le sens.*

Ἄβαξ, ακος. — Ἀγαλακτία. — Ἀγάπαι. — Ἀγαπητός. — Ἀγγειολογία. — Ἁγιογράφος. — Ἀγκυλοβλέφαρον. — Ἀγκυλόγλωσσον. — Ἀγκύλωσις. — Ἄγκυρα, ancora. — Ἀγκών. — Ἀγλαή. — Ἀγορά. — Ἀγορανόμος. — Ἀγρονομία. — Ἀγρονόμος. — Ἀγρυπνία. — Ἄγρωστις. — Ἀγωνία. — Ἀγωνίζειν. — Ἀγωνοθέτης. — Ἀδενοειδής. — Ἀδηφαγία. — Ἀδίαντον. — Ἀδυναμία. — Ἀετίτης. — Ἄζυμος. — Ἄθεος. — Ἀθηναῖον. — Ἀθλητής. — Αἰγίλωψ. — Αἰγίς, ιδος. — Αἰθήρ. — Αἱματίτης. — Αἱματώδης. — Αἱμάτωσις. — Αἱμορραγία. — Αἴνιγμα. —

Αἰολικός. — Αἱρεσιάρχης. — Αἵρεσις. — Αἰσθητικός. — Αἰτιο-
λογία.

Corrigé. — **Abaque,** partie supérieure du chapiteau des
colonnes. — **Agalactie,** manque de lait. — **Agapes** (subst.
dérivé du verbe ἀγαπᾶν, *aimer*), repas que les premiers chrétiens faisaient en commun dans les églises. — **Agapète** et
au plur. *agapétes,* vierges qui, dans la primitive Église, vivaient
en commun sans faire de vœux. — **Angiologie,** science des
vaisseaux du corps humain. — **Hagiographe** ou *agiographe,*
qui écrit sur les choses saintes. — **Ankyloblépharon,**
adhérence des paupières. — **Ankylose** (dérivé de ἀγκύλος, re-
courbé), courbure, soudure des articulations. — **Ancre.** —
Ancône, muscle du coude. — **Aglaé,** litt. *belle,* l'une des
trois Grâces. — **Agora,** place publique. — **Agoranome,**
magistrat athénien chargé de la police de la place et des mar-
chés. — **Agronomie,** théorie de l'agriculture. — **Agrypnie,**
insomnie. — **Agrostis** (dérivé de ἀγρος, champ), genre de
graminées. — **Agonie,** litt. *lutte* contre la mort. — **Agoniser.**
— **Agonothète,** magistrat qui présidait aux combats, aux
jeux publics. — **Adénoïde,** en forme de glande, glanduleux.
— **Adéphagie,** appétit insatiable. — **Adiante** (litt. non
mouillé), espèce de fougère. — **Adynamie,** manque de force,
faiblesse maladive. — **Aétite,** aussi nommée *pierre d'aigle.* —
Azyme, sans levain. — **Athée.** — **Athénée,** temple de Mi-
nerve. — **Athlète.** — **Ægilops,** fistule lacrymale. — **Égide,**
litt. bouclier de peau de chèvre. — **Éther.** — **Hématite** (litt.
couleur de sang), espèce de pierre. — **Hématoïde,** ressemblant au sang, de couleur de sang. — **Hématose,** crachement
de sang. — **Hémorragie,** éruption de sang. — **Énigme.** —
Éolique. — **Hérésiarque.** — **Hérésie,** choix, secte. —
Esthétique, litt. relatif au sentiment. — **Étiologie,** partie
de la médecine qui recherche les causes des maladies.

<h3 style="text-align:center">56e EXERCICE.</h3>

Trouver les mots français de **formation savante** *venus des
mots grecs suivants; en indiquer le sens.*

Ἀκαδημία. — Ἄκαμπτος. — Ἄκανθος. — Ἀκαταληκτικός. —

Ἀκαταληψία. — Ἄκκυλος. — Ἄκερος. — Ἀκέφαλος. — Ἀκό-
νιτον. — Ἀκούσματος. — Ἀκουστικός. — Ἀκράτεια. — Ἀκρι-
δοφάγος. — Ἀκρισία. — Ἀκροατικός. — Ἀκρόνυχος. — Ἀκρόσ-
τιχον. —Ἀκρώμιον. — Ἀκρωτήριον. — Ἀκτινωτός. —Ἀκώλυτος.
— Ἀλεξητήριον. — Ἀλεξιφάρμακον. — Ἀληκτώ. — Αλθαία.
— Ἁλιευτικός. — Ἄλισμα. — Ἀλκαῖκος. — Ἀλκέα. — Ἀλκύων.
— Ἀλλαντοειδής. — Ἀλληγορία. — Ἀλμεναχά, *almanachus.*
—Ἀλσίνη. — Ἄλυσσον. — Ἀλφός. — Ἀλωπεκία. — Ἅλως.

Corrigé. — **Académie,** à l'origine jardin d'Académus où se réunissaient les disciples de Platon. — **Acampte** (litt. qui n'est pas plié), qui ne réfléchit pas la lumière. — **Acanthe,** plante épineuse. — **Acatalectique** (litt. non tronqué), vers complet. — **Acatalepsie,** (litt. impossibilité de comprendre), maladie. — **Acaule,** sans tige. — **Acère,** sans cornes. — **Acéphale,** sans tête. — **Aconit,** plante. — **Acousmate,** ce qu'on entend. — **Acoustique,** qui concerne l'ouïe. — **Acratie,** manque de force. — **Acridophage,** qui se nourrit de sauterelles. — **Acrisie,** absence de crise. — **Acroatique** (litt. d'audition), science qui a besoin, pour être comprise, d'un enseignement oral. — **Acronyque.** qui se fait au commencement de la nuit. — **Acrostiche** (litt. *extrême-vers*), petit poème dont chaque vers commence par une lettre de la personne ou de la chose qui en fait le sujet. — **Acromion,** (litt. extrême-épaule), éminence supérieure de l'omoplate. — **Acrotère,** piédestal de balustre. — **Actinote** (litt. rayonnant), nom d'une substance minérale. — **Acolyte,** à l'origine valet, celui qui accompagne. — **Alexitérion,** remède contre les morsures des animaux. — **Alexipharmaque,** contre-poison. — **Alecton,** l'une des Furies. — **Althéa,** guimauve. — **Halieutique,** qui a rapport à la pêche. — **Alisma,** plantain d'eau. — **Alcaïque,** d'Alcée. — **Alcée,** rose trémière. — **Alcyon,** oiseau de mer (remarquer qu'il n'y a pas d'*h*). — **Allantoïde** (litt. en forme de saucisse), terme d'anatomie. — **Allégorie.** — **Almanach.** — **Alsine,** plante. — **Alysse,** plante. — **Alphos,** espèce de lèpre. — **Alopécie,** maladie qui fait tomber les cheveux. — **Halo** (litt. disque), cercle lumineux autour des astres.

57ᵉ EXERCICE.

Trouver les mots français de **formation savante** *venus des mots grecs suivants; en indiquer le sens.*

Ἁμαδρυάδες. — Ἀμαζών. — Ἀμάραντος. — Ἀμαύρωσις. — Ἀμβλυγώνιος. — Ἀμβλυωπία. — Ἀμβροσία. — Ἄμβων. — Ἀμέθυστος. — Ἀμίαντος. — Ἄμμι. — Ἀμμοδύτης. — Ἀμμόχρουσος. — Ἀμμωνιακόν. — Ἀμνηστία. — Ἄμορφος. — Ἀμπελίτης. — Ἀμυγδάλη. — Ἀμφίβιος. — Ἀμφιβράγχια. — Ἀμφίβραχυς. — Ἀμφιθέατρον. — Ἀμφικέφαλος. — Ἀμφίμακρος. — Ἀμφιπρόστυλος. — Ἀμφίσβαινα. — Ἀμφορεύς, amphora. — Ἀμφωτίς, ίδος.

Corrigé.— Hamadryades, nymphes des bois.— **Amazone,** (litt. sans mamelle). — **Amarante** (litt. qui ne se flétrit pas). — **Amaurose** (litt. obscurcissement). — **Amblygone** (litt. angle obtus). — **Amblyopie,** affaiblissement de la vue. — **Ambroisie** (litt. non-mortel). — **Ambon,** bord du cartilage des os. — **Améthyste** (litt. qui chasse l'ivresse). — **Amiante** (litt. incorruptible). — **Ammi,** plante. — **Ammodyte** (litt. sable-plongeur), serpent. — **Ammochryse** (litt. sable-or), pierre précieuse. — **Ammoniaque,** sel qu'on achetait près du temple de Jupiter Ammon. — **Amnistie** (litt. oubli). — **Amorphe,** sans forme. — **Ampélite** (litt. terre à vigne). — **Amygdale** (litt. amande). — **Amphibie** (litt. des deux côtés-vie). — **Amphibranchies,** espaces autour des glandes des gencives. — **Amphibraque,** pied de vers composé d'une longue entre deux brèves. — **Amphithéâtre.** — **Amphicéphale,** lit à deux chevets. — **Amphimacre,** pied de vers composé d'une brève entre deux longues.— **Amphiprostyle,** édifice ayant deux façades ornées de colonnes. — **Amphisbène** (ou double-marcheur), espèce de serpent.— **Amphore,** (litt. pouvant être porté des deux côtés). — **Amphotide** (litt. autour des oreilles), sorte de coussinet dont les athlètes se couvraient les oreilles.

58ᵉ EXERCICE.

Trouver les mots français de **formation savante** *venus des mots grecs suivants; en indiquer le sens.*

Ἀναβαπτιστής. — Ἀνάβρωσις. — Ἀναγαλλίς. — Ἀναγλυφή. — Ἀνάγραμμα. — Ἀναδίπλωσις. — Ἀνάδοσις. — Ἀνάθεμα. — Ἀνάλεκτα. — Ἀνάλημμα. — Ἀνάληψις. — Ἀναλογία. — Ἀναλόγισμα. — Ἀνάλυσις. — Ἀναμνηστικός. — Ἀναμόρφωσις. — Ἀνάπαιστος. — Ἀναπέτεια. — Ἀναπλήρωσις. — Ἀνάπνευσις. — Ἀναρροπία. — Ἀναρχία. — Ἀνάσπασις. — Ἀνασταλτικός. — Ἀνάστασις. — Ἀναστόμωσις. — Ἀναστροφή. — Ἀνατοκισμός. — Ἀνατολή. — Ἀνατομή. — Ἀναφορά. — Ἀναχωρητής.

Corrigé. — **Anabaptiste** (litt. qui rebaptise). — **Anabrose,** corrosion. — **Anagallis,** mouron. — **Anaglyphe,** ciselure relevée en bosse. — **Anagramme** (litt. *re-écrit*), transposition de lettres par laquelle on trouve un mot dans un autre mot. — **Anadiplose,** réduplication. — **Anadose,** répartition (des aliments dans le corps). — **Anathème,** excommunication. — **Analectes,** fragments choisis. — **Analème** (litt. élévation), instrument qui sert à trouver la hauteur du soleil. — **Analepsie,** rétablissement des forces. — **Analogie.** — **Analogisme,** comparaison des rapports. — **Analyse.** — **Anamnestique,** propre à rétablir la mémoire. — **Anamorphose,** transformation. — **Anapeste** (litt. frappé à rebours), pied de vers formé d'un dactyle renversé. — **Anapétie,** dilatation. — **Anaplérose,** action de compléter. — **Anapneuse,** respiration. — **Anarrhopie,** mouvement d'ascension. — **Anarchie** (lit. sans commandement). — **Anaspase,** contraction. — **Anastaltique,** répressif. — **Anastase,** déplacement (des humeurs). — **Anastomose,** (jonction de deux artères ou de deux vaisseaux). — **Anastrophe,** inversion. — **Anatocisme,** action de prendre les intérêts des intérêts. — **Anatolie.** — **Anatomie,** dissection. — **Anaphore** répétition (d'un mot au commencement de plusieurs membres d'une période). — **Anachorète** litt. retiré, solitaire par opposition à *cœnobite,* vivant en commun).

59ᵉ EXERCICE.

Trouver les mots français de **formation savante** *venus des mots grecs suivants; en indiquer le sens.*

Ἀνέκδοτος. — Ἀνεμώνη. — Ἀνεπίγραφος. — Ἀνεύρυσμα. — Ἀνθέλιξ. — Ἀνθηρός. — Ἄνθησις. — Ἀνθολογία. — Ἀνθρακίτης. — Ἄνθραξ. — Ἀνθρωπόμορφος. — Ἀνθρωποφάγος. — Ἄνισον. — Ἀνορεξία. — Ἀνταγώνισμα. — Ἀνταγωνιστής. — Ἀνταρκτικός. — Ἀντίδοτον. — Ἀντίθεσις. — Ἀντιλόβιον. — Ἀντιλογία. — Ἀντινομία. — Ἀντιπάθεια. — Ἀντίποδες. — Ἀντιρρητικός. — Ἀντίσπασις. — Ἀντισπαστικός. — Ἀντίσπαστος. — Ἀντιστροφή. — Ἀντίχρησις. — Ἀντονομασία. — Ἀξίωμα. — Ἀόριστος. — Ἀορτή. — Ἀνωδυνία. — Ἀνώδυνος. — Ἀνωμαλία. — Ἀνώνυμος.

Corrigé. — **Anecdote** (litt. inédit). — **Anémone**, fleur. — **Anépigraphe** (litt. sans inscription). — **Anévrisme** (litt. dilatation). — **Anthélix** (litt. contre-spirale), pavillon de l'oreille. — **Anthère** (litt. fleuri). — **Anthèse**, floraison. — **Anthologie** (litt. choix de fleurs). — **Anthracite**, ressemblant à du charbon. — **Anthrax**, charbon. — **Anthropomorphe** (litt. ayant la forme de l'homme). — **Anthropophage** (litt. qui mange l'homme). — **Anis** (litt. non égal), plante. — **Anorexie** (litt. non-désir), défaut d'appétit. — **Antagonisme**, lutte. — **Antagoniste**, adversaire. — **Antarctique** (litt. contre l'ours), méridional. — **Antidote** (litt. contre-donné), contre-poison. — **Antithèse**, opposition. — **Antilobe**. — **Antilogie**, contradiction. — **Antinomie**, contradiction entre deux lois. — **Antipathie**. — **Antipodes**. — **Antirrhétique**, contradictoire. — **Antispase**, changement (dans les humeurs). — **Antispastique**, opérant par révulsion. — **Antispaste**, pied de vers. — **Antistrophe**. — **Antichrèse**, usufruit. — **Antonomase**, emploi d'un nom pour un autre. — **Axiôme** (litt. principe regardé comme vrai). — **Aoriste** (litt. indéfini). — **Aorte** (litt. qui s'élève). — **Anodynie**, absence de douleur. — **Anodin**. — **Anomalie**, irrégularité. — **Anonyme**, sans nom.

60ᵉ EXERCICE.

Trouver les mots français de **formation savante** *venus des mots grecs suivants ; en indiquer le sens.*

Ἀπάθεια. — Ἀπανθρωπία. — Ἀπεψία. — Ἀπήχημα. — Ἀπληστία. — Ἀπλοτομία. — Ἄπνοια. — Ἀπόγειον. — Ἀπογραφή. — Ἀποδεικτικός. — Ἀποδίωξις. — Ἀπόζεμα. — Ἀποθέωσις. — Ἀπόθραυσις. — Ἀποκάλυψις. — Ἀποκένωσις. — Ἀποκοπή. — Ἀπόκρυφος. — Ἀπολογία. — Ἀπόλογος. — Ἀπονεύρωσις. — Ἀποπληξία. — Ἀποσιτία. — Ἀποστασία. — Ἀπόστημα. — Ἀποστροφή. — Ἀποτομή. — Ἀπόφθεγμα. — Ἀποφυγή. — Ἀπόφυσις. — Ἄπτερος. — Ἀπυρεξία. — Ἄπυρος.

Corrigé. — **Apathie**, insensibilité, indifférence. — **Apanthropie**, éloignement des hommes. — **Apepsie**, difficulté à digérer. — **Apéchème** (litt. son renvoyé), contrecoup. — **Aplestie**, insatiabilité. — **Aplotomie** et *haplotomie*, simple incision. — **Apnée**, défaut de respiration. — **Apogée** (litt. loin de la terre). — **Apographie**, copie d'un écrit. — **Apodictique**, démonstratif. — **Apodioxis**, expulsion, nom d'une figure de rhétorique. — **Apozème**, décoction (d'herbes médicinales). — **Apothéose**, déification. — **Apathrause**, rupture (d'un os). — **Apocalypse**, révélation. — **Apocénose**, évacuation (du sang et des humeurs). — **Apocope**, retranchement (d'une syllabe ou d'une lettre). — **Apocryphe**, caché. — **Apologie**, justification. — **Apologue**, fable. — **Aponévrose**, extension d'un muscle. — **Apoplexie**. — **Apositie**, manque d'appétit. — **Apostasie** (litt. séparation). — **Apostème** (litt. éloignement), abcès. — **Apostrophe**, (litt. action de détourner). — **Apotome**, retranchement. — **Apophtegme**, sentence. — **Apophyge** (litt. évasion), endroit où une colonne commence à s'élever. — **Apophyse**, excroissance (d'un os). — **Aptère**, sans ailes. — **Apyrexie**, cessation de fièvre. — **Apyre** (litt. sans feu), qui résiste à l'action du feu.

61ᵉ EXERCICE.

Trouver les mots français de **formation savante** *venus des mots grecs suivants; en indiquer le sens.*

Ἀραιόστυλος. — Ἀραχνοειδής. — Ἄργιλλος. — Ἀργοναύτης. — Ἀργυράσπιδες. — Ἀρειόπαγος. — Ἀριθμητική. — Ἀριστοκράτεια. — Ἀρκτικός. — Ἀρκτοφύλαξ. — Ἁρμονία. — Ἅρπυιαι. — Ἀρσενικόν. — Ἀρτέμων. — Ἀρτηρία. — Ἄρον. — Ἀρχαιολογία. — Ἀρχαιότυπος. — Ἀρχαϊσμός. — Ἀρχίατρος. — Ἀρχιμανδρίτης. — Ἀρχίμιμος. — Ἀρχιτεκτονικός. — Ἀρχιτέκτων. — Ἄρχων, ἄρχοντος. — Ἄρωμα.

Corrigé. — **Aréostyle,** aux colonnes rares, espacées. — **Arachnoïde,** membrane mince et transparente, semblable à une toile d'araignée. — **Argile.** — **Argonaute.** — **Argyraspides,** soldats au bouclier d'argent, gardes d'Alexandre. — **Aréopage,** colline de Mars, à Athènes. — **Arithmétique.** — **Aristocratie.** — **Arctique** (du côté de l'Ourse), septentrional. — **Arctophylax** (gardien de l'Ourse), nom de la constellation du Bouvier. — **Harmonie.** — **Harpies** (ravisseuses). — **Arsenic.** — **Artimon.** — **Artère.** — **Arum,** genre de plantes. — **Archéologie.** — **Archétype** (dont le type est ancien), modèle, patron. — **Archaïsme.** — **Archiatre,** premier médecin. — **Archimandrite,** supérieur d'un couvent. — **Archimime,** premier bouffon. — **Architectonique.** — **Architecte.** — **Archonte.** — **Arôme.**

62ᵉ EXERCICE.

Trouver les mots français de **formation savante** *venus des mots grecs suivants; en indiquer le sens.*

Ἄσβεστος. — Ἀσθένεια. — Ἄσθμα. — Ἀσκαρίδες. — Ἀσκητικός. — Ἀσκίτης. — Ἀσκοφόρος. — Ἀσπάραγος. — Ἀσπιδοφόρος. — Ἀστερισμός. — Ἀστράγαλος. — Ἀστρόλαβον. — Ἀστρολογία. — Ἄστρον. — Ἀστρονομία. — Ἀσύμπτωτος. —

Ἄσφαλτος. — Ἀσφοδέλος. — Ἀσφυξία. — Ἀσώδης. — Ἀταξία. — Ἀταραξία. — Ἄτομος. — Ἀτονία. — Ἀτροφία. — Ἀττικισμός. — Αὐθεντικός. — Αὐλικός. — Αὐστηρός. — Αὐτόγραφος. — Αὐτόματος. — Αὐτονομία. — Αὐτόνομος. — Αὐτόχθων. — Αὐτοψία. — Ἀφαίρεσις. — Ἄφθαι. — Ἀφορισμός. — Ἀφρόνιτρον. — Ἄφυλλος. — Ἀχώρ. — Ἀψίς, ιδος.

Corrigé. — **Asbeste**, inextinguible. — **Asthénie**, faiblesse. — **Asthme**. — **Ascarides**, petits vers qui se trouvent dans les gros intestins. — **Ascétique**. — **Ascite**, hydropisie. — **Ascophore** (qui porte une outre), sorte de champignon. — **Asperge**. — **Aspidophore** (qui porte un bouclier), sorte de poisson. — **Astérisme**, constellation. — **Astragale** (petit os du talon), moulure ronde à la partie supérieure d'une colonne. — **Astrolabe**, instrument dont on se sert pour mesurer la hauteur d'un astre. — **Astrologie**. — **Astre**. — **Astronomie**. — **Asymptote** (qui ne coïncide pas), ligne droite qui s'approche continuellement d'une courbe sans pouvoir jamais la couper. — **Asphalte**. — **Asphodèle**, plante. — **Asphyxie** (non-pulsation). — **Asode** (dégoutant). — **Ataxie** (désordre), irrégularité dans les crises d'une fièvre. — **Ataraxie**, tranquillité de l'âme. — **Atome** (indivisible). — **Atonie**, faiblesse des organes. — **Atrophie**, dépérissement. — **Atticisme**. — **Authentique**. — **Aulique**. — **Austère**. — **Autographe**. — **Automate**. — **Autonomie**. — **Autonome**. — **Autochtone** (indigène). — **Autopsie**. — **Aphérèse** (retranchement). — **Aphtes**. — **Aphorisme**. — **Aphronitre** (écume de nitre). — **Aphylle** (sans feuilles) — **Achores**, ulcères. — **Abside** (voûte).

63e EXERCICE.

Trouver les mots français de **formation savante** *venus des mots grecs suivants; en indiquer le sens.*

Βαλανίτης. — Βαλσαμίνη. — Βάπτισμα. — Βαρβαρισμός. — Βάρβαρος. — Βαρύτονος. — Βαρυφωνία. — Βασιλική. — Βασιλικόν. — Βασιλίσκος. — Βάσις. — Βατραχίτης. —

Βατραχομυομαχία. — Βαττολογία. — Βελομαντεία. — Βηχικός. — Βιβλία. — Βιβλιογραφία. — Βιβλιογράφος. — Βιβλιοθήκη. — Βλασφημεῖν. — Βολίς, ίδος. — Βορέα. — Βορβορυγμός. — Βόσπορος. — Βοτανική. — Βουβών. — Βούγλωσσον. — Βουκέφαλος. — Βόυκολικός. — Βουλιμία. — Βουστροφήδον. — Βράγχια. — Βραδυπεψία. — Βραχίων. — Βρογχοκήλη. — Βρόγχος. — Βρύον. — Βρῶμος. — Βύσσος.

Corrigé. — **Balanite**, gland de mer. — **Balsamine.** — **Baptême.** — **Barbarisme.** — **Barbare.** — **Baryton,** qui n'a pas d'accent sur la dernière syllabe. — **Baryphonie,** difficulté d'articuler. — **Basilique.** — **Basilicon,** onguent. — **Base.** — **Batrachite,** sorte de pierre. — **Batrachomyomachie,** combat des rats et des grenouilles. — **Battologie,** répétition inutile (de **Battus,** roi de Cyrène, qui était bègue). — **Bélomancie,** divination au moyen des flèches. — **Béchique** (qui calme la toux). — **Bible** (les livres saints). — **Bibliographie.** — **Bibliographe.** — **Bibliothèque.** — **Blasphémer.** — **Bolide,** corps lumineux traversant l'atmosphère. — **Borée.** — **Borborygme** (bruit sourd). — **Bosphore.** — **Botanique.** — **Bubon,** tumeur. — **Buglosse** (langue de bœuf), plante. — **Bucéphale** (qui a une tête de bœuf). — **Bucolique.** — **Boulimie,** appétit insatiable. — **Boustrophédon,** manière d'écrire qui consiste à aller de gauche à droite et de droite à gauche comme les bœufs qui labourent. — **Branchies.** — **Bradypepsie,** digestion lente. — **Brachion.** — **Bronchocèle,** goitre. — **Bronches.** — **Bryon,** mousse. — **Brôme** (*puanteur*), corps exhalant une odeur fétide. — **Byssus,** lin très fin, espèce de lichen.

64ᵉ EXERCICE.

Trouver les mots français de **formation savante** *venus mots grecs suivants ; en indiquer le sens.*

Γάλιον. — Γάγγραινα. — Γάμμα. — Γαργαρίζειν. — Γαστήρ. — Γαστραλγία. — Γαστρονομία. — Γενεαλογία. — Γενεθλιακός. — Γένεσις. — Γέρων, οντος. — Γεωγραφία. —

Γεώδης. — Γεωμετρία. — Γεωργικός. — Γιγαντομαχία. — Γλαυκός. — Γλυφή. — Γλῶσσα. — Γλῶττα. — Γνώμη. — Γνωμικός. — Γνώμων. — Γνῶσις. — Γνωστικός. — Γόμφωσις. — Γραφικός. — Γράμμα. — Γρῖφος. — Γρύπωσις. — Γυμνάσιον. — Γυμναστική. — Γυμνικός. — Γυμνοπαιδία. — Γυμνοσοφιστής. — Γυναικεῖον. — Γύψος.

Corrigé. — **Galium**, plante. — **Gangrène**. — **Gamme**. — **Gargariser**. — **Gaster** (ventre). — **Gastralgie** (douleur de ventre). — **Gastronomie**. — **Généalogie**. — **Généthliaque** (natal). — **Genèse**. — **Géronte**. — **Géographie**. — **Géode**, sorte de pierre. — **Géométrie**. — **Géorgique**. — **Gigantomachie** (combat des géants). — **Glauque**. — **Glyphe** (ciselure). — **Glose**. — **Glotte**. — **Gnome**, espèce de génie. — **Gnomique**. — **Gnomon**, aiguille d'un cadran solaire. — **Gnose**. — **Gnostique**. — **Gomphose**, espèce d'articulation immobile. — **Graphique**. — **Gramme**. — **Griphe**, sorte d'énigme. — **Grypose**, courbure des ongles. — **Gymnase**. — **Gymnastique**. — **Gymnique**. — **Gymnopédie**, danse lacédémonienne d'enfants nus. — **Gymnosophiste**, philosophe indien marchant presque nu. — **Gynécée**. — **Gypse**.

65e EXERCICE.

Trouver les mots français de **formation savante** *venus des mots grecs suivants; en indiquer le sens.*

Δαίδαλος. — Δαίμων. — Δάκτυλος. — Δεκάγωνος. — Δεκάλογος. — Δεκάς, άδος. — Δεκάστυλος. — Δέλτα. — Δελφίς, ἵνος. — Δέρμα. — Δεσπότης. — Δευτερονόμιον. — Δημαγωγός. — Δημιουργός. — Δημοκρατία. — Δῆμος. — Διάβολος. — Διάγνωσις. — Διάγραμμα. — Διάδημα. — Διάθεσις. — Δίαιτα. — Διάκονος. — Διαλεκτική. — Διάλεκτος. — Διάλογος. — Διαπασῶν. — Διάπτωσις. — Διάρθρωσις. — Διάῤῥοια. — Διασκευαστής. — Διάστασις.

Corrigé. — **Dédale**. — **Démon**. — **Dactyle**. — **Décagone**. — **Décalogue**. — **Décade**. — **Décastyle**. — **Delta**. —

Dauphin. — **Derme.** — **Despote.** — **Deutéronome** (seconde loi). — **Démagogue.** — **Démiurge** (créateur). — **Démocratie.** — **Dème.** — **Diable.** — **Diagnose** (connaissance). — **Diagramme,** figure géométrique servant à démontrer une proposition. — **Diadème.** — **Diathèse,** disposition du corps. — **Diète** (régime de vie). — **Diacre.** — **Dialectique.** — **Dialecte.** — **Dialogue.** — **Diapason** (litt. par toutes les cordes, l'échelle des sept cordes). — **Diaptose** (chute), intercidence, en musique. — **Diarthrose,** articulation des os, dans laquelle le mouvement est évident. — **Diarrhée.** — **Diascévaste** (arrangeur), nom donné à des grammairiens grecs qui s'occupèrent de l'arrangement des poésies homériques. — **Diastase,** écartement de deux os qui étaient contigus.

66ᵉ EXERCICE.

Trouver les mots français de **formation savante** *venus des mots grecs suivants; en indiquer le sens.*

Διάστημα. — Διαστολή. — Διατριβή. — Δίαυλος. — Διαφανής. — Διαφόρησις. — Διάφραγμα. — Διάφυσις. — Δίβραχυς. — Δίγαμμα. — Διδακτικός. — Διδασκαλία. — Δίεσις. — Διθύραμβος. — Δίκταμον. — Δίλημμα. — Δίμετρος. — Διοίκησις. — Διονυσιακός. — Διοπτρικός. — Διόσκουροι. — Δίπλωμα. — Διποδία. — Δίπτυχα. — Δισσύλλαβος. — Δίστιχος. — Διχόρειος. — Διχοτομία.

Corrigé. — **Diastème,** intervalle, en musique. — **Diastole,** dilatation du cœur. — **Diatribe.** — **Diaule** (double course). — **Diaphane.** — **Diaphorèse** (transpiration). — **Diaphragme.** — **Diaphyse,** séparation naturelle. — **Dibraque,** pied composé de deux brèves. — **Digamma,** signe d'aspiration chez les Éoliens. — **Didactique.** — **Didascalie,** observation sur une pièce de théâtre. — **Dièse,** signe de musique. — **Dithyrambe,** hymne en l'honneur de Bacchus. — **Dictame,** nom de plante. — **Dilemme,** sorte d'argument. — **Dimètre,** vers de deux mesures. — **Diocèse.** — **Dyonisiaque.** — **Dioptrique,** partie de l'optique. — **Dioscures,** Castor et Pollux.

— **Diplôme.** — **Dipodie,** ensemble de deux pieds. — **Diptyques,** tablettes. — **Dissyllabe.** — **Distique.** — **Dichorée,** pied composé de deux chorées. — **Dichotomie,** division en deux parties égales.

67ᵉ EXERCICE.

Trouver les mots français de **formation savante** *venus des mots grecs suivants; en indiquer le sens.*

Δόγμα. — Δογματικός. — Δόλος. — Δοξολογία. — Δόσις. — Δράκων. — Δρᾶμα. — Δραματικός. — Δραματουργός. — Δραστικός. — Δραχμή. — Δρυάδες. — Δυάς, άδος. — Δύναμις. — Δυναστεία. — Δυνάστης. — Δυσεντερία. — Δυσουρία. — Δυσπεψία. — Δύσπνοια. — Δυτικός. — Δωδεκάγωνος. — Δωδεκάεδρος. — Δῶμα. — Δωρικός.

Corrigé. — **Dogme.** — **Dogmatique.** — **Dol.** — **Doxologie** (hymne de gloire). — **Dose.** — **Dragon.** — **Drame.** — **Dramatique.** — **Dramaturge.** — **Drastique** (actif). — **Drachme.** — **Dryades.** — **Dyade** (nombre de deux). — **Dynamie,** unité de force. — **Dynastie.** — **Dynaste.** — **Dysentérie** et *dyssenterie*. — **Disurie** (difficulté d'uriner). — **Dyspepsie** (digestion difficile). — **Dyspnée** (respiration pénible). — **Dytique** (plongeur), insecte aquatique. — **Dodécagone.** — **Dodécaèdre.** — **Dôme.** — **Dorique.**

68ᵉ EXERCICE.

Trouver les mots français de **formation savante** *venus des mots grecs suivants; en indiquer le sens.*

Ἔβενος. — Ἐγκαυστική. — Ἐγκέφαλον. — Ἐγκλιτικός. — Ἐγκύκλιος. — Ἐγκυκλοπαιδεία. — Ἐγχειρίδιον. — Ἐγχύμωσις. — Ἐθνάρχης. — Ἐθνικός. — Εἰδύλλιον. — Εἴδωλον. — Εἰκονογραφία. — Εἰκονοκλαστής. — Εἰκονολογία. — Εἴλως, ωτος. — Εἰρωνεία. — Ἔκβασις. — Ἔκζεμα. — Ἔκθλιψις. — Ἐκκλησία. — Ἐκκλησιαστής. — Ἐκκλησιαστικός. — Ἐκκοπή. — Ἐκκοπρωτικός. — Ἔκλαμψις. — Ἔκλειψις. — Ἐκλεκτικός. —

Ἐκλογή. — Ἔκστασις. — Ἔκτασις. — Ἐκτρόπιον. — Ἔκτυπον. — Ἐκχύμωσις. — Ἐλεγεία. — Ἐλευθέρια. — Ἐλέφας. — Ἕλιξ. — Ἐλλέβορος. — Ἔλλειψις. — Ἕλληνες. — Ἑλληνίζειν. — Ἑλληνικός. — Ἑλληνισμός. — Ἑλληνιστής. — Ἕλμινς, ινθος. — Ἔλυτρον.

Corrigé. — **Ébène.** — **Encaustique.** — **Encéphale.** — **Enclitique.** — **Encyclique.** — **Encyclopédie.** — **Enchiridion** (manuel). — **Enchymose.** — **Ethnarque.** — **Ethnique.** — **Idylle.** — **Idole.** — **Iconographie.** — **Iconoclaste.** — **Iconologie.** — **Hilote et ilote.** — **Ironie.** — **Ecbase,** digression. — **Eczéma** (ébullition). — **Ecthlipse,** élision d'un *m* à la fin d'un mot dans les vers latins. — **Église.** — **Ecclésiaste.** — **Ecclésiastique.** — **Eccope,** fracture d'un os plat. — **Eccoprotique,** qui fait évacuer. — **Éclampse,** maladie convulsive. — **Éclipse.** — **Électrique.** — **Églogue.** — **Extase.** — **Ectase,** allongement d'une syllabe brève. — **Ectropion,** renversement des paupières. — **Ectype,** empreinte d'une figure. — **Ecchymose.** — **Élégie.** — **Éleuthérie,** indépendance d'un État. — **Éléphant.** — **Hélice.** — **Hellébore.** — **Ellipse.** — **Hellènes.** — **Helléniser.** — **Hellénique.** — **Hellénisme.** — **Helléniste.** — **Helminthe,** ver intestinal. — **Élytre** (étui).

69ᵉ EXERCICE.

Trouver les mots français de **formation savante** *venus des mots grecs suivants ; en indiquer le sens.*

Ἔμβλημα. — Ἔμβρυον. — Ἐμετικός. — Ἐμπειρικός. — Ἔμπλαστρον. — Ἐμπύημα. — Ἐμπύρευμα. — Ἔμπυρος. — Ἔμφασις. — Ἔμφραξις. — Ἐμφύσημα. — Ἐμφύτευσις. — Ἐναλλαγή. — Ἐναντίωσις. — Ἐναρμονικός. — Ἐνδημία. — Ἐνέργεια. — Ἐνεργούμενος. — Ἐνθουσιασμός. — Ἐνθύμημα. — Ἐννεάς, άδος. — Ἐντερικός. — Ἐντελέχεια. — Ἐξαίρησις. — Ἑξάμετρος. — Ἑξάπολις. — Ἑξάπους, ποδος. — Ἑξάστυλος. — Ἔξαρχος. — Ἔξοδος. — Ἐξομολόγησις. — Ἐξορκίζειν. — Ἐξορκισμός. — Ἐξόστωσις. — Ἐξωτερικός.

Corrigé. — **Emblème.** — **Embryon.** — **Émétique.** — **Empirique.** — **Emplâtre.** — **Empyème** (abcès). — **Empyreume** (goût de roussi). — **Empyrée.** — **Emphase.** — **Emphraxie** (obstruction). — **Emphysème,** tumeur formée d'air. — **Emphytéose,** bail à longues années. — **Enallage** (changement). — **Énantiose** (opposition). — **Enharmonique.** — **Endémie.** — **Énergie.** — **Énergumène.** — **Enthousiasme.** — **Enthymème,** sorte de raisonnement. — **Ennéade.** — **Entéléchie,** terme de philosophie d'Aristote. — **Entérique** (intestinal). — **Exérèse** (extraction). — **Hexamètre.** — **Hexapole,** confédération de six villes doriennes. — **Hexastyle.** — **Exarque.** — **Exode.** — **Exomologèse** (confession). — **Exorciser.** — **Exorcisme.** — **Exostose** (tumeur de l'os). — **Exotérique.** — **Exotique.**

70ᵉ EXERCICE.

Trouver les mots français de **formation savante** *venus des mots grecs suivants ; en indiquer le sens.*

Ἐπαγόμενος. — Ἔπακτος. — Ἐπαναδίπλωσις. — Ἐπανάληψις. — Ἐπανόρθωσις. — Ἐπεισόδιον. — Ἐπένθεσις. — Ἐπιγάστριον. — Ἐπιγλωττίς. — Ἐπίγονοι. — Ἐπίγραμμα. — Ἐπιγραφή. — Ἐπιδερμίς. — Ἐπιδήμιος. — Ἐπιθαλάμιον. — Ἐπίθετον. — Ἐπικός. — Ἐπικράνιος. — Ἐπίκρασις. — Ἐπίκυκλος. — Ἐπιληψία. — Ἐπίλογος. — Ἐπίστασις. — Ἐπιστάτης. — Ἐπιστολή. — Ἐπιστολογράφος. — Ἐπιστροφή. — Ἐπιστύλιον. — Ἐπίτασις. — Ἐπιτάφιον. — Ἐπιτομή. — Ἐπιτροπή. — Ἐπιφανεία. — Ἐπιφανής. — Ἐπιφορά. — Ἐπιφώνημα. — Ἐπιχείρημα.

Corrigé. — **Épagomène** (ajouté). — **Épacte** (sur-ajouté). — **Épanadiplose,** figure de rhétorique. — **Épanalepse,** figure de rhétorique. — **Épanorthose,** figure de rhétorique. — **Épisode.** — **Épenthèse,** insertion d'une lettre au milieu d'un mot. — **Épigastre.** — **Épiglotte.** — **Épigones.** — **Épigramme.** — **Épigraphe.** — **Épiderme.** — **Épidémie.** — **Épithalame.** — **Épithète.** — **Épique.** — **Épicrâne,**

l'ensemble des parties qui environnent le crâne. — **Épicrase**, traitement opérant par degrés. — **Épicycle.** — **Épilepsie.** — **Épilogue.** — **Épistaxis**, saignement du nez. — **Épistate.** — **Épistole.** — **Épistolographe.** — **Épistrophe.** — **Épistyle**, architrave. — **Épitase**, nœud de l'intrigue dans un ouvrage dramatique. — **Épitaphe.** — **Épitomé.** — **Épitrope** (concession). — **Épiphanie.** — **Épiphane.** — **Épiphore**, grand écoulement de larmes. — **Épiphonème**, figure de rhétorique. — **Épichérème**, espèce d'argument.

71ᵉ EXERCICE.

Trouver les mots français de **formation savante** *venus des mots grecs suivants ; en indiquer le sens.*

Ἐποποΐα. — Ἐπουλωτικός. — Ἐποχή. — Ἑπτάχορδος. — Ἐπῳδή. — Ἐπώνυμος. — Ἑρμαφρόδιτος. — Ἑρμηνευτικός. — Ἑρμῆς. — Ἕρπης. — Ἐρυσίπελος. — Ἐρωτικός. — Ἐσωτερικός. — Ἑτερογενής. — Ἑτερόδοξος. — Ἑτερόκλιτος. — Ἑτερόσκιοι. — Ἐτήσιοι. — Ἐτυμολογία. — Εὐαγγέλιον. — Εὐδαιμονισμός. — Εὐεργέτης. — Εὐκρασία. — Εὐλογία. — Εὐμενίδες. — Εὐρώπη. — Εὐτέρπη. — Εὐφημισμός. — Εὐφροσύνη. — Εὐφωνία. — Εὐχαριστία. — Εὐχολόγιον. — Ἔφηβος. — Ἐφηλίς, ίδος. — Ἐφήμερος. — Ἐφημερίς, ίδος. — Ἔφορος. — Ἐχῖνος.

Corrigé. — **Épopée.** — **Épulotique**, propre à cicatriser. — **Époque.** — **Heptachorde.** — **Épode.** — **Éponyme.** — **Hermaphrodite.** — **Herméneutique.** — **Hermès.** — **Herpe**, dartre. — **Érysipèle.** — **Érotique.** — **Ésotérique.** — **Hétérogène.** — **Hétérodoxe.** — **Hétéroclite.** — **Hétérosciens**, peuples pour qui l'ombre, à midi, se projette toujours du même côté. — **Étésiens.** — **Étymologie.** — **Évangile.** — **Eudémonisme**, système de morale. — **Évergète.** — **Eucrasie**, bon tempérament. — **Eulogie**, chose bénite. — **Euménides.** — **Europe.** — **Euterpe.** — **Euphémisme.** — **Euphrosyne.** — **Euphonie.** — **Eucharistie.** — **Eucologe**, livre d'église. — **Éphèbe.** — **Éphélide**, tache de rousseur produite par le soleil. — **Éphémère.** — **Éphé-**

méride. — **Éphore.** — **Échine,** ornement d'architecture ressemblant à un hérisson.

72ᵉ EXERCICE.

Trouver les mots français de **formation savante** *venus des mots grecs suivants ; en indiquer le sens.*

Ζέφυρος. — Ζῆλος. — Ζητητικός. — Ζιζάνιον. — Ζύγωμα. — Ζωδιακός. — Ζώνη. — Ζωοφάγος. — Ζωοφόρος. — Ζωόφυτον. — Ζώπισσα.

Ἦθος. — Ἡλιακός. — Ἡλιαστής. — Ἠθοποιΐα. — Ἤλεκτρον. — Ἠλύσιον. — Ἡμεροκαλλίς. — Ἡμίκυκλος. — Ἡμίνα. — Ἡμίονος. — Ἡμιπληξία. — Ἡμισφαίριον. — Ἡμιστίχιον. — Ἡπατικός. — Ἡπατῖτις. — Ἡρωϊκός. — Ἥρως. — Ἠχώ.

Corrigé. — **Zéphyre.** — **Zèle.** — **Zététique,** relatif aux recherches. — **Zizanie.** — **Zygoma,** os de la pommette. — **Zodiaque.** — **Zône.** — **Zoophage.** — **Zoophore,** terme d'architecture. — **Zoophyte.** — **Zopissa,** goudron.

Ithos, partie de la rhétorique qui traite des passions. — **Héliaque.** — **Héliaste.** — **Éthopée,** figure de rhétorique. — **Électro** d'où *électro*-aimant, etc. — **Élysée.** — **Hémérocalle,** genre de plante. — **Hémicycle.** — **Hémine.** — **Hémione.** — **Hémipléxie** et *hémiplégie*, paralysie de la moitié du corps. — **Hémisphère.** — **Hémistiche.** — **Hépatique.** — **Hépatite.** — **Héroïque.** — **Héros.** — **Écho.**

73ᵉ EXERCICE.

Trouver les mots français de **formation savante** *venus des mots grecs suivants ; en indiquer le sens.*

Θαυματουργός. — Θεανδρικός. — Θεάνθρωπος. — Θέατρον. — Θέμα. — Θέμις. — Θέναρ. — Θεογονία. — Θεοκρατία. — Θεολογία. — Θεομαντεία. — Θεομάχος. — Θεόσοφος. — Θεουργία. — Θεοφάνεια. — Θεραπευταί. — Θεραπευτικός. — Θερμαί. — Θερμαντικός. — Θέσις. — Θεσμοθέτης. — Θεώρημα. — Θεωρία. — Θεωρός. — Θηριακή. — Θησαυρίζειν. —

Θλάσπι. — Θλίψις. — Θόλος. — Θρόμβος. — Θρόνος. — Θυία. — Θυϊάδες. — Θύμος. — Θυροειδής. — Θύρσος. — Θωρακικός. — Θώραξ.

Corrigé. — **Thaumaturge**, qui fait des miracles. — **Théandrique**, divin et humain à la fois. — **Théanthrope** (dieu-homme). — **Théâtre.** — **Thème.** — **Thémis.** — **Thénar**, nom d'un muscle. — **Théogonie.** — **Théocratie.** — **Théologie.** — **Théomancie**, divination au moyen d'une inspiration divine. — **Théomaque**, ennemi de Dieu. — **Théosophe**, qui se croit inspiré de Dieu. — **Théurgie**, espèce de magie. — **Théophanie**, manifestation de Dieu. — **Thérapeutes**, nom donné à des moines. — **Thérapeutique.** — **Thermes.** — **Thermantique** (échauffant). — **Thèse.** — **Thesmothète.** — **Théorème.** — **Théorie.** — **Théore.** — **Thériaque**, remède contre la morsure des bêtes. — **Thésauriser.** — **Thlaspi**, plante. — **Thlipsie** (resserrement). — **Tholus**, clef d'une voûte. — **Thrombus**, grumeau de sang. — **Thrône.** — **Thuya.** — **Thyades**, surnom donné aux Bacchantes. — **Thym.** — **Thyroïde**, nœud de la gorge. — **Thyrse.** — **Thoracique.** — **Thorax.**

74ᵉ EXERCICE.

Trouver les mots français de **formation savante** *venus des mots grecs suivants; en indiquer le sens.*

Ἴαμβος. — Ἰαμβικός. — Ἶβις. — Ἰδέα. — Ἰδίωμα. — Ἰδιώτης. — Ἱεραρχία. — Ἱερατικός. — Ἱερογλύφος. — Ἱερογραφία. — Ἱερολογία. — Ἱεροφάντης. — Ἴκτερος. — Ἰλιάς, άδος. — Ἵππαρχος. — Ἱππιατρική. — Ἱππικός. — Ἱππόδρομος. — Ἱππόκαμπος. — Ἱπποκένταυρος. — Ἱπποκρήνη. — Ἱπποπόταμος. — Ἶρις. — Ἰσθμός. — Ἰσοσκέλης. — Ἰσόχρονος. — Ἱστορία. — Ἱστοριογράφος. — Ἰχθυοφάγος. — Ἰχνογραφία. — ᾠδης. — Ἰωνικός. — Ἰῶτα.

Corrigé. — **Iambe.** — **Iambique.** — **Ibis.** — **Idée.** — **Idiome.** — **Idiot.** — **Hiérarchie.** — **Hiératique.** — **Hiéroglyphe.**

— **Hiérographie.** — **Hiérologie.** — **Hiérophante.** —
Ictère, jaunisse. — **Iliade.** — **Hipparque.** — **Hippiatrique.** — **Hippique.** — **Hippodrôme.** — **Hippocampe,**
cheval marin. — **Hippocentaure.** — **Hippocrène.** — **Hip-
popotame.** — **Iris.** — **Isthme.** — **Isocèle.** — **Isochrône.**
— **Histoire.** — **Historiographe.** — **Ichtyophage.** —
Ichnographie. — **Iode.** — **Ionique.** — **Iota.**

75ᵉ EXERCICE.

Trouver les mots français de **formation savante** *venus des
mots grecs suivants; en indiquer le sens.*

Καθαρτικός. — Καθολικός. — Κακολογία. — Κακοφωνία.
— Κακόχυμος. — Καλλιγραφία. — Καλλιγράφος. — Κάλυξ.
— Κάμηλος. — Κανήφορος. — Κανθαρίς, ίδος. — Κάννη. —
Κανονικός. — Κανών. — Καρυάτιδες. — Καρωτίδες. — Κατά-
δουπα. — Κατακλυσμός. — Κατάλεκτά. — Καταληκτικός. —
Κατάληψις. — Κατάλογος. — Κατάλυσις. — Καταπέλτης,
catapulta. — Κατάπλασμα. — Καταρράκτης. — Κατάρροος.
— Κατάστασις. — Καταστροφή. — Καταφρακτός. — Κατά-
χρησις. — Κατηγορία. — Κατηχούμενος. — Κατήχησις. —
Κατοπτρικός. — Καυστικός. — Καυτήριον. — Καχεξία.

Corrigé. — **Cathartique** (purgatif). — **Catholique.** —
Cacologie. — **Cacophonie.** — **Cacochyme.** — **Calligra-
phie.** — **Calice.** — **Chameau.** — **Canéphore.** — **Cantha-
ride.** — **Canne,** roseau. — **Canonique.** — **Canon.** —
Caryatides. — **Carotides.** — **Catadoupe** ou *catadupe,*
cataracte. — **Cataclysme.** — **Catalectes.** — **Catalectique,**
terme de prosodie. — **Catalepsie.** — **Catalogue.** — **Cata-
lyse,** terme de chimie. — **Catapulte.** — **Cataplasme.** —
Catarracte. — **Catarrhe.** — **Catastase,** partie du drame
ancien où l'intrigue est dans toute sa force. — **Catastrophe.**
— **Cataphracte,** nom d'une armure ancienne. — **Catachrèse.** — **Catégorie.** — **Catéchumène.** — **Catéchèse**
(instruction). — **Catoptrique,** partie de la physique. —
Caustique. — **Cautère.** — **Cachexie,** dépérissement.

76ᵉ EXERCICE.

Trouver les mots français de **formation savante** *venus des mots grecs suivants; en indiquer le sens.*

Κέδρος. — Κενοτάφιον. — Κένταυρος. — Κέραμος. — Κεράστης. — Κεστός. — Κεφαλαλγία. — Κεφαλικός. — Κιβώριον. — Κινάβρα. — Κιννάμωμον. — Κίστος. — Κιστοφόρος. — Κλέφθης. — Κλεψύδρα. — Κληρικός. — Κλίμα. — Κλιμακτηρικός. — Κλινικός. — Κνημίς, ίδος. — Κόγχη. — Κογχοειδής. — Κογχύλιον. — Κόθορνος, cothurnus. — Κοιλιακός. — Κοιμητήριον. — Κοινόβιος. — Κόκκυξ. — Κολεόπτερος. — Κόλλα. — Κολλύριον. — Κολοκύνθα. — Κολοσσός. — Κόλουρος. — Κομήτης. — Κόμμα. — Κόνδυλος. — Κοράλλιον. — Κορύζα. — Κόρυμβος. — Κορυφαῖος. — Κοσμητικός. — Κοσμογονία. — Κοσμογραφία. — Κοσμολογία. — Κοσμοπολίτης. — Κοτύλη. — Κοτυληδών.

Corrigé. — **Cèdre.** — **Cénotaphe.** — **Centaure.** — **Cérame** (vase de terre cuite). — **Céraste,** nom d'une vipère. — **Ceste.** — **Céphalalgie.** — **Céphalique.** — **Ciboire.** — **Cinabre.** — **Cinnamome,** substance aromatique. — **Ciste,** corbeille ancienne. — **Cistophore.** — **Clephte.** — **Clepsydre.** — **Clerc.** — **Climat.** — **Climatérique.** — **Clinique.** — **Cnémide.** — **Conque.** — **Conchoïde.** — **Conchylien** (contenant des coquilles). — **Cothurne.** — **Cœliaque.** — **Cimetière.** — **Cénobite.** — **Coccyx.** — **Coléoptère.** — **Colle.** — **Collyre.** — **Coloquinte.** — **Colosse.** — **Colure,** nom d'un cercle de la sphère. — **Comète.** — **Comma,** terme de musique et d'imprimerie. — **Condyle,** éminence d'une articulation. — **Corail.** — **Coryza.** — **Corymbe** (houppe). — **Coryphée.** — **Cosmétique.** — **Cosmogonie.** — **Cosmographie.** — **Cosmologie.** — **Cosmopolite.** — **Cotyle,** cavité d'un os. — **Cotylédon,** terme de botanique.

77ᵉ EXERCICE.

Trouver les mots français de **formation savante** *venus des mots grecs suivants; en indiquer le sens.*

Κραιπάλη, crapula. — Κράνιον. — Κράσις. — Κρατήρ. — Κρίσις. — Κριτήριον. — Κροκόδειλος. — Κρόταλον. — Κρύπτη. — Κρύσταλλος. — Κύαθος. — Κυάνωσις. — Κύβιτον. — Κύβος. — Κυκλάδες. — Κυκλοειδής. — Κύκλος. — Κύκλωψ. — Κύκνος. — Κύλινδρος. — Κύμβαλον. — Κυνάγχη. — Κυνηγετική. — Κυνικός. — Κυνισμός. — Κυνόγλωσσον. — Κυνοκέφαλος. — Κυπάρισσος. — Κυροπαιδεία. — Κύστις. — Κύτισος. — Κωλικός. — Κῶλον. — Κῶμα. — Κωμικός. — Κωμωδία. — Κῶνος.

Corrigé. — **Crapule.** — **Crâne.** — **Crase.** — **Cratère.** — **Crise.** — **Critérium.** — **Crocodile.** — **Crotale,** sorte d'instrument de musique. — **Crypte.** — **Cristal.** — **Cyathe,** nom d'une mesure ancienne. — **Cyanose,** nom d'une maladie. — **Cubitus,** os. — **Cube.** — **Cyclades.** — **Cycloïde.** — **Cycle.** — **Cyclope.** — **Cymbale.** — **Cynancie,** espèce de mal de gorge. — **Cynégétique.** — **Cynique.** — **Cynisme.** — **Cynoglosse,** plante. — **Cynocéphale.** — **Cyprès.** — **Cyropédie.** — **Cystique** (qui a rapport à la vessie). — **Cytise.** — **Colique.** — **Colon,** gros intestin. — **Coma,** nom d'une maladie. — **Comique.** — **Comédie.** — **Cône.**

78ᵉ EXERCICE.

Trouver les mots français de **formation savante** *venus des mots grecs suivants; en indiquer le sens.*

Λαβύρινθος. — Λάθυρος. — Λαϊκός. — Λακωνικός. — Λαμβαδιστής. — Λαμίαι. — Λαμπαδοφόρος. — Λαμπυρίς. — Λατρεία. — Λειεντερία. — Λειτουργία. — Λειπογράμματος. — Λειποθυμία. — Λεξικογράφος. — Λεξικόν. — Λήθη. — Λῆμμα. — Λιστός. — Λιθάργυρος. — Λιθίασις. — Λιθοκόλλα. — Λιτανεία. — Λοϐός. — Λογικός. — Λογογράφος. — Λογοθέτης. — Λογομαχία. — Λυκάνθρωπος. — Λύκειον. — Λύγξ. — Λύρα. — Λυρικός. — Λωτοφάγοι.

Corrigé. — Labyrinthe. — Lathyrus, pois chiche. — **Laïque. — Laconique. — Lampadiste. — Lamies. — Lampadophore. — Lampyre**, ver luisant. — **Latrie** (adoration). — **Lienterie**, sorte de diarrhée. — **Liturgie. — Lipogrammatique**, se dit d'un ouvrage dans lequel on affecte d'exclure une ou plusieurs lettres de l'alphabet. — **Lipothymie** (défaillance). — **Lexicographe. — Lexique. — Léthé. — Lemme. — Lisse. — Litharge. — Lithiasie**, formation de la pierre dans le corps humain. — **Lithocolle**, espèce de ciment. — **Litanie. — Lobe. — Logique. — Logographe. — Logothète**, officier du bas-empire. — **Logomachie. — Lycanthrope**, maladie dans laquelle on se croit changé en loup. — **Lycée. — Lynx. — Lyre. — Lyrique. — Lotophages**, peuple qui se nourrissait de lotus.

<h2 style="text-align:center">79e EXERCICE.</h2>

Trouver les mots français de **formation savante** *venus des mots grecs suivants ; en indiquer le sens.*

Μαινάς, άδος. — Μανία. — Μαρασμός. — Μάρτυρ. — Ματαιολογία. — Μέγαιρα. — Μεγαλογραφία. — Μέδιμνος. — Μέθοδος. — Μελαγχολία. — Μελοποιία. — Μελῳδία. — Μεταϐολή. — Μετάθεσις. — Μετάληψις. — Μεταμόρφωσις. — Μεταπλασμός. — Μετάστασις. — Μετατάρσιον. — Μεταφορά. — Μετάφρασις. — Τὰ μεταφυσικά. — Μετεμψύχωσις. — Μετεωρολογία. — Μετέωρος. — Μετονομασία. — Μετοπή. — Μετωνυμία.

Corrigé. — Ménade. — Manie. — Marasme. — Martyr. — Matéologie, vaine recherche. — **Mégère. — Mégalographie**, tableau dont le sujet est grand. — **Médimne. — Méthode. — Mélancolie. — Mélopée. — Mélodie. — Métabole**, figure de rhétorique. — **Métathèse. — Métalepse**, figure de rhétorique. — **Métamorphose. — Méta-**

plasme, changement dans un mot. — **Métastase**, transport d'une maladie d'une partie du corps dans une autre. — **Métatarse**. — **Métaphore**. — **Métaphrase**. — **Métaphysique**. — **Métempsycose**. — **Météorologie**. — **Météore**. — **Métonomase**, figure de rhétorique. — **Métope**. — **Métonymie**, figure de rhétorique.

80ᵉ EXERCICE.

Trouver les mots français de **formation savante** *venus des mots grecs suivants; en indiquer le sens.*

Μητρόπολις. — Μίασμα. — Μικρόκοσμος. — Μιμολογία. — Μῖμος. — Μινόταυρος. — Μισανθρωπία. — Μισάνθρωπος. — Μνημονικός. — Μονάς, άδος. — Μονόγαμος. — Μονόλιθος. — Μονοπώλιον. — Μονόστιχος. — Μονοσύλλαβος. — Μονότονος. — Μονόχορδον. — Μονῳδία. — Μουσαγέτης. — Μοῦσα. — Μουσεῖον. — Μουσική. — Μυθολογία. — Μῦθος. — Μυοσωτίς. — Μύουρος. — Μυριάς, άδος. — Μύῤῥα. — Μύρτος. — Μυσταγωγός. — Μυστήριον. — Μυστικός. — Μύωψ, ωπος.

Corrigé. — **Métropole.** — **Miasme.** — **Microcosme** (petit monde). — **Mimologie.** — **Mime.** — **Minotaure.** — **Misanthropie.** — **Misanthrope.** — **Mnémonique.** — **Monade.** — **Monogame.** — **Monolithe.** — **Monopole.** — **Monostique,** inscription en un seul vers. — **Monosyllabe.** — **Monotone.** — **Monocorde.** — **Monodie.** — **Musagète,** surnom d'Apollon. — **Muse.** — **Musée.** — **Musique.** — **Mythologie.** — **Mythe.** — **Myosotis.** — **Myoure** (en queue de rat), se dit du pouls qui va s'affaiblissant. — **Myriade.** — **Myrrhe.** — **Myrthe.** — **Mystagogue,** prêtre qui initiait aux mystères. — **Mystère.** — **Mystique.** — **Myope.**

81ᵉ EXERCICE.

Trouver les mots français de **formation savante** *venus des mots grecs suivants; en indiquer le sens.*

Ναϊάς, άδος. — Ναπαῖαι. — Νάρδος. — Νάρκισσος. — Ναρκωτικός. — Ναυσία, nausea. — Ναυτικός. — Νειλομέτριον. — Νεκρόπολις. — Νέκρωσις. — Νέκταρ. — Νέμεσις. — Νεομηνία. — Νεόφυτος. — Νεφρετικός. — Νεωκόρος. — Νηρείδες. — Νομάς, άδος. — Νομαρχία. — Νομάρχης. — Νομισματικός. — Νομογράφος. — Νομοθέτης. — Νόμος. — Νυμφαῖον. — Νύμφη.

Ξενηλασία. — Ξηρασία. — Ξηροτριβία. — Ξηροφαγία. — Ξηροφθαλμία. — Ξιφίας. — Ξιφοειδής. — Ξυλοβάλσαμον. — Ξυλοειδής. — Ξυλοφάγος. — Ξυστός.

Corrigé. — Naïades. — Napées. — Nard. — Narcisse. — Narcotique. — Nausée. — Nautique. — Nilomètre. — Nécropole. — Nécrose, mortification des os. **— Nectar. — Némésis. — Néoménie. — Néophyte. — Néphrétique. — Néocore**, gardien d'un temple. **— Néréide. — Nomade. — Nomarchie. — Nomarque. — Numismatique. — Nomographe. — Nomothète. — Nome. — Nymphée**, terme d'architecture. **— Nymphe.**

Xénélasie, exclusion des étrangers. **— Xérasie** (sécheresse), maladie des cheveux. **— Xérotribie** (friction sèche). **— Xérophagie**, usage d'aliments secs. **— Xérophtalmie**, inflammation sèche des yeux. **— Xiphias**, genre de poissons. **— Xiphoïde** (en forme d'épée). **— Xylobalsame**, bois de l'arbre produisant le baume. **— Xyloïde** (qui ressemble à du bois). **— Xylophage**, insecte qui mange le bois. **— Xyste**, lieu d'exercices chez les anciens.

82ᵉ EXERCICE.

Trouver les mots français de **formation savante** *venus des mots grecs suivants; en indiquer le sens.*

Ὄασις. — Ὀδυσσεία. — Ὄζαινα. — Οἴδημα. — Οἰκουμενικός. — Οἰνάνθη. — Οἰνοφόρος. — Οἰσοφάγος. — Ὀκτάεδρος. — Ὀκταετηρίς, ίδος. — Ὀκταχόρδος. — Ὀλιγαρχία. — Ὀλόγραφος. — Ὀλόκαυστος. — Ὁμηρικός. — Ὁμιλία. — Ὁμογενής. — Ὁμολογεῖν. — Ὁμόλογος. — Ὁμώνυμος. — Ὁμοφωνία. — Ὄναγρος. — Ὀνειροκρισία. — Ὀνειρόμαντις. — Ὀνομαστικόν. — Ὀνοματοποιία. — Ὄνυξ. — Ὀξαλίς. — Ὀξύκρατον. —

Ὀξύτονος. — Ὀπισθόγραφος. — Ὀπισθόδομος. — Ὁπλίτης. — Ὄργανον. — Ὀργασμός. — Ὄργια. — Ὀρθόδοξος. — Ὀρθόπνοια. — Ὁρίζων. — Ὀρχήστρα. — Ὀστρακισμός. — Οὐρανία. — Οὐρανογραφία. — Οὐρανοσκόπος. — Ὀφθαλμία. — Ὀχλοκρατία.

Corrigé. — **Oasis.** — **Odyssée.** — **Ozène.** — **Œdème** (tumeur). — **Œcuménique.** — **Œnanthe,** plante. — **Œnophore,** vase où les anciens mettaient le vin. — **Œsophage.** — **Octaèdre.** — **Octaétéride,** durée de huit ans. — **Octacorde.** — **Oligarchie.** — **Olographe.** — **Holocauste.** — **Homérique.** — **Homélie.** — **Homogène.** — **Homologuer.** — **Homologue.** — **Homonyme.** — **Homophonie.** — **Onagre.** — **Onirocritie,** explication des songes. — **Oniromancie,** divination par les songes. — **Onomasticon,** glossaire. — **Onomatopée.** — **Onyx.** — **Oxalide** (oseille). — **Oxycrat,** mélange de vinaigre et d'eau sucrée. — **Oxyton,** mot grec ayant l'accent sur la dernière syllabe. — **Opisthographe** (qui est écrit au revers). — **Opisthodome,** partie postérieure d'un temple. — **Hoplite.** — **Organe.** — **Orgasme,** état de gonflement des organes. — **Orgie.** — **Orthodoxe.** — **Orthopnée,** oppression qui ne permet de respirer qu'en se tenant debout. — **Horizon.** — **Orchestre.** — **Ostracisme.** — **Uranie.** — **Uranographie.** — **Uranoscope.** — **Ophtalmie.** — **Ochlocratie.**

83e EXERCICE.

Trouver les mots français de **formation savante** *venus des mots grecs suivants; en indiquer le sens.*

Παγκράτιον. — Πάγκρεας. — Παθητικός. — Παθογνωμονικός. — Παθολογία. — Πάθος. — Παιδαγωγός. — Παιών. — Παλαίστρα. — Παλιγγενεσία. — Παλίμψηστος. — Παλίνδρομος. — Παλινῳδία. — Παλλάδιον. — Παναθήναια. — Πανάκεια. — Πανδέκται. — Πανηγυρικός. — Πάνθειον. — Πάνθειος. — Πάνθηρ. — Πανικός. — Παντόμιμος. — Πάππας. — Πάπυρος. — Παράβασις. — Παραβολή. — Παράγραφος. — Παραγωγή.

— Παράδειγμα. — Παράδεισος. — Παράδοξος. — Παράδρομος.
— Παράκλητος.

**Corrigé. — Pancrace. — Pancréas. — Pathétique. —
Pathognomonique**, se dit des signes caractéristiques d'une
maladie. — **Pathologie**, étude des maladies. — **Pathos.**
— **Pédagogue.** — **Péon**, pied de vers de quatre syllabes. —
Palestre. — Palingénésie (nouvelle naissance). — **Palimp-
seste** (râclé une seconde fois). — **Palindrome**, vers rétro-
grade. — **Palinodie. — Palladium. — Panathénées. —
Panacée. — Pandectes. — Panégyrique. — Panthéon.
— Panthée** (qui appartient à tous les dieux). — **Panthère.
— Panique. — Pantomime. — Papas** et *pape*. — **Papyrus.
Parabase. — Parabole. — Paragraphe. — Paragoge**,
addition à la fin d'un mot. — **Paradigme. — Paradis. —
Paradoxe. — Paradrome**, lieu découvert où s'exerçaient
les lutteurs. — **Paraclet** (consolateur).

84e EXERCICE.

Trouver les mots français de **formation savante** *venus des
mots grecs suivants; en indiquer le sens.*

Παραλειπόμενα. — Παράλειψις. — Παράλλαξις. — Παραλ-
ληλόγραμμον. — Παράλληλος. — Παραλληλεπίπεδον. —
Παραλογισμός. — Παράλυσις. — Παρανύμφος. — Παραπληγία.
— Παρασάγγης. — Παράσιτος. — Παρασκευή. — Τὰ παρά-
φερνα. — Παράφρασις. — Παρέγχυμα. — Παραίνεσις. —
Παρένθεσις. — Παρηγορικός. — Παρθενών. — Παροικία. —
Παρονομασία. — Παροξυσμός. — Παροξύτονος. — Παρῳδία. —
Παρώνυμος. — Παρωτίς, ίδος. — Πατάνη, patina. — Πάτρα,
patria. — Πατρίαρχης. — Πατριώτης. — Πατρωνυμικός.

Corrigé. — Paralipomènes. — Paralipse (omission). —
**Parallaxe. — Parallélogramme. — Parallèle. — Paral-
lélipipède. — Paralogisme**, faux raisonnement. — **Paralysie. — Paranymphe**, garçon d'honneur chez les Grecs. —
Paraplégie, paralysie de toutes les parties situées au-dessous

du cou. — **Parasange**, mesure itinéraire. — **Parasite**. — **Parascève** (préparation), le vendredi chez les Juifs, parce qu'ils se préparent pour la fête du lendemain. — **Paraphernaux**, biens de la femme qui n'ont pas été constitués en dot. — **Paraphrase**. — **Parenchyme**, tissu des viscères. — **Parénèse** (exhortation). — **Parenthèse**. — **Parégorique** (propre à calmer). — **Parthénon**. — **Paroisse**. — **Paronomase**, figure de rhétorique. — **Paroxysme**. — **Paroxyton**, mot grec ayant l'accent aigu sur l'avant-dernière syllabe. — **Parodie**. — **Paronyme**. — **Parotide**, glande située auprès de l'oreille. — **Patène**. — **Patrie**. — **Patriarche**. — **Patriote**. — **Patronymique**.

85ᵉ EXERCICE.

Trouver les mots français de **formation savante** *venus des mots grecs suivants; en indiquer le sens.*

Πειρατής. — Πελάγιος. — Πελεκάνος. — Πελεκοειδής. — Πέλτη. — Πεμφιγώδης. — Πεντάγωνος. — Πενταδάκτυλος. — Πένταθλον. — Πεντάμετρος. — Πενταπέτηλος. — Πεντάπολις. — Πεντάτευχος. — Πεντάφυλλος. — Πεντάχορδον. — Πεντηκοστή. — Πεπασμός. — Πέπλος. — Πέρδιξ. — Περιανθής. — Περίβλεψις. — Περιβολή. — Περίγειον. — Περίδρομος. — Περικάρδιον. — Περικάρπιον. — Περικράνιον. — Περίμετρος. — Περίνεον. — Περιοδικός. — Περίοδος. — Περίοικοι. — Περιόστεον.

Corrigé. — **Pirate**. — **Pélagien** (de la haute mer). — **Pélican**. — **Pélécoïde** (en forme de hache). — **Pelte**, petit bouclier. — **Pemphigode**, fièvre pustuleuse. — **Pentagone**. — **Pentadactyle**. — **Pentathle**. — **Pentamètre**. — **Pentapétale**. — **Pentapole**. — **Pentateuque**. — **Pentaphylle**. — **Pentacorde**. — **Pentecôte**. — **Pépasme**, maturation des humeurs. — **Péplum**. — **Perdrix**. — **Périanthe**, enveloppe extérieure de la fleur. — **Périblepsie**, regard effaré. — **Péribole** (enceinte). — **Périgée**, point de l'orbite d'une planète où elle est le plus près de la terre. — **Péridrome,** galerie autour d'un édifice. — **Péricarde.** — **Péricarpe,** enveloppe de la graine. — **Péricrâne.** — **Périmètre.** — **Périnée.** — **Périodique.** — **Période.** — **Périœciens,** peuples habitant sous le même parallèle. — **Périoste.**

86ᵉ EXERCICE.

Trouver les mots français de **formation savante** *venus des mots grecs suivants; en indiquer le sens.*

Περιπατητικός. — Περιπέτεια. — Περίπλοος. — Περιπνευμονία. — Περίπτερον. — Περίσκιοι. — Περιτόνειος. — Περιφέρεια. — Περίφρασις. — Πέρκη. — Περόνη. — Πετάλισμος. — Πέταλον. — Πέτασος. — Πετραῖος. — Πετρέλαιον. — Πήγασος. — Πηλαμύ. — Πικρόχολος. — Πισσάσφαλτος. — Πιτυρίασις. — Πλανήτης. — Πλαστικός. — Πλάτανος. — Πλατύς. — Πλατωνικός. — Πλειάδες. — Πλεονασμός. — Πλευρά. — Πλευρῖτις. — Πληθώρα. — Πλήρωσις. — Πλίνθος. — Πνευμονία. — Πνευμονικός. — Πνύξ.

Corrigé. — **Péripatétique.** — **Péripétie.** — **Périple.** — **Péripneumonie.** — **Périptère,** édifice dont le pourtour est entouré de colonnes isolées. — **Périsciens,** peuples des zones glaciales qui voient leurs ombres tourner tout autour d'eux. — **Péritoine.** — **Périphérie.** — **Périphrase.** — **Perche,** poisson. — **Péroné.** — **Pétalisme,** exil à Syracuse, ainsi nommé parce que la condamnation s'écrivait sur une feuille d'olivier. — **Pétale.** — **Pétase.** — **Pétrée.** — **Pétrole.** — **Pégase.** — **Pélamyde,** poisson de mer. — **Picrochole** (ayant une bile abondante). — **Pissasphalte,** sorte de bitume. — **Pityriasis,** inflammation du cuir chevelu produisant des écailles semblables à du son. — **Planète.** — **Plastique.** — **Platane.** — **Plat.** — **Platonique.** — **Pléiades.** — **Pléonasme.** — **Plèvre.** — **Pleurésie.** — **Pléthore.** — **Plérose,** rétablissement d'un corps épuisé par la fatigue. — **Plinthe,** terme d'architecture. — **Pneumonie.** — **Pneumonique.** — **Pnyx,** place d'Athènes.

87e EXERCICE.

Trouver les mots français de **formation savante** *venus des mots grecs suivants; en indiquer le sens.*

Ποδάγρα. — Ποίημα. — Ποίησις. — Ποιητής. — Ποιη-τικός. — Ποικίλη. — Πολέμαρχος. — Πολεμικός. — Πολιορ-κητής. — Πολιτεία. — Πολιτικός. — Πόλος. — Πολυγαμία. — Πολύγλωττος. — Πολυγράφος. — Πολύγωνος. — Πολύεδρος. — Πολυμάθεια. — Πολυμνία. — Πολυπόδιον. — Πολύπους. — Πολυσαρκία. — Πολύσκοπος. — Πολύστυλος. — Πολυσύλλαβος. — Πολυτροφία. — Πολύφυλλος. — Πολυώνυμος. — Πομπή. — Πόρος. — Πορφύρα. — Πορφυρογέννητος.

Corrigé. — Podagre. — Poème. — Poésie. — Poète. — Poétique. — Pœcile. — Polémarque. — Polémique. — Poliorcète. — Police. — Politique. — Pole. — Polygamie. — Polyglotte. — Polygraphe. — Polygone. — Polyèdre. — Polymathie. — Polymnie. — Polypode, plante. **— Polype. — Polysarcie,** gonflement graisseux du corps. **— Polyscope. — Polystyle. — Polysyllabe. — Polytrophie,** abondance de nourriture. **— Polyphylle. — Polyonyme. — Pompe. — Pore. — Porphyre. — Porphyrogénète.**

88e EXERCICE.

Trouver les mots français de **formation savante** *venus des mots grecs suivants; en indiquer le sens.*

Πραγματικός. — Πρακτικός. — Πρεσβυτέριον. — Πρεσβύτης. — Πρίσμα. — Πρόβλημα. — Προβοσκίς, ίδος. — Προγνωσ-τικόν. — Πρόγραμμα. — Πρόδρομος. — Πρόθεσις. — Προκα-ταρκτικός. — Προκελευσματικός. — Τὰ προλεγόμενα. — Πρόληψις. — Πρόλογος. — Πρόπολις. — Προπύλαια. — Προσ-ήλυτος. — Πρόσθεσις. — Πρόστασις. — Πρόστυλος. — Προσῳ-δία. — Προσωποποιΐα. — Πρότασις. — Προῦνον, prunum. — Προφυλακτικός. — Πρυτανεῖον. — Πρύτανις.

**Corrigé. — Pragmatique. — Pratique. — Presbytère.
— Presbyte. — Prisme. — Problème. — Proboscide**,
trompe d'éléphant. **— Pronostic. — Programme. — Pro-
drome, — Prothèse** (action d'ajouter). **— Procatarctique**
(primitif). **— Proceleusmatique,** pied composé de quatre
brèves. **— Prolégomènes. — Prolepse,** figure de rhétorique. **— Prologue. — Propolis,** sorte de cire dont les abeilles
bouchent l'ouverture de leurs ruches. **— Propylées. — Pro-
sélite. — Prosthèse,** addition au commencement d'un mot.
— Prostase, supériorité d'une humeur sur les autres. **—
Prostyle,** édifice n'ayant de colonnes qu'à la façade. **— Prosodie. — Prosopopée. — Protase,** partie d'un poème qui
contient l'exposition. **— Prune. — Prophylactique** (qui
sert à prévenir). **— Prytanée. — Prytane.**

<h2 style="text-align:center">89e EXERCICE.</h2>

Trouver les mots français de **formation savante** *venus des
mots grecs suivants; en indiquer le sens.*

Πρωταγωνιστής. — Πρωτομάρτυρ. — Πρῶτος. — Πρωτό-
τυπος. — Πταρμικός. — Πτερίς, ίδος. — Πτερυγοειδής. —
Πτίλωσις. — Πτυαλισμός. — Πύγαργος. — Πυγμαῖος. —
Πυθαγορικός. — Πυθία. — Πυθικός. — Πυθώνισσα. —
Πυκνόστυλος. — Πυκνωτικός. — Πυλών. — Πυουλκός. —
Πυράκανθα. — Πυραμίς, ίδος. — Πύρεθρον. — Πύρεξις. —
Πυρήν. — Πυρηνοειδής. — Πυρίτης. — Πυρομαντεία. —
Πυροφόρος. — Πυρρίχη. — Πυρωτικός.

**Corrigé. — Protagoniste. — Protomartyr. — Prote. —
Prototype. — Ptarmique** (qui fait éternuer). **— Ptéride,**
fougère. **— Ptérygoïde,** en forme d'aile. **— Ptilose,** chute
des cils. **— Ptyalisme,** salivation abondante. **— Pygargue,**
oiseau à queue blanche. **— Pygmée. — Pythagorique. —
Pythie. — Pythique. — Pythonisse. — Pycnostyle,**
édifice où les colonnes sont très rapprochées. **— Pycnotique**
(propre à resserrer). **— Pylône. — Pyulque,** instrument
pour tirer le pus. **— Pyracanthe,** plante. **— Pyramide. —
Pyrèthre,** plante. **— Pyrexie,** fièvre symptomatique. **—**

Pyrène, sorte de noyau. — **Pyrénoïde** (en forme de noyau). **Pyrite.** — **Pyromancie,** divination par le feu. — **Pyrophore.** — **Pyrrhique.** — **Pyrotique** (qui brûle).

90ᵉ EXERCICE.

Trouver les mots français de **formation savante** *venus des mots grecs suivants; en indiquer le sens.*

Ῥαβδοειδής. — Ῥαβδομαντεία. — Ῥαγάς, άδος. — Ῥαγοειδής. — Ῥαφή. — Ῥαχῖτις. — Ῥαψῳδία. — Ῥεῦμα. — Ῥευματισμός. — Ῥητίνη, resina. — Ῥήτωρ. — Ῥιζάγρα. — Ῥιζοφάγος. — Ῥινόκερως. — Ῥοδόδενδρον. — Ῥομβοειδής. — Ῥόμβος. — Ῥυάς, άδος. — Ῥυθμικός. — Ῥυθμοποιΐα. — Ῥυθμός. — Ῥυπογράφος. — Ῥυπτικός. — Ῥωγμή.

Corrigé. — **Rabdoïde** (en forme de baguette). — **Rabdomancie.** — **Rhagade,** crevasse. — **Rhagoïde.** — **Raphé,** ligne du corps ressemblant à une couture. — **Rachitisme.** — **Rapsodie.** — **Rhume.** — **Rhumatisme.** — **Résine.** — **Rhéteur.** — **Rhizagre,** pince pour arracher les dents. — **Rhizophage.** — **Rhinocéros.** — **Rhododendron.** — **Rhomboïde.** — **Rhombe.** — **Rhyas,** écoulement continuel de larmes. — **Rythmique.** — **Rythmopée,** art de composer la musique selon les lois du rythme. — **Rythme.** — **Rhypographes,** peintres qui ne peignaient que la basse nature. — **Rhyptique,** détersif. — **Rhogmé,** fracture du crâne.

91ᵉ EXERCICE.

Trouver les mots français de **formation savante** *venus des mots grecs suivants; en indiquer le sens.*

Σάκκος. — Σάπφειρος. — Σαπφικός. — Σαρδόνιος. — Σαρδόνυξ. — Σαρκασμός. — Σαρκοκόλλα. — Σαρκόμφαλον. — Σαρκοφάγος. — Σάρκωμα. — Σαρκωτικός. — Σατράπης. — Σάτυρος. — Σαφηνής. — Σειρήν. — Σείριος. — Σεῖστρον. — Σεληνιακός. — Σεληνίτης. — Σέσελι. — Σηπτικός. — Σησάμη.

— Σησαμοειδής. — Σιαλισμός. — Σίβυλλα. — Σιγμοειδής. — Σιδηρίτης. — Σίλλος. — Σιναπισμός. — Σινδών. — Σίσυμβρον. — Σίφων.

Corrigé. — Sac. — Saphir. — Saphique. — Sardonique (rire) provoqué par une herbe de Sardaigne. — **Sardoine. — Sarcasme. — Sarcocolle,** espèce de gomme pour rejoindre les chairs. — **Sarcomphale,** excroissance charnue au nombril. — **Sarcophage. — Sarcome,** tumeur ayant la consistance de la chair. — **Sarcotique** (regénérant la chair). — **Satrape. — Satyre. — Saphène,** nom d'une veine. — **Sirène. — Sirius. — Sistre. — Sélénique,** qui concerne la lune. — **Sélénite,** chaux sulfatée. — **Séséli,** plante. — **Septique** (qui fait pourrir). — **Sésame. — Sésamoïde. — Sialisme,** salivation abondante. — **Sibylle. — Sigmoïde** (en forme de sigma). — **Sidérite,** phosphate de fer. — **Sille,** sorte de poème mordant. — **Sinapisme. — Sindon,** petit plumasseau de charpie. — **Sisymbre,** plante. — **Siphon.**

92ᵉ EXERCICE.

Trouver les mots français de **formation savante** *venus des mots grecs suivants; en indiquer le sens.*

Σκάζων. — Σκαληνός. — Σκαμμώνιον. — Σκάνδαλον. — Σκάνδιξ. — Σκαφοειδής. — Σκελετός. — Σκεπτικός. — Σκηνή. — Σκηνικός. — Σκῆπτρον. — Σκιαγραφία. — Σκιαμαχία. — Σκίλλα. — Σκίρρος. — Σκληρίασις. — Σκληροφθαλμία. — Σκόλιον. — Σκολοπένδρα. — Σκόμβρος. — Σκορπίος. — Σκοτία. — Σκότωμα. — Σκυτάλη. — Σκωρία. — Σμαραγδίτης. — Σμηκτίς. — Σμίλη.

Corrigé. — Scazon, espèce de vers latin. — **Scalène** (inégal). — **Scammonée,** plante. — **Scandale. — Scandix,** nom d'une plante. — **Scaphoïde** (en forme de nacelle). — **Scélite,** pierre figurée représentant la jambe humaine. — **Sceptique.** — **Scène. — Scénique. — Sceptre. — Sciagraphie,** coupe d'un bâtiment. — **Sciamachie,** espèce de combat simulé. —

Scille et *squille*, plante bulbeuse. — **Squirre**, tumeur dure.
— **Sclériasis**, callosité des tarses des paupières. — **Sclérophtalmie**, maladie des yeux. — **Scolie**. — **Scolopendre**,
insecte. — **Scombre**, poisson. — **Scorpion**. — **Scotie**, moulure concave d'une colonne. — **Scotome**, vertige. — **Scytale**.
— **Scorie** (crasse). — **Smaragdite**, pierre ressemblant à
l'émeraude. — **Smectite**, terre servant à dégraisser. —
Smille, espèce de marteau.

93ᵉ EXERCICE.

Trouver les mots français de **formation savante** *venus des
mots grecs suivants ; en indiquer le sens.*

Σολοικισμός. — Σόφισμα. — Σοφιστής. — Σπάθη. — Σπάρος. — Σπάρτος. — Σπασμός. — Σπασμώδης. — Σπινθήρ. —
Σπλαγχνικός. — Σπλήν. — Σπληνικός. — Σπληνῖτις. —
Σπονδεῖος. — Σπόνδυλος. — Σποράδες. — Σποραδικός. —
Στάδιον. — Σταλακτίς. — Σταλτικός. — Στάσις. — Στατική.
— Σταφυλή. — Σταφυλῖνος. — Σταφύλωμα. — Στεατίτης. —
Στεάτωμα. — Στεγανογραφία. — Σκενοχωρία. — Στέντωρ. —
Στέρνον.

Corrigé. — **Solécisme.** — **Sophisme.** — **Sophiste.** —
Spathe (glaive), terme de botanique. — **Spare**, poisson. —
Sparte, plante dont on fait des nattes. — **Spasme.** — **Spasmodique.** — **Spinthère**, minéral. — **Splanchnique**, relatif
aux viscères. — **Spleen.** — **Splénique** (relatif à la rate). —
Splénitis, inflammation de la rate. — **Spondée.** — **Spondyle**, vertèbre. — **Sporades.** — **Sporadique.** — **Stade.** —
Stalactite. — **Staltique** (astringent). — **Stase**, stagnation
du sang et des humeurs. — **Statique.** — **Staphylé**, luette.
— **Staphylin**, genre d'insectes. — **Staphylome**, tumeur en
forme de grain de raisin. — **Stéatite**, pierre onctueuse. —
Stéatôme, tumeur remplie de graisse. — **Stéganographie**,
écriture en chiffres. — **Sténochorie**, rétrécissement des vaisseaux. — **Stentor** (voix de-). — **Sternum.**

94ᵉ EXERCICE.

Trouver les mots français de **formation savante** *venus des mots grecs suivants; en indiquer le sens.*

Στήλη. — Στίγμα. — Στιγματίζειν. — Στομαχικός. — Στραβισμός. — Στραγγουρία. — Στρατήγημα. — Στρατηγία. — Στρατηγός. — Στρόβιλος. — Στρογγύλος. — Στροφή. — Στυλίτης. — Στυλιβάτης. — Στυλοειδής. — Στῦλος. — Στυπτικός. — Στύραξ. — Συγγένησις. — Συγκοπή. — Συγκρητισμός. — Συγχόνδρωσις. — Συγχρονισμός. — Σύγχρονος. — Σύγχυσις. — Συζυγία. — Συκόμορος. — Συκοφάντης. — Συλλαβή. — Σύλληψις. — Συλλογισμός.

Corrigé. — Stèle. — Stigmate. — Stigmatiser. — Stomachique. — Strabisme. — Strangurie, difficulté d'uriner. — **Stratagème. — Stratégie. — Stratège. — Strobile** (conique). — **Strongle,** ver qui s'engendre dans les intestins. — **Strophe. — Stylite. — Stylobate,** piédestal portant des colonnes. — **Styloïde,** apophyse de l'os des tempes. — **Style. — Styptique** (qui resserre). — **Styrax** et *storax,* espèce de gomme. — **Syngénésie,** classe des plantes dont les fleurs ont leurs étamines réunies par les anthères. — **Syncope. — Syncrétisme,** rapprochement de diverses sectes. — **Synchondrose,** symphyse cartilagineuse. — **Synchronisme. — Synchrone. — Synchyse,** transposition et confusion de mots. — **Syzygie,** conjonction et opposition d'une planète avec le soleil. — **Sycomore. — Sycophante. — Syllabe. — Syllepse. — Syllogisme.**

95ᵉ EXERCICE.

Trouver les mots français de **formation savante** *venus des mots grecs suivants; en indiquer le sens.*

Σύμβολον. — Συμμετρία. — Συμπάθεια. — Σύμπτωμα. — — Συμπτωματικός. — Σύμπτωσις. — Σύμφυσις. — Συμφωνία. — Συναγελαστικός. — Συναγωγή. — Συναίρεσις. — Συναλ-

λαγματικός. — Συναλοιφή. — Σύναξις. — Συνάρθρωσις. —
Σύνδικός. — Συνεκδοχή. — Σύνθεσις. — Συννεύρωσις. —
Σύνοδος. — Σύνοχος. — Σύνταξις. — Σύντηξις. — Συντή-
ρησις. — Συνώνυμος. — Σύριγξ. — Σύρτις. — Συσσάρκωσις.
— Συσταλτικός. — Σύστημα. — Συστηματικός. — Συστολή.
— Σύστυλος. — Σφιγκτήρ. — Σφυγμικός. — Σχίσμα. —
Σχιστός. — Σχοινοβάτης. — Σχοῖνος. — Σχολαστικός. —
Σωλήν. — Σωρείτης.

Corrigé. — **Symbole**. — **Symétrie**. — **Sympathie**. —
Symptôme. — **Symptomatique**. — **Symptôse**, contraction des vaisseaux du corps. — **Symphyse**, liaison naturelle des os. — **Symphonie**. — **Synagélastique**, se dit
des poissons nageant par bandes. — **Synagogue**. — **Syné-
rèse** (contraction). — **Synallagmatique**. — **Synalèphe**,
réunion de deux mots en un seul. — **Synaxe**, assemblée des
anciens chrétiens. — **Synartrhose**, articulation immobile. —
Syndic. — **Synecdoque**, figure de rhétorique. — **Synthèse**.
— **Synévrose**, symphyse ligamenteuse. — **Synode**. —
Synoque, fièvre continue sans redoublement. — **Syntaxe**. —
Syntaxis (dissolution). — **Syntérèse**, remords de conscience. — **Synonyme**. — **Seringue**. — **Syrtes**. — **Sys-
sarcose**, liaison des os par le moyen des chairs. — **Systal-
tique** (qui contracte et dilate alternativement). — **Système**.
— **Systématique**. — **Systole**, mouvement du cœur lorsqu'il
se resserre. — **Systyle**, dont les colonnes sont rapprochées
de manière à n'avoir d'intervalle que le double de leur diamètre. — **Sphincter**. — **Sphygmique**, qui a du rapport au
pouls. — **Schisme**. — **Schiste**. — **Schénobate**, danseur de
corde. — **Schène**, mesure itinéraire. — **Scolastique**. —
Solen, coquillage en forme d'étui. — **Sorite**, espèce de raisonnement.

96ᵉ EXERCICE.

Trouver les mots français de **formation savante** *venus des
mots grecs suivants; en indiquer le sens.*

Ταινία, tœnia. — Τακτική. — Τάλαντον. — Ταρσός. —

Τάρταρος. — Ταυροβόλος. — Ταυτολογία. — Τερατοσκοπία.
— Τερεβινθίνη. — Τερέβινθος. — Τέρμα. — Τερψιχόρη. —
Τέτανος. — Τετραδάκτυλος. — Τετράδραχμον. — Τετράκερως.
— Τετραλογία. — Τετράμετρος. — Τετράποδος. — Τετράπτε-
ρος. — Τετράρχης. — Τετράστιχον. — Τετράστυλος. — Τετρα-
σύλλαβος. — Τεχνικός. — Τεχνολογία. — Τηλεσκόπος.

**Corrigé. — Ténia. — Tactique. — Talent. — Tarse. —
Tartare. — Taurobole**, sacrifice d'un taureau. — **Tauto-
logie. — Tératoscope**, divination par les prodiges. — **Té-
rébenthine. — Térébinthe**, arbre. — **Terme. — Terpsi-
chore. — Tétanos. — Tétradactyle. — Tétradrachme.
—Tétracère**, insecte ayant quatre antennes. — **Tétralogie.
— Tétramètre. — Tétrapode. — Tétraptère. — Tétrar-
que. — Tétrastique**, quatrain. — **Tétrastyle. — Tétra-
syllabe. — Technique. — Technologie. — Télescope.**

97ᵉ EXERCICE.

Trouver les mots français de **formation savante** *venus des
mots grecs suivants; en indiquer le sens.*

Τιάρα. — Τίγρις. — Τισιφόνη. — Τμῆσις. — Τόμος. —
Τόνος. — Τοξικός. — Τόπαζος. — Τοπαρχία. — Τοπική. —
Τοπογραφία. — Τραγάκανθα. — Τραγικός. — Τραγῳδία. —
Τράπεζα. — Τραπεζοειδής. — Τραυματικός. — Τράχωμα. —
Τρίβραχυς. — Τρίγλυφος. — Τριγλώχιν. — Τρίγωνον. — Τρι-
δάκτυλος. — Τριήραρχος. — Τρίμετρος. — Τριπέταλος. —
Τρισμέγιστος. — Τρίσπαστος. — Τρισύλλαβος.

Corrigé. — Tiare. — Tigre. — Tisiphone. — Tmèse
(coupure). — **Tome. — Ton. — Toxique. — Topaze. —
Toparchie**, gouvernement d'un canton. — **Topique. —
Topographie. — Tragacanthe**, arbrisseau. — **Tragique.
— Tragédie. — Trapèze. — Trapézoïde. — Trauma-
tique. — Trachoma**, maladie de la paupière. — **Tribraque**,
pied de trois brèves. — **Triglyphe**, ornement d'architecture.
— **Triglochine**, nom d'une valvule du cœur. — **Trigône**,

triangle. — **Tridactyle.** — **Triérarque.** — **Trimètre.** — **Tripétale.** — **Trismégiste** (trois fois très grand).— **Trispaste**, machine à trois poulies. — **Trissyllabe.**

98ᵉ EXERCICE.

Trouver les mots français de **formation savante** *venus des mots grecs suivants; en indiquer le sens.*

Τρίφυλλον, trifolium. — Τρίφυλλος. — Τρίχιασις. — Τριχισμός. — Τροπαῖον. — Τροπικός. — Τροπολογία. — Τρόπος. — Τροχαϊκός. — Τροχαῖος. — Τροχαντήρ. — Τροχίσκος. — Τροχοειδής. — Τρωγλοδύτης. — Τυμπανίζειν. — Τυμπανίτης. — Τύμπανον. — Τύπος. — Τύραννος. — Τύῤῥις. — Τυφομανία. — Τῦφος. — Τυφώδης. — Τυφών.

Corrigé. — **Trèfle.** — **Triphylle.** — **Trichiasis,** maladie des yeux causée par la croissance des cils. — **Trichisme,** fente de la finesse d'un. cheveu. — **Trophée.** — **Tropique.** — **Tropologie,** langage figuré. — **Trope.** — **Trochaïque.** — **Trochée,** pied composé d'une longue et d'une brève. — **Trochanter,** partie du fémur. — **Trochisque,** pastille. — **Trochoïde** (en forme de roue). — **Troglodyte** (habitant les cavernes). — **Tympaniser,** décrier publiquement quelqu'un. — **Tympanite** (enflure). — **Tympan.** — **Type.** — **Tyran.** — **Tour.** — **Typhomanie,** espèce de frénésie. — **Typhus.** — **Typhoïde.** — **Typhon.**

99ᵉ EXERCICE.

Trouver les mots français de **formation savante** *venus des mots grecs suivants; en indiquer le sens.*

Ὑάδες. — Ὑάκινθος. — Ὑβρίς, ιδος. — Ὕδρα. — Ὑδραγωγός. — Ὑδροκέφαλος. — Ὑδρόμελι. — Ὑδροσκόπος. — Ὑδροφοβία. — Ὑδρόφοβος. — Ὑδρωπικός. — Ὑδρώπισις. — Ὑμέναιος. — Ὑμήν. — Ὕμνος. — Ὑμνωδός. — Ὑοσκύαμος. — Ὕπαιθρος. — Ὑπαλλαγή. — Ὑπέρβατον. — Ὑπερβολή. — Ὑπερβόρεος. — Ὑπερκαταληκτικός. — Ὑπέρμετρος. — Ὑπνωτικός. — Ὑπογάστριον. — Ὑπόγαιον. — Ὑπόθεσις. — Ὑποθήκη. — Ὑποκρισία. —Ὑπόστασις. — Ὑποτείνουσα. — Ὑποτραχήλιον. — Ὑποτύπωσις. — Ὑποχόνδριον. — Ὕσσωπος.

Corrigé. — **Hyades.** — **Hyacinthe.** — **Hybride.** — **Hydre.** — **Hydragogue** (qui conduit les eaux). — **Hydrocéphale.** — **Hydromel.** — **Hydroscope.** — **Hydrophobie.** — **Hydrophobe.** — **Hydropique.** — **Hydropisie.** — **Hyménée.** — **Hymen.** — **Hymne.** — **Hymnode,** chanteur d'hymnes. — **Jusquiame,** plante. — **Hypèthre,** temple découvert et exposé à l'air. — **Hypallage,** *hyperbate, hyperbole,* figures de rhétorique. — **Hyperborée,** septentrional. — **Hypercatalectique,** vers grec ou latin ayant à la fin une ou deux syllabes de trop. — **Hypermètre** (qui passe la mesure). — **Hypnotique** (qui fait dormir). — **Hypogastre,** partie inférieure du ventre. — **Hypogée.** — **Hypothèse.** — **Hypothèque.** — **Hypocrisie.** — **Hypostase,** personne réelle, substance. — **Hypoténuse.** — **Hypotrachélion,** partie inférieure du cou. — **Hypotypose,** peinture vive. — **Hypocondre.** — **Hysope** ou *hyssope,* plante.

100ᵉ EXERCICE.

Trouver les mots français de **formation savante** *venus des mots grecs suivants; en indiquer le sens.*

Φαγεδαινικός. — Φαινόμενον. — Φαλάγγωσις. — Φάλαινα. — Φάλαγξ. — Φακοειδής. — Φανερός. — Φαντασία. — Φάντασμα. — Φαρμακεία. — Φαρμακευτικός. — Φαρμακοποιία. — Φαρμακοπώλης. — Φάρος. — Φάρυγξ. — Φασίολος, phaseolus. — Φάσις. — Φθειρίασις. — Φθίσις. — Φιλάδελφος. — Φιλάνθρωπος. — Φιλαυτία. — Φιλέλλην. — Φιλιππικός.

Corrigé. — **Phagédénique** (rongeant). — **Phénomène.** — **Phalangose,** maladie de la paupière dans laquelle les cils sont hérissés contre l'œil. — **Phalène,** papillon de nuit. — **Phalange.** — **Phacoïde** (en forme de lentille). — **Phanère,** production apparente et persistante à la surface de la peau, comme les poils, les cils. — **Fantaisie.** — **Fantôme.** —

Pharmacie. — **Pharmaceutique.** — **Pharmacopée,** traite de la préparation des médicaments. — **Pharmacopole.** — **Phare.** — **Pharynx.** — **Phaséole,** espèce de fève. — **Phase.** — **Phtiriasis,** maladie pédiculaire. — **Phtisie.** — **Philadelphe.** — **Philanthrope.** — **Philautie,** amour de soi-même. — **Philhellène.** — **Philippique.**

101ᵉ EXERCICE.

Trouver les mots français de **formation savante** *venus des mots grecs suivants ; en indiquer le sens.*

Φιλολογία. — Φιλομήλα. — Φιλομήτωρ. — Φιλοπάτωρ. — Φιλοσοφία. — Φίλτρον. — Φλεβοτομία. — Φλεβοτόμον. — Φλέγμα. — Φλεγμασία. — Φλόγωσις. — Φλύκταινα. — Φοῖβος. — Φοινιγμός. — Φοινικόπτερος. — Φοίνιξ. — Φράσις. — Φρενικός. — Φύγεθλον. — Φυλακτήριον. — Φυλάρχης. — Φῦμα. — Φυσική. — Φυσιογνωμονία. — Φυσιολογία. — Φώκη. — Φωσφόρος.

Corrigé. — **Philologie.** — **Philomèle.** — **Philométor.** — **Philopator.** — **Philosophie.** — **Philtre.** — **Phlébotomie,** saignée. — **Phlébotome,** instrument pour saigner. — **Phlegme.** — **Phlegmasie** (inflammation). — **Phlogose,** inflammation sans tumeur. — **Phlyctène,** pustule. — **Phébus.** — **Phénigme,** rougeur de la peau causée par des médicaments. — **Phénicoptère,** oiseau. — **Phénix.** — **Phrase.** — **Phrénique** (relatif au diaphragme). — **Phygéthlon,** tumeur inflammatoire d'une glande. — **Phylactère** (talisman). — **Phylarque.** — **Phyma,** tumeur inflammatoire. — **Physique.** — **Physionomie.** — **Physiologie.** — **Phoque.** — **Phosphore.**

102ᵉ EXERCICE.

Trouver les mots français de **formation savante** *venus des mots grecs suivants ; en indiquer le sens.*

Χαμαιλέων. — Χάος. — Χαρακτήρ. — Χαρτής. — Χειράγρα. — Χειρόγραφον. — Χειρομαντεία. — Χειρουργία. — Χερσόνησος.

— Χιλιάς, άδος. — Χίμαιρα. — Χλαμύς, ύδος. — Χλωρός. — Χολαγωγός. — Χολέρα. — Χορδή. — Χορεία. — Χορηγός. — Χορίαμβος. — Χορός. — Χρεία. — Χρηστομάθεια. — Χρίσμα. — Χριστός. — Χρονικός. — Χρονολογία. — Χρυσαλλίς. — Χρυσόστομος. — Χρωματικός. — Χυλός. — Χυμεία. — Χυμός. — Χωλίαμβος. — Χωρογραφία.

Corrigé. — **Caméléon.** — **Chaos.** — **Caractère.** — **Charte.** — **Chiragre,** goutte aux mains. — **Chirographe,** acte signé. — **Chiromancie.** — **Chirurgie.** — **Chersonèse.** — **Chiliade,** millier. — **Chimère.** — **Chlamyde.** — **Chlore.** — **Chola-gogue** (qui chasse la bile). — **Colère.** — **Corde.** — **Chorée,** maladie appelée aussi *danse de saint Gui.* — **Chorège.** — **Choriambe,** pied de vers grec. — **Chœur.** — **Chrie,** amplification. — **Chrestomathie.** — **Chrême,** huile sacrée. — **Christ.** — **Chronique.** — **Chronologie.** — **Chrysalide.** — **Chrysostôme.** — **Chromatique.** — **Chyle.** — **Chimie.** — **Chyme.** — **Choliambe,** vers iambique ayant un spondée au sixième pied. — **Chorographie.**

103ᵉ EXERCICE.

Trouver les mots français de **formation savante** *venus des mots grecs suivants ; en indiquer le sens.*

Ψαλμός. — Ψαλμῳδία. — Ψαλτήριον. — Ψέλλισμα. — Ψευδώνυμος. — Ψυκτικός. — Ψύλλοι. — Ψυχαγωγικός. — Ψυχή. — Ψώρα. — Ψωροφθαλμία.

Ὠδεῖον. — Ὠδή. — Ὠκεανός. — Ὠμοπλάτη. — Ὥρα. — Ὡρολόγιον. — Ὡροσκοπεῖον. — Ὤχρα.

Corrigé. — **Psaume.** — **Psalmodie.** — **Psaltérion.** — **Psellisme,** bégaiement. — **Pseudonyme.** — **Psyctique** (rafraîchissant). — **Psylles,** charlatans qui apprivoisent des serpents. — **Psychagogique** (qui rappelle à la vie). — **Psyché.** — **Psora,** gale. — **Psorophtalmie,** maladie des paupières accompagnée de démangeaisons.

Odéon. — **Ode.** — **Océan.** — **Omoplate.** — **Heure.** — **Horloge.** — **Horoscope.** — **Ocre.**

ÉTUDE DES DOUBLETS

I. — Doublets d'origine savante.

(Grammaire, introduction, p. xi.)

(L'un des doublets est d'origine populaire, l'autre d'origine savante.)

1. — *Persistance de l'accent latin* [1].

Observation. — Les mots d'origine populaire ont l'accent tonique sur la même syllabe que les mots d'où ils viennent; les mots d'origine savante sont calqués sur les mots d'où ils dérivent et l'accent est généralement déplacé.

104e EXERCICE.

Trouver les doublets venus des mots latins suivants; marquer l'accent tonique sur les mots latins et sur les mots français.

Aquarium. — Amygdalam. — Antiphonam. — Angelus. — Apprehendere. — Basilicam. — † Cancerem. — † Canonicum. — Chorum. — Classicum. — Claviculam. — Colligere. — Compositum. — Computum. — Cophinum. — Copulam. — Cucurbitam. — Dactylum. — Decimam. — Dictum. — Ductilem.

Corrigé. — (N. B. Pour l'accent tonique voir les grammaires.) — **Aquarium**, évier, aquarium. — **Amygdalam**, amande, amydale. — **Antiphonam**, antienne, antiphone. — **Angelus**, ange, angelus. — **Apprehendere**, apprendre, appréhender. — **Basilicam**, basoche, basilique. — **Cancerem**, chancre, cancer. — **Canonicum**, chanoine, canonique. —

1. D'après l'opuscule de M. Auguste BRACHET, *Dictionnaire des doublets ou doubles formes de la langue française.* Paris, Franck.

Chorum, chœur, chorus. — **Classicum**, glas, classique. — **Claviculam**, cheville, clavicule. — **Colligere**, cueillir, colliger. — **Compositum**, compote, composite. — **Computum**, compte, comput. — **Cophinum**, coffre, coffin. — **Copulam**, couple, copule. — **Cucurbitam**, gourde, cucurbite. — **Dactylum**, datte, dactyle. — **Decimam**, dîme, décime. — **Dictum**, dit, dicton. — **Ductilem**, douille, ductile.

105ᵉ EXERCICE.

Trouver les doublets venus des mots latins suivants; marquer l'accent tonique sur les mots latins et sur les mots français.

Examen. — Explicitum. — Fabricam. — Factum. — Feriam. — Fragilem. — Implicitam. — Imprimere. — Maculam. — Magister. — Major. — Medium. — Millesimum. — Mobilem. — Modulum. — Organum. — Papyrum. — Parabolam. — Persicam. — Nauseam. — Pensum. — Phantasticum. — Placet. — Platanum. — Polypum. — Porticum.

Corrigé. — Essaim, examen. — Exploit, explicite. — Forge, fabrique. — Fait, factum. — Foire, férie. — Frêle, fragile. — Emplette, implicite. — Empreindre, imprimer. — Maille, macule. — Maître, magister. — Maire, major. — Mi, médium. — Millième, millésime. — Meuble, mobile. — Moule, module. — Orgue, organe. — Papier, papyrus. — Parole, parabole. — Pêche, persique. — Noix, nausée. — Poids, pensum. — Fantasque, fantastique. — Plait, placet. — Plane, platane. — Poulpe, polype. — Porche, portique.

2. — *Suppression de la voyelle brève.*

Observation. — La voyelle brève qui précède la voyelle accentuée des mots latins, disparaît dans les mots français d'origine populaire et persiste dans les mots d'origine savante.

106ᵉ EXERCICE.

Trouver les doublets venus des mots latins suivants; marquer l'accent tonique sur les mots latins et sur les mots français.

Quadragesimam. — Ranunculam. — Rigidum. — Rotulum. — Rusticum. — Sarcophagum. — Scandalum. — Sepiam. — Spatulam. — Surgere. — Tibiam. — Tympanum. — Umbilicum. — Viaticum.

Corrigé. — Carême, quadragésime. — Grenouille, renoncule. — Roide, rigide. — Rôle, rotule. — Rustre, rustique. — Cercueil, sarcophage. — Esclandre, scandale. — Seiche, sépia. — Épaule, spatule. — Sourdre, surgir. — Tige, tibia. — Timbre, tympan. — Nombril, ombilic. — Voyage, viatique.

107ᵉ EXERCICE.

Trouver les doublets venus des mots latins suivants; marquer l'accent tonique sur les mots latins et sur les mots français.

Aquilonem. — Asperitatem. — Auricularium. — Capitale. — Caritatem. — † Cartularium. — Cinerarium. — Circulare. — Compositorem. — Coagulare. — Collocare. — Cumulare. — Episcopatum. — Hereditarium. — Hospitale. — Inquisitorem. — Legalitatem. — Liberare.

Corrigé. — Aiglon, aquilon. — Apreté, aspérité. — Oreiller, auriculaire. — Cheptel, capital. — Cherté, charité. — Chartrier, cartulaire. — Cendrier, cinéraire. — Cercler, circuler. — Composteur, compositeur. — Cailler, coaguler. — Coucher, colloquer. — Combler, cumuler. — Évêché, épiscopat. — Héritier, héréditaire. — Hôtel, hôpital. — Enquêteur, inquisiteur. — Loyauté, légalité. — Livrer, libérer.

108ᵉ EXERCICE.

Suite du précédent.

Masticare. — Matricularium. — Ministerialem. — Navigare. — Operare. — Ossifragam. — † Paradisum. — Prædicatorem. — Qualificare. — Recuperare. — Regulatorem. — Separare. — Simulare. — Singularem. — Sollicitare. — Temperare. — Vigilantem.

Corrigé. — Mâcher, mastiquer. — Marguillier, matriculaire. — Ménestrel, ministériel. — Nager, naviguer. — Ouvrer, opérer. — Orfraie, ossifrage. — Parvis, paradis. — Prêcheur, prédicateur. — Jauger, qualifier. — Recouvrer, récupérer. — Régleur, régulateur. — Sevrer, séparer. — Sembler, simuler. — Sanglier, singulier. — Soucier, solliciter. — Tremper, tempérer. — Veillant, vigilant.

3. — *Chute de la consonne médiane.*

Observation. — Les mots d'origine populaire perdent la consonne médiane; les mots d'origine savante la conservent.

109ᵉ EXERCICE.

Trouver les doublets venus des mots latins suivants; écrire entre crochets la consonne médiane et marquer l'accent tonique sur les mots latins et sur les mots français.

Adamantem. — Advocatum. — Armaturam. — Augurium. — Augustum. — Cohortem. — Communicare. — Confidentiam. — Credentiam. — Curvaturam. — Decadentiam. — Decanatum. — Delicatum. — Denudatum. — Dilatare. — Dotare. — Explicatum. — Fidelem. — Filatorem. — Gaudere. — Implicare. — Legalem. — Ligationem. — Ligaturam.

Corrigé. — Aimant, diamant. — Avoué, avocat. — Armure, armature. — Heur, augure. — Août, auguste. — Cour, cohorte. — Communier, communiquer. — Confiance, confidence. — Créance, crédence. — Courbure, courbature. — Déchéance, décadence. — Doyenné, décanat. — Délié, délicat.

— Dénué, dénudé. — Délayer, dilater. — Douer, doter. — Éployé, expliqué. — Féal, fidèle. — Fileur, filateur. — Jouir, gaudir. — Employer, impliquer. — Loyal, légal. — Liaison, ligation. — Liure, ligature.

110° EXERCICE.

Suite du précédent.

Medianum. — Natalem. — Nativum. — Patellam. — Petalum. — ┼ Precariam. — Præsidentiam. — Prehensionem. — ┼ Pulsativum. — Quadraturam. — Quaternum. — Recusare. — Redemptionem. — Regalem. — Rotondam. — Radiatum. — Replicare. — Secatorem. — Securitatem. — Territorium. — Traditionem. — Vocalem. — Votare. — Votum.

Corrigé. — Moyen, médian. — Noël, natal. — Naïf, natif. — Poêle, patelle. — Poêle (?), pétale. — Prière, précaire. — Préséance, présidence. — Prison, préhension. — Poussif, pulsatif. — Carrure, quadrature. — Cahier, quaterne. — Ruser, récuser. — Rançon, rédemption. — Royal, régale. — Ronde, rotonde. — Rayé, radié. — Replier, répliquer. — Scieur, sécateur. — Sûreté, sécurité. — Terroir, territoire. — Trahison, tradition. — Voyelle, vocale. — Vouer, voter. — Vœu, vote.

4. — *Doublets provenant de mots à suffixes accentués.*

Observation. — Dans les doublets provenant de mots latins terminés par des suffixes accentués, les mots d'origine populaire altèrent le suffixe, les mots d'origine savante conservent le suffixe presque intact.

111° EXERCICE.

Trouver les doublets venus des mots latins suivants.

1° *Suffixe latin* atum. — Agregatum. — ┼ Annatam. — Ceratum. — Formatum. — Legatum. — Mandatum. —

Muscatum. — Platam. — Rosatum. — Solidatum.

2° *Suffixes latins* arem *et* arium. — Apothecarium. — Centenarium. — Epistolarium. — Hereditarium. — Molarem. — Primarium. — Rosarium. — Salarium. — Scolarem. — Vicarium.

3° *Suffixe latin* onem *et* ionem. — Carbonem. — Coctionem. — Factionem. — Fluctuationem. — Frictionem. — Fusionem. — Inclinationem. — Potionem. — Rationem. — Suspicionem.

4° *Suffixe latin* itiam. — Justitiam.

Corrigé. — 1° Agrégé, agrégat. — Année, annate. — Ciré, cérat. — Formé, format. — Légué, légat. — Mandé, mandat. — Muguet, muscat. — Plie, plate. — Rosé, rosat. — Soldé *et* soudé, soldat.

2° Boutiquier, apothicaire. — Centenier, censitaire. — Épistolier, épistolaire. — Héritier, héréditaire. — Meulière, molaire. — Premier, primaire. — Rosier, rosaire. — Salière, salaire. — Écolier, scolaire. — Viguier, vicaire.

3° Charbon, carbone. — Cuisson, coction. — Façon, fiction. — Flottaison, fluctuation. — Frisson, friction. — Foison, fusion. — Inclinaison, inclination. — Poison, potion. — Raison, ration. — Soupçon, suspicion.

4° Justesse, justice.

5. — *Autres doublets d'origine savante.*

Observation.—Les doublets suivants ne rentrent dans aucune des catégories précédentes.

112ᵉ EXERCICE.

Trouver les doublets venus des mots latins suivants ; signaler les changements de lettres qui se sont produits dans les mots d'origine populaire.

Acrem. — Affectatum. — Affirmare. — Arcum. — Aream. — Articulum. — Assignare. — Assopire. —

Auscultare. — Adversum. — Bitumen. — Bullam. — Canalem. — Captivum. — Causam. — Chartam. — Codex. — Cœmentum. — Collectam. — Concham. — Continentiam. — Crassum. — Crispare. — Cryptam. — Cylindrum.

Corrigé. — Aigre, âcre. — Affété, affecté. — Affermer, affirmer. — Arc, arche. — Aire, are. — Orteil, article. — Asséner, assigner. — Assouvir, assoupir. — Écouter, ausculter. — Averse, adverse. — Béton, bitume. — Boule, bulle. — Chenal, canal. — Chétif, captif. — Chose, cause. — Carte, charte. — Code, codex. — Ciment, cément. — Cueillette, collecte. — Coque, conque. — Contenance, continence. — Gras, crasse. — Crêper, crisper. — Grotte, crypte. — Calandre, cylindre.

113ᵉ EXERCICE.

Suite du précédent.

Depretiare. — Designare. — Discum. — Directum. — Dispensare. — Districtum. — Diurnale. — Diurnum. — Divinum. — Divisare. — Elephantem. — Ferocem. — Foris. — Gehennam. — Græcam. — Gravem. — Hyacinthum. — Illuminare. — Includere. — Incrassare. — Incrustare. — Infirmare. — Integer. — † Interpausare. — Intendentem. — Inversum.

Corrigé. — Dépriser, déprécier. — Dessiner, désigner. — Dais, disque. — Droit, direct. — Dépenser, dispenser. — Détroit, district. — Journal, diurnal. — Jour, diurne. — Devin, divin. — Deviser, diviser. — Olifant, éléphant. — Farouche, féroce. — Hors, fors. — Gêne, géhenne. — Grièche, grecque. — Grief, grave. — Jacinthe, hyacinthe. — Enluminer, illuminer. — Enclore, inclure. — Engraisser, encrasser. — Encroûter, incruster. — Enfermer, infirmer. — Entier, intègre. — Entreposer, interposer. — Entendant, intendant. — Envers, inverse.

114ᵉ EXERCICE.

Trouver les doublets venus des mots latins suivants ; signaler les changements de lettres qui se sont produits dans les mots d'origine populaire.

Laicum. — Minare. — Minutam. — Musculum. — Palam. — Palmam. — Papilionem. — Pausam. — Pensare. — Pietatem. — Pituitam. — Pigmentum. — Planam. — † Præbendam. — Probabilem. — Provincialem. — Psalterium. — † Punctuare. — Quatuor. — Quæstorem. — Quietum.

orrigé. — Lai, laïque. — Mener, miner. — Menue, minute. — Moule, muscle. — Pelle, pale. — Paume, palme. — Pavillon, papillon. — Pose, pause. — Peser, penser. — Pitié, piété. — Pépie, pituite. — Piment, pigment. — Plaine, plane. — Provende, prébende. — Prouvable, probable. — Provençal, provincial. — Psautier, psaltérion. — Pointer, ponctuer. — Quatre, quatuor. — Quêteur, questeur. — Coi, quitte.

115ᵉ EXERCICE.

Comme le précédent.

Recollectum. — Relaxare. — Respectum. — Retractare. — Rhythmum. — Romanum. — Rupturam. — Scalarium. — Scintillare. — Signum. — Sinistram. — Sinum. — Sixtam. — Speciem. — Strictum. — Subvenire. — Taxare. — Valentem. — Ventosum. — Viduam. — Vitrum.

Corrigé. — Recueilli, récollet. — Relâcher, relaxer. — Répit, respect. — Retraiter, rétracter. — Rime, rythme. — Roman, romain. — Roture, rupture. — Échalier, escalier. — Étinceler, scintiller. — Seing, signe. — Senestre, sinistre. — Sein, sinus. — Sexte, sixte. — Épice, espèce. — Étroit, strict. — Souvenir, subvenir. — Tâcher, taxer. — Vaillant, valant. — Venteux, ventouse. — Veuve, vide. — Verre, vitre.

II. — Doublets d'origine populaire.

Observation. — 1° L'un des deux mots est un débris d'un ancien dialecte.

2° L'un des deux mots est formé du nominatif latin, l'autre de l'accusatif.

3° L'un des deux mots a été produit par un déplacement fautif de l'accent latin.

4° L'un des deux mots a été formé postérieurement à l'autre.

5° Autres doublets ne rentrant pas dans une des catégories précédentes.

116ᵉ EXERCICE.

Trouver les doublets venus des mots latins suivants.

1° Campaniam. — Campum. — Camerare. — Cappam. — Capsam. — Caput. — Carnarium. — Carricare. — Credentiam. — Fatuum. — Flagrare. — Magistralem. — Plicare.

2° Major, majorem. — Minor, minorem. — Pastor, pastorem. — Prudens, prudentem. — Senior, seniorem.

Corrigé. — 1° Champagne, campagne (*dialecte picard*). — Champ, camp (*picard*). — Chambrer, cambrer (*picard*). — Chappe, cappe (*picard*). — Châsse, caisse (*picard*). — Chef, cap (*provençal*). — Charnier, carnier (*picard*). — Charger et charroyer, carguer (*provençal*) et charrier (*normand*). — Croyance, créance (*normand*). — Fade, fat (*provençal*). — Flairer, fleurer (*normand*). — Magistral, mistral (*provençal*). — Ployer, plier (*normand*).

2° Maire, majeur. — Moindre, mineur. — Pâtre, pasteur. — Prud (*dans* prud'homme), prudent. — Sire, seigneur.

117ᵉ EXERCICE.

Suite du précédent.

3° Currere. — Gemere. — Placere. — Quærere. — Surgere.

4° † Appellum. — † Bellum. — Benedictum. — Centesimum. — Collum. — Decimum. — † Follem. — † Inrotulare. — Laborem. — Millesimum. — Mollem. — Solidare. — † Stallum. — Vallem.

5° Amantem. — Amatum. — Capsam. — Cingulare. — Computare. — Coquum. — Digitum. — Gemellos. — Gulam. — Hominem. — Inducere. — Seniorem. — Tabulam. — Upupam.

Corrigé. — 3° Courre, courir. — Geindre, gémir. — Plaire, plaisir. — Querre, quérir. — Sourdre, surgir.

4° Appel, appeau. — Bel, beau. — Bénit, béni. — Centième, centime. — Col, cou. — Dixième, décime. — Fol, fou. — Enrôler, enrouler. — Labour, labeur. — Millième, millésime. — Mol, mou. — Solder, souder. — Étal, étau. — Val, vau.

5° Amant, aimant. — Amé, aimé. — Caisse, casse. — Cingler, sangler. — Conter, compter. — Queux, gueux. — Dé, doigt. — Gémeaux, jumeaux. — Gueule, goule. — On, homme. — Enduire, induire. — Seigneur, sire. — Table, tôle. — Houppe, huppe.

III. — Doublets d'origine étrangère.

Observation. — L'un des deux mots est passé directement du latin au français ; l'autre y est venu par l'intermédiaire d'une langue étrangère.

1° *Doublets d'origine italienne.*

118ᵉ EXERCICE.

Trouver les doublets venus des mots suivants; le premier mot est latin, le second mot est italien.

† Altitiam, **altezza**. — Aptitudinem, **attitudine**. — † Bancum, **banca**. — † Bandariam, **bandiera**. — Balneum, **bagno**. — † Bellam dominam, **bella dona**. — Bilancem, **bilancio**. — † Caballarium, **cavaliere**. — † Caballicatam, **cavalcata**. — Cadentiam, **cadenza**. — Calceum, **calzone**. — Camerarium, **cameriere**. — Castellum, **castello**. — † Catafalcum, **catafalco**.

† Ducatum, **ducato**. — Ducum, **doge**. — † Dominicellam, **donzella**. — Duos, **duo**. — † Exquadram, **squadra**. — Incarnatum, **incarnato**. — Lacunam, **laguna**. — † Metalleam, **medaglia**. — Operam, **opera**. — Palatinum, **paladino**. — Pastillum, **pastello**. — Planum, **piano**. — Præstum, **presto**. — Quadrare, **quadrare**. — Reductum, **ridotto**. — Reversum, **rivescio**. — Scalam, **scala**. — Tympanum, **timballo**. — Villam, **villa**. — Volutam, **volta**.

Corrigé. — Hautesse, altesse. — Aptitude, attitude. — Banc. banque. — Bannière, bandière. — Bain, bagne. — Belle-dame, belladone. — Balance, bilan. — Chevalier, cavalier. — Chevauchée, cavalcade. — Chance, cadence. — Chausson, caleçon. — Chambrier, camérier. — Château, castel. — Échafaud, catafalque. — Duché, ducat. — Duc, doge. — Demoiselle, donzelle. — Deux, duo. — Équerre, escadre. — Incarné, incarnat. — Lacune, lagune. — Maille, médaille. — Œuvre, opéra. — Palatin, paladin. — Pastille, pastel. — Plain, piano. — Prêt, preste. — Carrer, cadrer. — Réduit, redoute. — Revers, revêche. — Échelle, escale. — Tympan, timbale. — Ville, villa. — Voûte, volte.

2° *Doublets d'origine espagnole.*

119° EXERCICE.

Trouver les doublets venus des mots suivants ; le premier mot est latin, le second mot est espagnol.

Adjutantem, **ayudante.** — †Capitaneum, **capitan.** — Casam, **casa.** — Citharam, **guitarra.** — Coccinellam, **cochinilla.** — Dominam, **dueña.** — Hominem, **hombre.** — Infantem, **infante.** — Junctam, **junta.**— Nigerum, **negro.** — Regalem, **real.** — Sextam, **siesta.** — Super-saltum, **sobresalto.**

Corrigé. — Aidant, adjudant. — Capitaine, capitan. — Chez, case. — Cithare, guitare. — Coccinelle, cochenille. — Dame, duègne. — Homme, hombre. — Enfant, infant. — Jointe, junte. — Noir, nègre. — Royal, réal. — Sexte, sieste. — Sursaut, soubresaut.

3° *Doublets d'origine anglaise.*

120° EXERCICE.

Trouver les doublets venus des mots suivants ; le premier mot est latin, le second est anglais.

Bullam, **bill.** — Capannam, **cabin.** — Expressum, **express.** — †Exquadram, **square.** — Factionem, **fashion.** — Humorem, **humour.** — Mensam, **mess.** — Ruptam, **rout.**

Corrigé. — Bulle, bille. — Cabane, cabine. — Exprès, expresse. — Équerre, square. — Façon, fashion. — Humeur, humour. — Mense, mess. — Route, raout.

MOTS D'ORIGINE POPULAIRE

LOIS QUI ONT PRÉSIDÉ A LA FORMATION DES MOTS D'ORIGINE POPULAIRE

1. — Suppression de la voyelle atone et brève qui précède la voyelle accentuée des mots latins.

(Grammaire, introduction, p. xiv.)

1. — *Suppression des voyelles* a *et* e.

121ᵉ EXERCICE

Indiquer les mots français de **formation populaire** *venus des mots latins suivants ; écrire entre crochets la voyelle supprimée et marquer l'accent tonique sur les mots latins et sur les mots français.*

Alabastrum. — †Boariolum. — †Denariatam. — Separare. — †Adbiberare. — Antecessorem. — †Artemisiam. — †Biberaticum. — Camerare. — Camerariam. — †Cœrefolium. — †Cerebellam. — Cerebellum. — †Cerevisiam. — Cinerosum. — Cooperire. — Desiderare. — †Dexterarium. — Dinumerare. — †Eremitam. — Ingenerare. — Liberare. — Litteratum. — †Materiarium. — †Ministerialem. — †Offerere. — †Operare. — Operararium. — †Paraveredum. — Recuperare. — †Sufferere. — Temperare. — †Vervecale. — †Vervecarium.

Corrigé. — Albâtre. — Bouvreuil. — Denrée. — Sevrer. — Abreuver. — Ancêtre. — Armoise. — Breuvage. — Cambrer. — Chambrière. — Cerfeuil. — Cervelle. — Cerveau. — Cervoise. — Cendreux. — Courir. — Désirer. — Destrier. — Dénombrer. — Ermite. — Engendrer. — Livrer. — Lettré. — Madrier. — Ménestrel. — Offrir. — Ouvrer. — Ouvrier. —

Palefroi. — Recouvrer. — Souffrir. — Tremper. — Bercail.
— Berger.

2. — *Suppression de la voyelle* i.

122ᵉ EXERCICE

Indiquer les mots français de **formation populaire** *venus
des mots latins suivants; écrire entre crochets la voyelle supprimée et marquer l'accent tonique sur les mots latins et sur les
mots français.*

†Accognitare. — †Accubitare. — †Adluminare. —
Amaritudinem. — †Amicitatem. — †Arboricellum. —
†Aripennem. — Asinarium. — Asperitatem. — †Auri-
chalcum. — †Avicellum. — †Bellitatem. — †Bombi-
tare. — Bonitatem. — †Caballicare. — Calefacere. —
†Calidariam. — Capitale. — †Capitastrum. — †Capi-
tettum. — †Cardinariam. — Caritatem. — Carminare.
— †Carricare. — Christianitatem. — Circinare. — †Cir-
cinellum. — Civitatem. — Claritatem. — †Clausituram.
†Clericatum. — Cogitare. — Comitatum. — †Commu-
nalitatem. — Crudelitatem. — †Cubitatam. — †Culi-
cinum.

Corrigé. — Accointer. — Accouder. — Allumer. — Amer-
tume. — Amitié. — Arbrisseau. — Arpent. — Anier. —
Apreté. — Archal. — Oiseau. — Beauté. — Bondir. — Bonté.
— Chevaucher. — Chauffer. — Chaudière. — Cheptel. —
Cadastre. — Cadet. — Charnière. — Cherté. — Charmer. —
Charger. — Chrétienté. — Cerner. — Cerneau. — Cité. —
Clarté. — Clôture. — Clergé. — Cuider. — Comté. — Com-
munauté. — Cruauté. — Coudée. — Cousin, *moucheron.*

123ᵉ EXERCICE

Suite du précédent.

Decimare. — †Dominicellam. — †Dominicellum. —
†Dominiarium. — †Dominionem. — Domitare. — Dormitorium. — Dubitare. — Evigilare. — Examinare. —

†Excoricare. — †Excalidare. — †Expandicare. — †Extorpidire. — Fabricare. — †Famicosum. — Feritatem. — †Filicariam. — †Filicellam. — Germinare. — †Hereditare. — †Hispidosum. — †Hominaticum. — Hospitale. — †Inimicitatem. — †Intaminare. — Judicare. — †Juvenicellum. — Legalitatem. — †Longitaneum. — †Luminariam. — Masticare. — Molinarium. — †Molituram. — †Monticellum. — Naricare. — Navigare. — Nominare. — †Novellitatem.

Corrigé. — Dîmer. — Demoiselle. — Damoiseau. — Danger. — Donjon. — Dompter. — Dortoir. — Douter. — Éveiller. — Essaimer. — Écorcher. — Échauder. — Épancher. — Étourdir. — Forger. — Fangeux. — Fierté. — Fougère. — Ficelle. — Germer. — Hériter. — Hideux. — Hommage. — Hôtel. — Inimitié. — Entamer. — Juger. — Jouvenceau. — Loyauté. — Lointain. — Lumière. — Mâcher. — Meunier. — Mouture. — Monceau. — Narguer. — Nager. — Nommer. — Nouveauté.

124ᵉ EXERCICE.

Suite des précédents.

†Obsidiaticum. — †Orbitariam. — Ossifragam. — †Papalitatem. — †Particellam. — †Pectinare. — †Pendicare. — Penicellum. — †Plumbicare. — †Positare. — Posituram. — Prædicare. — †Primalitatem. — †Principalitatem. — †Privalitatem. — †Pullicenum. — †Punicellum. — †Radicinam. — †Ramicellum. — †Regalitatem. — †Reticellum. — †Rivicellum. — †Rumigare. — †Salicetum. — †Salinarium. — Sanitatem. — Securitatem. — †Seminare. — †Semitarium. — †Septimanam. — †Solidare. — Sollicitare. — Stabilire. — †Subitaneum. — Testimonium. — †Tinnitare. — †Vanitare. — Vigilare. — Vindicare. — Viridare. — Viridarium. — †Vitrinire.

Corrigé. — Otage. — Ornière (*prim.* ordière). — Orfraie. — Papauté. — Parcelle. — Peigner. — Pencher. — Pinceau. — Plonger. — Poster. — Posture. — Prêcher. — Primauté. — Principauté. — Privauté. — Poussin. — Ponceau. — Racine. — Rinceau. — Royauté. — Réseau. — Ruisseau. — Ronger. — Saussaie. — Saunier. — Santé. — Sûreté. — Semer. — Sentier. — Semaine. — Souder. — Soucier. — Établir. — Soudain. — Témoin. — Tinter. — Vanter. — Veiller. — Venger. — Verdir. — Verger. — Vernir.

3. *Suppression des voyelles* **o** *et* **u**.

125ᵉ EXERCICE.

Indiquer les mots français de **formation populaire** *venus des mots latins suivants ; écrire entre crochets la voyelle supprimée et marquer l'accent tonique sur les mots latins et sur les mots français.*

Collocare. — †Corrogatam. — †Episcopatum. — Horologium. — †Leporarium. — †Marmoratum. — Pectorale. — †Pectorinam. — †Petroselinum. — Turronensem. — Votulare.

†Affibulare. — †Baculare. — †Buculare. — †Canutire. — †Cincturare. — †Cingulare. — Circulare. — Coagulare. — Computare. — †Corotulare. — Cumulare. — †Fabulellum. — †Fissulare. — †Fodiculare. — †Impromutuare. — †Joculare. — Joculatorem. — †Matricularium. — †Misculare. — †Modulare. — †Orulare. — Periculum. — †Perustulare. — †Pisturire. — †Populare. — †Popularium. — †Radulare. — †Rasculare. — †Regulare. — †Rotulare. — Sabulonem. — Sarculare. — Simulare. — Singularem. — Strangulare. — †Suculare. — †Tabulellum. — †Tremulare. — †Turbulare. — †Ullulare. — †Ungulatam. — Vitulinum.

Corrigé. — Coucher. — Corvée. — Évêché. — Horloge. — Lévrier. — Marbré. — Poitrail. — Poitrine. — Persil. — Tournois. — Vautrer.

Affubler. — Bâcler. — Boucler. — Chancir. — Cintrer. — Sangler. — Cercler. — Cailler. — Compter. — Crouler. — Combler. — Fabliau. — Fêler. — Fouiller. — Emprunter. — Jongler. — Jongleur. — Marguiller. — Mêler. — Mouler. — Ourler. — Péril. — Brûler. — Pétrir. — Peupler. — Peuplier. — Railler. — Racler. — Régler. — Rouler. — Sablon. — Sarcler. — Sembler. — Sanglier. — Étrangler. — Souiller. — Tableau. — Trembler. — Troubler. — Hurler. — Onglée. — Vélin.

II. — Suppression de la voyelle atone et brève qui suit la voyelle accentuée des mots latins.

(Grammaire, introduction, p. x-xvi.)

1. *Suppression des voyelles* **a, e, i, o.**

126ᵉ EXERCICE.

Indiquer les mots français de **formation populaire** *venus des mots latins suivants; écrire entre crochets la voyelle supprimée et marquer l'accent tonique sur les mots latins et sur les mots français.*

Organum. — Apprehendere. — Astringere. — Attendere. — Cinerem. — Cingere. — Comprehendere. — Descendere. — Findere. — Imprimere. — Intendere. — Pindere. — Pingere. — Plangere. — Ponere. — Prendere. — Reddere. — Suspendere. — Tendere. — Vendere. — Vincere.

Affabilem. — † Agreabilem. — Amabilem. — † Amicabilem. — † Capabilem. — Culpabilem. — Durabilem. — Mutabilem. — Porticum.

† Apostolum. — Arbor. — † Camphoram. — Cantor. — Diabolum. — † Diaconum. — Episcopum. — Epistolam. — Leporem. — Minorem. — Parabolam. — Pastor. — Trifolium.

Corrigé. — Orgue. — Apprendre. — Astreindre. — Attendre

Cendre. — Ceindre. — Comprendre. — Descendre. — Fendre.
— Empreindre. — Entendre. — Pendre. — Peindre. — Plain-
dre. — Pondre. — Prendre. — Rendre. — Suspendre. —
Tendre. — Vendre. — Vaincre.

Affable. — Agréable. — Aimable. — Amiable. — Capable.
— Coupable. — Durable. — Muable. — Porche.

Apôtre. — Arbre. — Camphre. — Chantre. — Diable. —
Diacre. — Évêque. — Épître. — Lièvre. — Moindre. — Parole. — Pâtre. — Trèfle.

2. — *Suppression de la voyelle* **u.**

127e EXERCICE.

Indiquer les mots français de **formation populaire** *venus
des mots latins suivants ; écrire entre crochets la voyelle supprimée et marquer l'accent tonique sur les mots latins et sur les
mots français.*

Angulum. — Avunculum. — Capitulum. — Capulum.
— † Cartulam. — Cingulum. — Circulum. — † Compu-
tum. — Cooperculum. — Copulam. — Corpus. — Cu-
mulum. — Fabulam. — Furunculum. — Insulam. —
† Margulam. — Merulam. — † Metulam. — Modulum.
— Musculum. — Oculum. — Oraculum. — Populum.
— † Posterulam. — Regulam. — † Rotulum. — Sabu-
lum. — Scopulum. — Socculum. — Sœculum. — Spec-
taculum. — † Spinulam. — Stabulum. — Tabulam. —
Tegulam. — Tempus. — Titulum. — Ungulam.

Corrigé. — Angle. — Oncle. — Chapitre. — Câble. — Char-
tre. — Sangle. — Cercle. — Compte. — Couvercle. — Couple.
— Corps. — Comble. — Fable. — Furoncle. — Ile. — Marne.
— Merle. — Meule. — Moule. — Muscle. — Œil. — Oracle.
— Peuple. — Poterne. — Règle. — Rôle. — Sable. — Écueil.
— Socle. — Siècle. — Spectacle. — Épine. — Étable. — Ta-
ble. — Tuile. — Temps. — Titre. — Ongle.

III. — Suppression de la consonne médiane.

(Grammaire, introduction, p. xiv.)

1. — *Suppression de* **b** *et de* **c**, *consonnes médianes*.

128ᵉ EXERCICE.

Indiquer les mots français de **formation populaire** *venus des mots latins suivants ; écrire entre crochets la consonne supprimée et marquer l'accent tonique sur les mots latins et sur les mots français.*

† Adbaubari. — † Debutum. — Habentem. — † Habutum. — Nubem. — † Subumbrare. — † Subundare. — Tabanum. — † Tubellum. — Viburnum.

Advocatum. — Allocare. — † Amicabilem. — † Assecurare. — † Auctoricare. — † Carricare. — Communicare. — Cucurbitam. — † Decanatum. — Decanum. — Dedicare. — Delicatum. — † Exsucare. — † Festicare. — † Focarium. — Fricare. — Hoc-illud. — Implicare. — † Inraucare. — † Jocare. — Locare. — † Locarium. — † Lyciscam. — Manicare. — Mendicare. — Necare. — † Necentem. — † Nucale. — † Nucarium. — Pacare. — Plicare. — † Præconium. — † Precare. — Precariam. — Publicare. — Secare. — Securitatem. — Securum. — Vocalem.

Corrigé. — Aboyer. — Dû. — Ayant. — Eu. — Nue. — Sombrer. — Sonder. — Taon. — Tuyau. — Viorne.

Avoué. — Allouer. — Amiable. — Assurer. — Octroyer. — Charrier. — Communier. — Gourde. — Doyenné. — Doyen. — Dédier. — Délier. — Essuyer. — Fêter. — Foyer. — Frayer. — Oui. — Employer. — Enrouer. — Jouer. — Louer. — Loyer. — Lice. — Manier. — Mendier. — Noyer. — Néant. — Noyau. — Noyer. — Payer. — Plier. — Prône. — Prier. — Prière. — Publier. — Scier. — Sûreté. — Sûr. — Voyelle.

2. — *Suppression de* **d**, *consonne médiane.*

129ᵉ EXERCICE.

Indiquer les mots français de **formation populaire** *venus des mots latins suivants ; écrire entre crochets la consonne supprimée et marquer l'accent tonique sur les mots latins et sur les mots français.*

Adamantem. — Assidere. — Audire. — Benedicere. — †Cadentiam. — Cadere. — †Cadutam. — Confidentiam. — †Credentiam. — Crudelitatem. — †Decadentiam. — †Excadentiam. — Fidare. — †Fidentiare. — †Fodere. — Gaudere. — Gladiolum. — Infodere. — Invadere. — Laudare. — Medianum. — Medietatem. — Medullam. — †Minuscadentem. — †Nidacem. — †Nitidare. — Nodare. — Nodosum. — Obedire. — †Paradisum. — †Præsidentiam. — Redemptionem. — †Sedentiam. — Sedere. — Sudare. — Sudarium. — Tradere. — Traditionem. — Traditor. — Videre.

Corrigé. — Aimant. — Asseoir. — Ouïr. — Bénir. — Chance. — Choir. — Chute. — Confiance. — Créance. — Cruauté. — Déchéance. — Échéance. — Fier. — Fiancer. — Fouir. — Jouir. — Glaïeul. — Enfouir. — Envahir. — Louer. — Moyen. — Moitié. — Moelle. — Méchant. — Niais. — Nettoyer. — Nouer. — Noueux. — Obéir. — Parvis. — Préséance. — Rançon. — Séance. — Seoir. — Suer. — Suaire. — Trahir. — Trahison. — Traître. — Voir.

3. — *Suppression de* **g**, *consonne médiane.*

130ᵉ EXERCICE.

Trouver les mots français de **formation populaire** *venus des mots latins suivants ; écrire entre crochets la consonne supprimée et marquer l'accent tonique sur les mots latins et sur les mots français.*

†Agolettam. — Augurium. — Augustum. — Casti-

gare. — Denegare. — † Exagium. — † Exfrigare. — Faginam. — Flagellum. — Frigentem. — Frigorem. — Gigantem. — Legalem. — Legalitatem. — Legem. — Ligamen. — Ligare. — Ligationem. — Magistrum. — Negare. — Nigellam. — Ossifragam. — Paganum. — Plagam. — † Propaginare. — Quadragesimam. — Quadraginta. — Quinquaginta. — Regalem. — † Regalimen. — Regalitatem. — Regem. — Reginam. — Religare. — † Rugam. — Sagum. — Sanguisugam. — Sexaginta. — Sigillum. — Tegulam. — Triginta. — Vaginam.

Corrigé. — Houlette. — Heur. — Août. — Châtier. — Dévier. — Essai. — Effrayer. — Faîne. — Fléau. — Friant. — Frayeur. — Géant. — Loyal. — Loyauté. — Loi. — Lien. — Lier. — Liaison. — Maître. — Nier. — Nielle. — Orfraie. — Païen. — Plaie. — Provigner. — Carême. — Quarante. — Cinquante. — Royal. — Royaume. — Royauté. — Roi. — Reine. — Relier. — Rue. — Saie. — Sangsue. — Soixante. — Sceau. — Tuile. — Trente. — Gaine.

4. — *Suppression de* **s** *ou* **x**, *consonne médiane.*

131ᵉ EXERCICE.

Trouver les mots français de **formation populaire** *venus des mots latins suivants; écrire entre crochets la consonne supprimée et marquer l'accent tonique sur les mots latins et sur les mots français.*

† Adjuxtare. — † Asturem. — † Avis-struthio. — Avis-tarda. — Balsamum. — Cisternam. — Compositam. — † Costumam. — † Flasconem. — † Fustaliam. — † Hastellarium. — Hispidosum. — Labruscam. — Luscum. — † Monasterium. — Muscam. — † Muscatum. — Musculum. — Nostrum. — † Postellum. — † Posterulam. — Suspicionem. — Suspiraculum. — Suspirare. — Sustinere. — † Viscum. — Viscum-malvam.

Corrigé. — Ajouter. — Autour. — Autruche. — Outarde.

— Baume. — Citerne. — Compote. — Coutume. — Flacon.
— Futaille. — Atelier. — Hideux. — Lambruche. — Louche.
— Moutier. — Mouche. — Muguet. — Moule. — Notre. —
Poteau. — Poterne. — Soupçon. — Soupirail. — Soupirer.
— Soutenir. — Gui. — Guimauve.

5. — *Suppression de* **s** *consonne médiane et allongement
de la voyelle précédente.*

132ᵉ EXERCICE.

Trouver les mots français de **formation populaire** *venus
des mots latins suivants; écrire entre crochets la consonne supprimée et marquer l'accent tonique sur les mots latins.*

† Adpastum. — † Adrestare. — Alabastrum. — Aris-
tam. — Asinum. — Asperum. — Augustum. — † Bap-
tisma. — Bestiam. — † Blasphemare. — Campestrem.
— † Casnum. — Castaneam. — Castellum. — Castigare.
— † Clausituram. — † Claustrum. — Cognoscere. —
Costam. — Crescere. — Crispare. — Cristam. — Crus-
tam. — † Episcopatum. — Episcopum. — Epistolam. —
† Essere. — Fastigium. — Fenestram. — † Festam. —
Fraxinum. — Fustem. — Gustum. — † Haustare. —
Hospitale. — Hospitem. — Impositum. — Insulam. —
† Juxtare.

Corrigé. — Appât. — Arrêter. — Albâtre. — Arête. — Ane.
— Apre. — Août. — Baptême. — Bête. — Blâmer. — Cham-
pêtre. — Chêne. — Châtaigne. — Château. — Châtier. —
Clôture. — Cloître. — Connaître. — Côte. — Croître. — Crê-
per. — Crête. — Croûte. — Évêché. — Évêque. — Épître. —
Être. — Faîte. — Fenêtre. — Fête. — Frêne. — Fût. — Goût.
— Oter. — Hôtel. — Hôte. — Impôt. — Ile. — Joûter.

133ᵉ EXERCICE.

Suite du précédent.

Magistrum. — Masculum. — Masticare. — † Matras-

trem. — Metipsimum. — Misculare. — †Nascere. —
†Obsidiaticum. — Ostream. — Parescere. — Pascham.
— Pascere. — †Pastam. — Pastor. — †Pasturam. —
†Perustulare. — Persicam. — Piscare. —† Plastrum.
— Præpositum. — Præstare. — Presbyter. — Quadra-
gesimam. — Quæsitam. —† Rasculare. — †Rastel-
lum. — Suppositum. — Tempestas. — Testam. —
Vastare. — Vespam. — Vesperum. — Vestire. — Ves-
trum.

Corrigé. — Maître. — Mâle. — Mâcher. — Marâtre. — Même.
— Mêler. — Naître. — Otage. — Huître. — Paraître. — Pâque.
— Paître. — Pâte. — Pâtre. — Pâture. — Brûler. — Pêche.
— Pêcher. — Plâtre. — Prévot. — Prêter. — Prêtre. —
Carême. — Quête. — Râcler. — Râteau. — Suppôt. —
Tempête. — Tête. — Gâter. — Guêpe. — Vêpre. — Vêtir. —
Vôtre.

6. — *Suppression de* **s**, *consonne médiane, et accentuation
de la voyelle précédente.*

134ᵉ EXERCICE.

Trouver les mots français de **formation populaire** *venus
des mots latins suivants; écrire entre crochets la consonne supprimée et marquer l'accent tonique sur les mots latins.*

†Arcubalistam. — Albaspinam. — Auscultare. —
Bestiale. — Centesimum. — Christianum. — †Comes-
stabuli. — Describere. — Despectum. —Despoliare. —
Destruere. — Districtum. — †Festucam. — Ministe-
rium. —† Mixtellum. — Octesimum. — Pistrinum. —
†Pisturire. — Responsam. —Scabinum ¹. —Scalam. —
Statum. — †Sciuriolum. — Scolam. — Scribere. —
Scrinium. — Scriptum. — Scripturam. —†Scrobem.

1. Dans tous les mots commençant par **s**, l'accent a été mis sur
un **e** prosthétique.

— † Scrofellam pour scrofulam. — † Scutarium. — Scutum. — † Smaragdam. — Speciem. — Spicam. — Spinam. — Sponsum. — Stabilire. — Stabulum. — Stellam. — Strictum. — Stringere. — Studium. — Testimonium.

Corrigé. — Arbalète. — Aubépine. — Écouter. — Bétail. — Centième. — Chrétien. — Connétable. — Décrire. — Dépit. — Dépouiller. — Détruire. — Détroit. — Fétu. — Métier. — Méteil. — Huitième. — Pétrin. — Pétrir. — Réponse. — Échevin. — Échelle. — Etat. — Écureuil. — École. — Écrire. — Écrin. — Écrit. — Écriture. — Écrou. — Écrouelle. — Écuyer. — Écu. — Émeraude. — Épice. — Épi. — Épine. — Époux. — Établir. — Étable. — Étoile. — Étroit. — Étreindre. — Étude. — Témoin.

7. — *Suppression de* **t**, *consonne médiane.*

135ᵉ EXERCICE.

Trouver les mots français de **formation populaire** *venus des mots latins suivants; écrire entre crochets la consonne supprimée et marquer l'accent tonique sur les mots latins et sur les mots français.*

† Abbatiam. — † Abbatissam. — † Ætaticum. — Armaturam. — Botellum. — Catenam. — † Catenionem. — Cathedram. — Commutare. — Devotare. — Dilatare. — Dotare. — Dotarium. — † Ducatissimam. — † Fatutum. — Imperatorem. — Maritare. — † Metipsimum. — Mutare. — Natalem. — † Oblitare. — † Potere. — † Pratariam. — Pratellum. — Quiritare. — † Rotellam. — † Scutarium. — † Sitellum. — Sollicitare. — Sternutare. — Succutere. — Vitellum. — Votare.

Corrigé. — Abbaye. — Abbesse. — Age. — Armure. — Boyau. — Chaîne. — Chignon. — Chaire. — Commuer. — Dévouer. — Délayer. — Douer. — Douaire. — Duchesse. — Feu. — Empereur. — Marier. — Même. — Muer. — Noël. —

Oublier. — Pouvoir. — Prairie. — Préau. — Crier. — Rouelle.
— Écuyer. — Seau. — Soucier. — Éternuer. — Secouer. —
Veau. — Vouer.

8. — *Suppression de* **v** *consonne médiane.* — *Récapitulation.*

136ᵉ EXERCICE.

Trouver les mots français de **formation populaire** *venus des mots latins suivants; indiquer entre crochets la consonne supprimée et marquer l'accent tonique sur les mots latins et sur les mots français.*

† Aviolum. — Avunculum. — † Caveolam. — † Cla-
vare. — Oblivionem. — † Oviclam. — Pavonem. —
Pavorem. — Pluviam. — † Vivenda.

Augustum. — Castigare. — Catenam. — Communi-
care. — Crudelem. — Dedicare. — Denegare. — Gigan-
tem. — Imperatorem. — Laudare. — Legalitatem. —
Legem. — Ligamen. — Magistrum. — Maturum. —
Natalem. — Nigellam. — Nodare. — Nubem. — † Nuca-
rium. — Plicare. — Publicare. — Quadragesimam. —
Regem. — Reginam. — Rotundum. — Salutare. —
Securum. — Sternutare. — Viburnum.

Corrigé. — Aïeul. — Oncle. — Geôle. — Clouer. — Oubli.
— Ouaille. — Paon. — Peur. — Pluie. — Viande.

Août. — Châtier. — Chaîne. — Communier. — Cruel. —
Dédier. — Dénier. — Géant. — Empereur. — Louer. —
Loyauté. — Loi. — Lien. — Maître. — Mûr. — Noël. — Nielle.
— Nouer. — Nue. — Noyer. — Plier. — Publier. — Carême.
— Roi. — Reine. — Rond. — Saluer. — Sûr. — Éternuer.
— Viorne.

NOTIONS PRÉLIMINAIRES

DE L'ALPHABET, DES SIGNES ORTHOGRAPHIQUES
DE L'ACCENT TONIQUE

CHAPITRE PREMIER

DES LETTRES

D'où viennent les mots *grammaire* et *orthographe ?* § 1.

D'où vient le mot *alphabet ?* § 3.

L'alphabet français s'appelle-t-il quelquefois autrement ?

Quelle est l'étymologie du mot *lettre ?*

D'où viennent les mots *voyelle* et *consonne ?* § 5.

Quelle est l'étymologie de *syllabe, monosyllabe, polysyllabe ?* § 6.

Quelle est la règle à observer pour décomposer les mots en syllabes ?

Comment divise-t-on en syllabes les mots composés ?

Donnez des exemples.

D'où viennent *inspirer, instruire, désordre ?*

137ᵉ EXERCICE.

(Grammaire, § 6.)

Décomposer en syllabes les mots suivants :

Corrigé. — S'abs-te-nir. — Abs-trait. — An-ar-chie. — An-o-ma-lie. — An-o-nyme. — A-po-sta-sie. — A-spi-rer. — Bis-a-ïeul. — Bis-cuit. — Cer-cle. — Cis-al-pin. — Dés-al-u-ser. — Dés-a-gré-able. — Dés-ho-no-rer. — Dé-truire. — Dys-pep-sie. — É-bou-ler. — Ef-froi. — Es-pi-ègle. — Es-poir. — É-ther. — Ex-a-gé-rer. — Ex-ploit. — Fa-ble. — Hé-té-ro-gène. — In-a-ni-mé. — In-hu-main. — In-scrire. — In-spi-rer. — In-struire. — Més-a-ven-ture. — Més-in-tel-li-gence. — Mis-an-thrope. — Ob-li-ger. — Ob-stacle. — Par-a-che-ver. — Por-che. — Pre-scrire. — Pré-sé-ance. — Pros-o-die. — Ré-el.

— Ré-sis-ter. — Sous-traire. — Sub-al-terne. — Sur-hu-main. — Sus-pendre. — Trans-ac-tion. — Tra-ves-tir.

CHAPITRE II

VOYELLES

QUESTIONNAIRE

D'où viennent les mots *accent* et *circonflexe?* § 8.

Le vieux français avait-il des accents?

A quelle époque et par qui les accents ont-ils été introduits dans l'orthographe française?

Qu'indique en général l'accent circonflexe?

Pourquoi y a-t-il un accent circonflexe sur les mots *bête, âme, âge?*

Comment explique-t-on l'accent circonflexe qui se trouve sur les mots *dôme, extrême, pôle?*

A quelle époque l's étymologique a-t-elle été remplacée par un accent circonflexe?

Cette s étymologique se faisait-elle autrefois sentir dans la prononciation?

Les dérivés gardent-ils toujours l'accent circonflexe des mots simples?

Donnez des exemples.

Dans quel cas une syllabe marquée de l'accent circonflexe reste-t-elle brève?

L'e marqué d'un accent circonflexe forme-t-il une quatrième espèce d'e? § 9.

Quel est le son de e suivi de r final?

De quel accent est marqué l'e placé à l'avant-dernière syllabe et suivi d'une syllabe muette?

Quelles sont les exceptions?

De quel accent est marquée la syllabe *ege?*

Dans quel cas un é fermé se change-t-il en è ouvert?

Quand l'è ouvert devient-il é fermé?

Qu'arrive-t-il, quand deux syllabes primitivement muettes viennent à se suivre dans un mot composé?

Dans la composition des mots, le préfixe *re* garde-t-il son e muet?

A la dernière syllabe, l'e suivi d'une s est-il toujours marqué d'un accent grave?

Comment écrivait-on au XVIIe siècle *dès, après, cet homme?*

L'e suivi d'un *x* est-il accentué?

Un e seul peut-il former une syllabe?

Que devient l'e nasalisé?

Pourquoi l'y *grec* s'appelle-t-il ainsi? § 10.

L'y *grec* représente-t-il toujours une voyelle latine?

Citez des mots autrefois écrits par un *y* grec et écrits maintenant par un y.

Comment écrivait-on, au XVIe et au XVIIe siècle, j'ai *vu. — mûr — sûr?* § 11.

D'où vient l'*m* de *faim* et de *parfum?*

Comment prononçait-on autrefois la diphtongue *oi?* § 13.

Citez des mots en *oi* pour la prononciation desquels la langue a hésité du XIVe au XVIIIe siècle.

Citez des mots analogues ayant les uns conservé la diphtongue *oi*, les autres pris la diphtongue *ai*.

Citez un mot dans lequel *oi* se prononce *ai*.

D'où viennent les mots *élision* et *élider?*

D'où vient le mot *apostrophe?*

138ᵉ EXERCICE.

(Grammaire, § 8.)

Expliquer pourquoi les mots suivants sont marqués d'un accent circonflexe.

Age. — Albâtre. — Ame. — Ane. — Apôtre. — Apre. — Arête. — Arrêt. — Baptême. — Bâton. — Bête. — Blâmer. — Brûler. — Champêtre. — Châsse. — Cloître. — Côte. — Cône. — Crête. — Croûte. — Dîner. — Dôme. — Emplâtre. — Épître. — Extrême. — Faîne. — Fenêtre. — Fête. — Forêt. — Frêne. — Gêne. — Gnôme. — Goût. — Grâce. — Hôte. — Hôtel. — Ile. — Impôt. — Jeûne. — Mâcher. — Mâle. — Pâle. — Pâque. — Pâtre. — Pêcher. — Pôle. — Prêter. — Prêtre. — Protêt. — Râteau. — Suprême. — Tempête. — Tête. — Vêpres. — Vêtir.

Corrigé. — 1° Il y a eu contraction dans les mots : âge (autrefois *Aage*), gêne (autrefois gehenne).

2° Il y a eu suppression d'une **s** dans les mots : albâtre (*alabastrum*), âne (*asinum*), apôtre (*apostolum*), âpre (*asperum*), arête (*aristam*), arrêt (anciennement *arrest*, dérivé du vieux verbe *arrester* *ad* et *restare*), baptême (*baptisma*), bâton ancienn. *baton*), bête (*bestiam*), blâmer (*blasphemare*), brûler († (*perustulare*), champêtre (*campestrem*), châsse (*capsam*), cloître (*claustrum*), côte (*costam*), crête (*cristam*), croûte (*crustam*), dîner († *disnare*), emplâtre (ἔμπλαστρον), épître (*epistolam*), fenêtre (*fenestram*), fête (*festum*), forêt († *forestem*), goût (*gustum*), hôte (*hospitem*), hôtel (*hospitale*), île (*insulam*), impôt (*impositum*), mâcher (*masticare*), mâle (*masculum*), pâque (*paschum*), pâtre (*pastorem*), pêcher (*piscari*), prêter (*præstare*), prêtre (*presbyterum*), protêt (ancienn. *protest*, de protester, *protestari*), râteau († *rastellum*), tempête (*tempestatem*), tête († *testam*), vêpres (*vesper*, *vesperi*) † vêtir (*vestire*).

3° Il y a eu suppression d'une consonne autre que l's dans les mots : âme (*animam*), faîne (*faginam*), frêne (*fraxinum*), jeûne (*jejunium*).

4° La voyelle était longue : 1° en latin, dans les mots

extrême (*extremum*), grâce (*gratiam*), pâle (*pallidum*), suprême
(*supremum*); 2° en grec dans les mots cône : (κῶνος), dôme
ὀῶμα, gnôme (γνώμη).

5° C'est par erreur que l'on dit pôle (πόλος).

139ᵉ EXERCICE.

(Grammaire, § 8.)

Indiquer les mots de **formation savante** *appartenant à la
même famille que les mots suivants et dans lesquels l's latine
n'a pas été remplacée par l'accent circonflexe.*

Apôtre. — Apre. — Arrêt. — Baptême. — Bâtonner.
— Bête. — Côte. — Épître. — Fenêtre. — Fête. —
Forêt. — Hôte. — Ile. — Impôt. — Pâques. — Pâtre.
— Prêter. — Prêtre. — Protêt. — Vêpres — Vêtir.

Corrigé. — Apostolat, apostolique. — Aspérité. — Arresta-
tion. — Baptismal. — Bastonnade. — Bestial, bestiaire. —
Costal, intercostal. — Épistolaire, épistolier, épistolographe.
— Fénestré, défénestration. — Festin, festiner, festival, fes-
toyer. — Forestier. — Hospitalier, hospitalité. — Insulaire.
— Imposition. — Pascal, pastoral. — Pasteur. — Prestation.
— Presbytère, presbytéral, presbytérien. — Protester. —
Vespéral. — Veste, veston.

140ᵉ EXERCICE.

(Grammaire, § 10.)

*Indiquer les mots grecs d'où sont venus les mots français
suivants, tous de* **formation savante;** *quand le passage a pu
avoir lieu par l'intermédiaire du latin, faire suivre le mot grec
du mot latin.*

Azyme. — Cyclades. — Cycle. — Cyclope. — Cygne.
— Cylindre. — Cymbale. — Cynique. — Cyprès. —
Dryades. — Dynamique. — Dynastie. — Gymnase. —
Gynécée. — Hiéroglyphe. — Hippolyte. — Homonyme.
— Hydre. — Hydraulique. — Hydromel. — Hydropisie.

— Hygiène. — Hymne. — Hyperbole. — Hypocrisie. —
Hypoténuse. — **Hypothèque.** — **Hypothèse**[1].

Corrigé. — Ἄζυμος, *azymus.* — Κυκλάδες, *Cyclades.* —
Κύκλος, *cyclus.* — Κύκλωψ, *Cyclops.* — Κύκνος, *cycnus.* —
Κύλινδρος, *cylindrus.* — Κύμβαλον, *cymbalum.* — Κυνικός,
cynicus. — Κυπάρισσος, *cyparissus.* — Δρυάδες, *Dryades.* —
Δυναμικός. — Δυναστεία. — Γυμνάσιον, *gymnasium.* — Γυναικεῖον, *gynæceum.* — Ἱερός et γλύφειν. — Ἱππόλυτος. — Ὁμώνυμος, *homonymus.* — Ὕδρα, *hydra.* — Ὑδραυλικός, *hydrau-*
licus. — Ὑδρόμελι, *hydromeli.* — Ὕδρωψ, *hydropisis.* —
Ὑγιενός. — Ὕμνος, *hymnus.* — Ὑπερβολή, *hyperbola.* — Ὑπόκρισις, *hypocrisis.* — Ὑποτείνουσα. — Ὑποθήκη, *hypotheca.* —
Ὑπόθεσις, *hypothesis.*

<h2 align="center">141e EXERCICE.</h2>

Comme le précédent.

Ichtyophage. — **Labyrinthe.** — **Myriamètre.** — **Myr-**
rhe. — **Mystère.** — **Mythe.** — **Nymphe.** — **Physique.**
— **Pyrotechnie.** — **Rythme.** — **Syllabe.** — **Syllogisme.**
— **Symbole.** — **Symétrie.** — **Sympathie.** — **Symphonie.**
— **Symptôme.** — **Synagogue.** — **Syndic.** — **Synode.** —
Syntaxe. — **Système.** — **Syzygie.** — **Typhus.** — **Typo-**
graphie. — **Tyran.** — **Zoophyte.**

Corrigé. — Ἰχθυοφάγος, *ichthyophagus.* — Λαβύρινθος, *laby-*
rinthus. — Μύριοι et μέτρον. — Μύρρα, *myrrha.* — Μυστήριον,
mysterium. — Μῦθος. — Νύμφη, *nympha.* — Φυσική, *physica.*
— Πῦρ et τέχνη. — Ῥυθμός, *rhythmus.* — Συλλαβή, *syllaba.*
— Συλλογισμός, *syllogismus.* — Σύμβολον. — Συμμετρία,
symetria. — Συμπάθεια, *sympathia.* — Συμφωνία, *symphonia.*
— Σύμπτωμα, *symptoma.* — Συναγωγή, *synagoga.* — Σύνδικος, *syndicus.* — Σύνοδος, *synodus.* — Σύνταξις, *syntaxis.* —

---

1. Comparer l'Exercice 155e.

Σύστημα, *systema*. — Συζυγία, *suzygia*. — Τῦφος, **typhus**. — Τύπος et γράφειν. — Τύραννος, *tyrannus*. — Σωοφύτον.

CHAPITRE III

CONSONNES

QUESTIONNAIRE

A quelle remarque donne lieu le mot *imbécile?* § 16.

Que représente la consonne *x?* § 18.

Quelles sont les différentes prononciations de la consonne *x?*

Citez quelques mots pour lesquels il y a eu doute sur la nature de l'*h* initiale.

Citez, dans le français populaire. des exemples de *z* euphonique. § 21.

De quel genre est le nom des consonnes?

ORIGINES LATINES DE L'ALPHABET FRANÇAIS

CORRESPONDANCE ENTRE LES LETTRES LATINES ET LES LETTRES FRANÇAISES

I. — Voyelles et diphtongues.

QUESTIONNAIRE

Quelles sont les voyelles latines qui, dans le passage du latin au français, se sont transformées en un *a?*

Donnez des exemples.

Citez des mots français dans lesquels un e remplace un *e* latin, un *a* long, un *i*, un *o*, un *u*.

Que représentent en français *é, ez, è?*

Donnez des exemples.

Que représente *é?*

Que représente la diphtongue *ei?*

A quoi correspond la diphtongue *eu?*

Qu'est devenue la diphtongue latine *oli* dans les mots *folium* et *solium?*

Que représente la voyelle française *i?*

Citez des exemples de *c*, *g* et *j* latins vocalisés en *i* français.

Que représente la diphtongue française *ie?* — et la diphtongue *ieu?*

A quoi correspond la voyelle française *o?*

Que représentent les diphtongues *oi, oin, oir?*

Que représente la diphtongue *ou?*

Quelles sont les consonnes latines qui, dans le passage du latin au français, se sont vocalisées en *u?*

Que représente la diphtongue *ui?*

Que représente l'*i?*

144ᵉ EXERCICE.

(Grammaire, § 29 *ter*, I, 1.)

Trouver les mots français de **formation populaire** *venus des mots latins suivants; dire quelles sont les voyelles latines que représentent les voyelles françaises* **a, ai, au.**

I. — 1° Angelum. — Ardorem. — Asinum. — Asperum. — Avarum. — Barbam. — Cameram. — Carbonem. — Carrum. — Flammam. — Parare. — Quare. — Saponem.

2° Lacertam — Lucernam. — Mercantem. — Per. — † Pergaminum. — Remum.

3° † Bilancem. — Cingulum. — Linguam. — Pigritiam. — Quadraginta. — Sexaginta. — Silvaticum. — Sine. — Singularem. — Tincam.

4° Dominam. — † Dominicellam. — Locustam.

Corrigé. — I. **A** *français représentant :* 1° **a** *latin.* — Ange. — Ardeur. — Ane. — Apre. — Avare. — Barbe. — Chambre. — Charbon. — Char. — Flamme. — Parer. — Car. — Savon.
2° **u** *latin.* — Lézard. — Lucarne. — Marchand. — Par. — Parchemin. — Rame.
3° **i** *latin :* — Balance. — Sangle. — Langue. — Paresse. — Quarante. — Soixante. — Sauvage. — Sans. — Sanglier. — Tanche.
4° **o** *latin.* — Dame. — Damoiselle. — Langouste.

145ᵉ EXERCICE

Suite du précédent.

II. — Acrem. — Acutum. — Alam. — Amo. — Aquilam. — Aream. — Axem. — Axillam. — Balneum. — Carnem. — Clarum. — Damum. — † De-mane. — Famem. — Fascem. — Fastigium. — Gladium. — Granum. — Lanam. — Laxare. — Major. — Magis. — Manum. — Nanum. — Pacem. — Panem. — Racemum. — † Ramicellum. — Ranam. — Sanum. — † Septimanam. — Stannum. — Vanum. — † Vascellum. — Veracem.

III. — Albam. — Alnum. — Altum. — Calamum. — Calcem. — Calvum. — Falcem. — Falconem. — Falsum. — Galliam. — Malvam. — Palmam. — Psalmum. — Salmonem. — Salvare. — Salvum. — Talpam.

Corrigé. — II. **Ai** *français représentant* **a** *latin.* — Aigre. — Aigu. — Aile. — J'aime. — Aigle. — Aire. — Ais. — Aisselle. — Bain. — Chair. — Clair. — Daim. — Demain. — Faim. — Faix. — Faite. — Glaive. — Grain. — Graine. — Laine. — Laisser. — Maire. — Mais. — Main. — Nain. — Paix. —

Pain. — Raisin. — Rainceau. — Raine. — Sain. — Semaine. — Étain. — Vain. — Vaisseau. — Vrai.

III. **Au** *français représentant* **a** *latin.* — Aube. — Aune. — Haut. — Chaume. — Chaux. — Chauve. — Faux. — Faucon. — Faux. — Gaule. — Mauve. — Paume. — Psaume. — Saumon. — Sauver. — Sauf. — Taupe.

146ᵉ EXERCICE

(Grammaire, § 29 *ter*, I, 2.)

Trouver les mots français de **formation populaire** *venus des mots latins suivants; dire quelles sont les voyelles latines que représentent les voyelles françaises* **e, é, ez, è, ê, ei, eu, euil.**

I. — 1° Arenam. — Candelam. — Cervum. — Herbam. — Querelam. — Regulam. — Servum.

2° Amarum. — Caballum. — Carnalem. — Mortalem. — Sal. — Talem.

3° † Arcubalistam. — Aristam. — Assignare. — Axillam. — Bitumen. — † Bisaccum. — Concipere. — Cinerem. — Circare. — Circulum. — Crispum. — Cristam. — Dilatare. — Diluvium. — Dimidium. — Divinum. — Episcopum. — † Falcitatem. — Findere. — Firmare. — Firmum. — Gigantem. — † Gigerium. — Hirpicem. — Illam. — Inde. — Inimicum. — Insimul. — Intra. — Litteram. — † Minare. — Ministerium. — † Ministerialem. — Minutum. — † Misculare. — Missam. — † Missaticum. — Mittere. — † Nitidicare. — Nitidum. — Percipere. — Pervincam. — Piscare. — Pistrinum. — † Præsidentiam. — † Primarium. — † Quadrifurcum. — Recipere. — Scintillam. — Siccum. — Simulare. — Subinde. — Sustinere. — Trifolium. — Triginta. — Vindemiam. — Vindicare. — Virgam. — Viridem. — Virtutem. — Vitrum.

4° † Coluculam. — Quomodo.

5° † Junicem. — Juniperum. — Succurrere.

Corrigé. — I. **E** *français représentant :* 1° **e** *latin*. — Arène. — Chandelle. — Cerf. — Herbe. — Querelle. — Règle. — Serf.

2° **a** *latin*. — Amer. — Cheval. — Charnel. — Mortel. — Sel. — Tel.

3° **i** *latin*. — Arbalète. — Arête. — Asséner. — Aisselle. — Béton. — Besace. — Concevoir. — Cendre. — Chercher. — Cercle. — Crêpe. — Crête. — Délayer. — Déluge. — Demi. — Devin. — Évêque. — Fausseté. — Fendre. — Fermer. — Ferme. — Géant. — Gésier. — Herse. — Elle. — En. — Ennemi. — Ensemble. — Entre. — Lettre. — Mener. — Métier. — Ménestrel. — Menu. — Mêler. — Messe. — Message. — Mettre. — Nettoyer. — Net. — Percevoir. — Pervenche. — Pêcher. — Pétrin. — Préséance. — Premier. — Carrefour. — Recevoir. — Étincelle. — Sec. — Sembler. — Souvent. — Soutenir. — Trèfle. — Trente. — Vendange. — Venger. — Verge. — Vert. — Vertu. — Verre.

4° **o** *latin*. — Quenouille. — Comme.

5° **u** *latin*. — Génisse. — Genièvre. — Secourir.

<h2 style="text-align:center">147e EXERCICE</h2>

Suite du précédent.

II. — Capram. — Clavem. — Fabam. — Fratrem. — Labrum. — Nasum. — Navem. — Pratum. — Rasum.

III. — 1° Fragilem. — Gracilem.

2° Bestiam. — Campestrem. — Fenestram. — Festum. — † Forestam. — Præstare. — Presbyterum. — Tempestatem. — Testam. — Vesperum. — Vestire.

IV. — 1° Frenum. — Plenum. — Renes. — Serenum. — Sedecim. — Tredecim. — Venam. — Verbenam.

2° † Apiculam. — Articulum. — Auriculam. — Cingere. — Pingere. — Tingere.

Corrigé. — II. **É, ez, è** *français représentant* **a** *latin*. — Chèvre. — Clef. — Fève. — Frère. — Lèvre. — Nez. — Nef. — Pré. — Rez

III. **É** *français représentant :* 1° **ac** *et* **ag** *latin.* — Frêle. — Grêle.

2° **es** *latin.* — Bête. — Champêtre. — Fenêtre. — Fête. — Forêt. — Prêter. — Prêtre. — Tempête. — Tête. — Vêpre. — Vêtir.

IV. **Ei** *français représentant :* 1° **ei** *latin.* — Frein. — Plein. — Reims. — Serein. — Seize. — Treize. — Veine. — Verveine.

2° **i** *latin dans les terminaisons en* ulum, ulam *et dans les syllabes nasales.* — Abeille. — Orteil. — Oreille. — Ceindre. — Peindre. — Teindre.

148ᵉ EXERCICE

Suite des précédents.

V. — 1° Colubram. — Fluvium. — Gulam. — Juvenem.

2° Aliorsum. — Bovem. — Chorum. — Colorem. — Cor. — Dolorem. — † Emotam. — Florem. — Focum. — Horam. — Invidiosum. — Jocum. — Mobilem. — Molam. — Mores. — Mosam, *nom de rivière.* — Motam. — Nepotem. — Nodum. — Novem. — Novum. — Operam. — Ovum. — Pastorem. — Plorare. — Popularium. — Populum. — Possum. — Priorem. — Probam. — Seniorem. — Solum. — Soror. — Spinosum. — Volo. — Votum.

VI. — Dolium. — Folium. — Solium.

Corrigé. — V. **Eu** *français représentant :* 1° **u** *latin.* — Couleuvre. — Fleuve. — Gueule. — Jeune.

2° **o** *latin.* — Ailleurs. — Bœuf. — Chœur. — Couleur. — Cœur. — Douleur. — Émeute. — Fleur. — Feu. — Heure. — Envieux. — Jeu. — Meuble. — Meule. — Mœurs. — Meuse. — Meute. — Neveu. — Nœud. — Neuf. — Œuvre. — Œuf. — Pasteur. — Pleurer. — Peuplier. — Peuple. — Je peux. — Prieur. — Preuve. — Seigneur. — Seul. — Sœur. — Épineux. — Je veux. — Vœu.

VI. **Euil** *français représentant* **oli** *latin.* — Deuil. — Feuille. — Seuil.

149ᵉ EXERCICE.

(Grammaire, § 29 ter, I, 3.)

Trouver les mots français de **formation populaire** *venus des mots latins suivants ; dire quelles sont les voyelles latines que représentent les voyelles françaises* **i, ie, ieu.**

I. — 1° Amicum. — Cicutam. — Illum. — Imaginem. — Ligare. — Principem. — Simplicem.

2° Abolere. — † Adpertinere. — Alesiam, *nom de ville.* Apothecam. — Avertere. — Ceram. — Decem. — Decimam. — † Ebriacam. — Ebrium. — Eboreum. — Ecclesiam. — Florere. — Gaudere. — Implere. — Ingenium. — Languere. — Mercedem. — † Mucere. — † Offerere, *bas-latin pour* offerre. — Pejus. — † Pennicillum. — Pergamenum. — Precari. — Pretium. — † Pullicenum. — † Putrere. — Racemum. — † Sarracenum. — Secare. — Sex. — Speciem. — † Sufferere, *bas-latin pour* sufferre. — Sustinere. — Tapetum. — Tenere. — Venenum. — Vervecem.

Corrigé. — I. **I** *français représentant :* 1° **i** *latin.* — Ami. Ciguë. — Il. — Image. — Lier. — Prince. — Simple.

2° **e** *bref et quelquefois* **e** *long.* — Abolir. — Appartenir. — Alise. — Boutique. — Avertir. — Cire. — Dix. — Dîme. — Ivraie. — Ivre. — Ivoire. — Église. — Fleurir. — Jouir. — Emplir. — Engin. — Languir. — Merci. — Moisir. — Offrir. — Pis. — Pinceau. — Parchemin. — Prier. — Prix. — Poussin. — Pourrir. — Raisin. — Sarrasin. — Scier. — Six. — Épice. — Souffrir. — Soutenir. — Tapis. — Tenir. — Venin. — Brebis.

150ᵉ EXERCICE.

Suite du précédent.

3° Confectum. — Despectum. — Lectum. — Profectum. — Respectum.

4° Attractum. — Conductum. — Distractum. — Factum. — Fructum. — Instructum. — Lactem. — Lactucam. — Nocere. — Noctem. — Octo. — Placere. — Tractare. — Tractum. — Plagam. — Plangere. — Sagum. — Majorem.

II. — 1° Bene. — Brevitatem. — Canterium. — Centesimum. — † Cœmeterium. — † De-retro. — Febrem. — Fel. — Feritatem. — Ferum. — † Gigerium. — Hederam. — Heri. — Integrum. — Leporem. — Materiam. — † Neptiam. — Octesimum. — Palpebram. — Pedem. — Petram. — Rem. — Tenet. — Tepidum. — Tertium. — Venit.

2° Cereum. — Mel.

3° Cœlum. — Sœculum.

III. — Deum. — Leucam.

Corrigé. — 3° **ec** *latin*. — Confit. — Dépit. — Lit. — Profit. — Répit.

4° **c** *et quelquefois* **g** *et* **j**. — Attrait. — Conduit. — Distrait. — Fait. — Fruit. — Instruit. — Lait. — Laitue. — Nuire. — Nuit. — Huit. — Plaire. — Traiter. — Trait. — Plaie. — Plaindre. — Saie. — Maire.

II. **Ie** *français représentant :* 1° **e** *latin*. — Bien. — Brièveté. — Chantier. — Centième. — Cimetière. — Derrière. — Fièvre. — Fiel. — Fièreté. — Fier. — Gésier. — Lierre. — Hier. — Entier. — Lièvre. — Matière. — Nièce. — Huitième. — Paupière. — Pied. — Pierre. — Rien. — Il tient. — Tiède. — Tiers. — Il vient.

2° **e** *long latin*. — Cierge. — Miel.

III. 3° **æ** *et* **œ** *latin*. — Ciel. — Siècle.

IV. **Ieu** *français représentant* **eu** *latin*. — Dieu. — Lieue. —

<h3 align="center">151e EXERCICE.</h3>

(Grammaire, § 29 ter, I, 4.)

Trouver les mots français de **formation populaire** *venus des mots latins suivants ; dire quelles sont les voyelles latines que représentent les voyelles françaises* **o, oi, oin, oir, ou**.

I. — 1° Cornu. — Honorem. — Mollem. — Montem. — Nomen. — Rationem.

2° **Articulum**. — Natalem. — Patellam. — Phantasma. — † Phialam.

3° Alausam. — Audere. — Auriculam. — Aurum. — Causam. — Claudere. — Thesaurum.

4° Columbam. — Columnam. — Cumulum. — Fluctum. — Frumentum. — Fundum. — Juncum. — Mundum. — Numerum. — Nuntium. — Plumbum. — Truncum. — Unciam. — Undam. — Ungulam. — Urticam.

Corrigé. — I. **O** *français représentant :* 1° **o** *latin*. — Corne. — Honneur. — Mou. — Mont. — Nom. — Raison.

2° **a** *latin*. — Orteil. — Noël. — Poêle. — Fantôme. — Fiole.

3° **au** *latin*. — Alose. — Oser. — Oreille. — Or. — Chose. — Clore. — Trésor.

4° **u** *latin devant* m *et* n. — Colombe. — Colonne. — Comble. — Flot. — Froment. — Fond. — Jonc. — Monde. — Nombre. — Nonce. — Plomb. — Tronc. — Once. — Onde. — Ongle. — Ortie.

152ᵉ EXERCICE.

Suite du précédent.

II. — 1° Directum. — Tectum.

2° Avenam. — Cadere. — Concipere. — Credere. — Crescere. — Debere. — Decipere. — Fallere. — Habere. — Legem. — Me. — Mensem. — Messionem. — Movere. — † Potere, *bas-latin pour* posse. — Quietum. — Recipere. — Regem. — Sapere. — Se. — Sedere. — Serum. — Setam. — Sexaginta. — Stellam. — Te. — Telam. — Tres. — Valere. — Velum. — † Volere, *bas-latin pour* velle.

3° Bibere. — Digitum. — † Franciscum. — Frigidum. — Rigidum. — Strictum. — Vicinum.

4° Claustrum. — Gaudium. — Potionem. — † Sabaudiam, *nom de pays* — Vocalem.

III. — Jungere. — Punctum. — Pungere. — Ungere.

IV. — Dormitorium. — †Foriam. — Gloriam. — Historiam. — Memoriam.

Corrigé. — II. **Oi** *français représentant :* 1° **ec** *latin.* — Droit. — Toit.

2° **e** *latin.* — Avoine. — Choir. — Concevoir. — Croire. — Croitre. — Devoir. — Decevoir. — Falloir. — Avoir. — Loi. — Moi. — Mois. — Moisson. — Mouvoir. — Pouvoir. — Coi. — Recevoir. — Roi. — Savoir. — Soi. — Seoir. — Soir. — Soie. — Soixante. — Étoile. — Toi. — Toile. — Trois. — Valoir. — Voile. — Vouloir.

3° **i** *latin.* — Boire. — Doigt. — François. — Froid. — Roide. — Étroit. — Voisin.

4° **au** *et* **o** *latin.* — Cloître. — Joie. — Poison. — Savoie. — Voyelle.

III. Oin *français représentant* **un** *latin.* — Joindre. — Point. — Poindre. —→ Oindre.

IV. Oir *français représentant* **ori** *latin par transposition de l'i.* — Dortoir. — Foire. — Gloire. — Histoire. — Mémoire.

153ᵉ EXERCICE.

Suite des précédents.

V. — 1° Nos. — Probare. — Rotam. — Tolosam, *nom de ville.* — Totum. — Vos.

2° Accubitare. — Arbuteum. — Buccam. — Bucculam. — †Burgum. — Burricam. — †Bursam. — Crustam. — Cubare. — Cubitum. — †Cuppam. — Currere. — Cursum. — Curtum. — Curvam. — †Deruptam. — Dubitare. — Duplum. — Fullonem. — Furcam. — Furnum. — †Glutonem. — Gubernaculum. — Gubernare. — Gustum. — Guttam. — †Inglutire. — Jugum. — Lupum. — †Luscum. — Muscam. — Nutrire. — †Pullam. — Pulsare. — Pulsum. — Puppem. — Purpuram. — Quadrifurcum. — Recuperare. — †Rubjum, *pour* rubcum. — †Rubiculam. — Ruptam. — Russum. — †Stuppam. — Subinde. — Sublevare. — Subterraneum. — Succurrere. — †Succussam. — Sufflare. — Supercilium. — Suspicionem. — †Suspiraculum. — Suspirium. — Sustinere. — Turbam. — Turbulare. — Turrem. — † Turterillam. — Tussem. — Tussire. — Ursum. — Utrem. — Vulturium.

3° Collum. — Mollem. — Pollicem.

Corrigé. — V. **Ou** *français représentant :* 1° **o** *latin.* — Nous. — Prouver. — Roue. — Toulouse. — Tout. — Vos.

2° **u** *latin.* — Accouder. — Arbouse. — Bouche. — Boucle. — Bourg. — Bourrique. — Bourse. — Croûte. — Couver. — Coude. — Coupe. — Courir. — Cours. — Court. — Courbe. — Déroute. — Douter. — Double. — Foulon. — Fourche. — Four. — Glouton. — Gouvernail. — Gouverner. — Goût. — Goutte. — Engloutir. — Joug. — Loup. — Louche. — Mouche. — Nourrir. — Poule. — Pousser. — Pouls. — Pouppe. — Pourpre. — Carrefour. — Recouvrer. — Rouge. — Rouille. — Route. — Roux. — Étoupe. — Souvent. — Soulever. — Souterrain. — Secourir. — Secousse. — Souffler. — Sourcil. — Soupçon. — Soupirail. — Soupir. — Soutenir. — Tourbe. — Troubler. — Tour. — Tourterelle. — Toux. — Tousser. — Ours. — Outre. — Vautour.

3° **ol** *latin par suite de la vocalisation de l'***l** *en* **u.** — Cou. — Mou. — Pouce.

154ᵉ EXERCICE.

(Grammaire, § 29 *ter*, I, 5.)

Trouver les mots français de **formation populaire** *venus des mots latins suivants; dire quelles sont les lettres latines que représentent les voyelles françaises* **u** *et* **ui.**

I. — 1° Acutum. — Durum. — Figuram. — Fustem. — Justum. — Minutum. — Munire. — Murum. — Naturam. — Nudum. — Rudem. — Succum. — Superbum. — Ululare. — Unum. — Urnam.

2° Albam. — Alnum. — Alterum. — Bellum. —Calcem. — Calvum. — Collum. — Falsum. — Falconem.
— Galliam. — Malvam. — Palmam. — Psalmum. —
Salvum. — Saltare. — Saltum. — Salmonem. —Solse-
quium. — Talpam.

II. — 1° Illi-huic. — Qui.

2° Cochleare. — Coctinem. — Coquere. — Coquinam.
— Coxam. — Hodie. — Modium. — Nocere. — Oleum.
— Ostium. — Ostream. — Podium. — Postea. — Spo-
lium.

3° Biscoctum. — Coctum. — Conductum. — Fructum. — Instructum. — Noctem. — Octesimum. — Octo.
— Reductum. — Seductum.

Corrigé. — I. **U** *français représentant :* 1° **u** *latin.* — Aigu.
— Dur. — Figure. — Fût. — Juste. — Menu. — Munir. —
Mur. — Nature. — Nu. — Rude. — Suc. — Superbe. — Hur-
ler. — Un. — Urne.

2° **l** *latin, par suite de vocalisation.* — Aube. — Aune. —
Autre. — Beau. — Chaux. — Chauve. — Cou. — Faux. —
Faucon. — Gaule. — Mauve. — Paume. — Psaume. — Sauf.
— Sauter. — Saut. — Saumon. — Souci. — Taupe.

II. **Ui** *français représentant :* 1° **ui** *latin.* — Lui. — Qui.

2° **o** *latin.* — Cuiller. — Cuisson. — Cuire. — Cuisine. —
Cuisse. — Hui. — Muid. — Nuire. — Huile. — Huis. — Huître.
— Puy. — Puis. — Dépouille.

3° **uc** *latin.* — Biscuit. — Cuit. — Conduit. — Fruit. —
Instruit. — Nuit. — Huitième. — Huit. — Réduit. — Séduit.

155e EXERCICE.

(Grammaire, § 21 *ter*, I, 6.)

Trouver les mots français de **formation savante** *venus des
mots grecs suivants ; quand le passage a eu lieu par l'intermédiaire du latin classique, faire suivre le mot grec du mot latin.*

Ἄζυμος. — Γυμνάσιον. — Γυναικεῖον. — Δρυάδες. — Δυναμικός. — Δυναστεία. — Ἱππόλυτος. — Ἰχθυοφάγος. — Κυκ-

λάδες. — Κύκλος. — Κύκλωψ. — Κύκνος. — Κύλινδρος. — Κύμβαλον. — Κυνικός. — Κυπάρισσος. — Λαβύρινθος. — Μῦθος. — Μύῤῥα. — Μυστήριον. — Νύμφη. — Ὁμώνυμος. — Ῥυθμός. — Συζυγία. — Συλλαβή. — Συλλογισμός. — Σύμβολον. — Συμμετρία. — Συμπάθεια. — Σύμπτωμα. — Συμφωνία. — Συναγωγή. — Σύνδικος. — Σύνοδος. — Σύνταξις. — Σύστημα. — Τύραννος. — Τῦφος. — Ὑγιενός. — Ὕδρα. — Ὑδραυλικός. — Ὑδρόμελι. — Ὕμνος. — Ὑπερβολή. — Ὑπόθεσις. — Ὑποθήκη. — Ὑπόκρισις. — Ὑποτείνουσα. — Ζωόφυτον.

Corrigé. — Ἄζυμος, *azymus*, azyme. — Γυμνάσιον, *gymnasium*, gymnase. — Γυναικεῖον, *gynæceum*, gynécée. — Δρυάδες, *Dryades*, Dryades. — Δυναμικός, dynamique. — Δυναστεία, dynastie. — Ἱππόλυτος, *Hippolytus*, Hippolyte. — Ἰχθυοφάγος, *ichthyophagus*, ichtyophage. — Κυκλάδες, *Cyclades*, Cyclades. — Κύκλος, *cyclus*, cycle. — Κύκλωψ, *cyclops*, cyclope. — Κύκνος, *cycnus*, cygne. — Κύλινδρος, *cylindrus*, cylindre. — Κύμβαλον, *cymbalum*, cymbale. — Κυνικός, *cynicus*, cynique. — Κυπάρισσος, *cyparissus*, cyprès. — Λαβύρινθος, *labyrinthus*, labyrinthe. — Μῦθος, mythe. — Μύῤῥα, *myrrha*, myrrhe. — Μυστήριον, *mysterium*, mystère. — Νύμφη, *nympha*, nymphe. — Ὁμώνυμος, *homonymus*, homonyme. — Ῥυθμός, *rhythmus*, rythme. — Συζυγία, *suzygia*, syzygie. — Συλλαβή, *syllaba*, syllabe. — Συλλογισμός, *syllogismus*, syllogisme. — Σύμβολον, symbole. — Συμμετρία, *symetria*, symétrie. — Συμπάθεια, *sympathia*, sympathie. — Σύμπτωμα, *symptoma*, symptôme. — Συμφωνία, *symphonia*, symphonie. — Συναγωγή, *synagoga*, synagogue. — Σύνδικος, *syndicus*, syndic. — Σύνοδος, *synodus*, synode. — Σύνταξις, *syntaxis*, syntaxe. — Σύστημα, *systema*, système. — Τύραννος, *tyrannus*, tyran. — Τῦφος, *typhus*, typhus. — Ὑγιενός, hygiène. — Ὕδρα, *hydra*, hydre. — Ὑδραυλικός, *hydraulicus*, hydraulique. — Ὑδρόμελι, *hydromeli*, hydromel. — Ὕμνος, *hymnus*, hymne. — Ὑπερβολή, *hyperbola*, hyperbole. — Ὑπόθεσις, *hypothesis*, hypothèse. — Ὑποθήκη, *hypotheca*, hypothèque. — Ὑπόκρισις, *hypocrisis*, hypocrisie. — Ὑποτείνουσα, hypoténuse. — Ζωόφυτον, zoophyte.

156ᵉ EXERCICE.

(Grammaire, § 21 *ter*, II.)

Trouver les mots français de **formation populaire** *venus des mots latins suivants ; indiquer les consonnes supprimées.*

† Ad-vallem. — Advenire. — Adventum. — † Adve-rare. — Advertere. — Advocatum. — Blasphemare. — Captivum. — † Comptare. — † Cubitatam. — Cubitum. — Cucurbitam. — † Deruptam. — Dorsum. — Dubitare. — Hospitale. — Hospitem. — Judicare. — Magdalenam. — † Maleaptum. — † Ruptam. — † Septimanam. — Scriptum. — Subjectum. — Subitaneum. — Testimonium.

Corrigé. — Aval. — Avenir. — Avent. — Avérer. — Avertir. — Avoué. — Blâmer. — Chétif. — Conter. — Coudée. — Coude. — Gourde. — Déroute. — Dos. — Douter. — Hôtel. — Hôte. — Juger. — Madeleine. — Malade. — Route. — Semaine. — Écrit. — Sujet. — Soudain. — Témoin.

II. — Consonnes.

QUESTIONNAIRE.

Citez des exemples de la suppression de la consonne médiane.

Qu'arrive-t-il souvent quand le mot latin présente plusieurs consonnes de suite ?

Qu'entend-on par *métathèse ?*

Quand y a-t-il *affaiblissement ?*

Qu'est-ce que l'*assimilation* et l'*accommodation ?*

Citez des exemples de simple *substitution.*

Quelles sont les lettres euphoniques intercalées quelquefois à l'intérieur des mots ?

Citez des exemples.

Que représente le *b* français ?

Que représente le *c* ?

Citez quelques mots dans lesquels *ch* représente *c* ou *cc.*

Que représente l'*f* ?

Que représente le *g* ?

Citez des mots français dans lesquels l'*h* latine a été supprimée.

Citez d'autres mots dans lesquels une *h* a été ajoutée, bien qu'il n'y en ait pas en latin.

Que représente le *j* ?

Quelles sont les consonnes latines que représente l'*s* française ?

Que représente le *v* ?

Dans quel cas le *c* latin s'est-il changé en *x* ?

MODIFICATION DES CONSONNES

1° *Métathèse ou transposition.*

157ᵉ EXERCICE.

(Grammaire, § 21 *ter*, II.)

Trouver les mots français de **formation populaire** *venus des mots latins suivants; indiquer les transpositions de consonnes qui ont eu lieu dans le passage du latin au français.*

Asperitatem. — ✝ Fimbriam. — ✝ Formaticum. — Druentiam, *nom d'une rivière.* — ✝ Lampetram. — ✝ Orcum. — Paupertatem. — Pro. — Pugnum. — Pulpitum. — ✝ Requiritare. — Signum. — Stagnum. — Singultare. — Temperare. — Torculum. — Turbare. — Turbinem. — ✝ Turbulare. — Vervecem, *bas-latin* ✝ vervicem *et* ✝ berbecem. — Viginti.

Corrigé. — Âpreté. — Frange. — Fromage. — Durance. — Lamproie. — Ogre. — Pauvreté. — Pour. — Poing. — Pupitre. — Récrier. — Seing. — Étang. — Sangloter. — Tremper. — Treuil. — Trouver. — Trombe. — Troubler. — Brebis. — Vingt.

2° *Affaiblissement*[1].

158ᵉ EXERCICE.

(Grammaire, § 21 *ter*, II.)

Trouver les mots français de **formation populaire** *venus des mots latins suivants; indiquer l'affaiblissement qui a eu lieu dans le passage du latin au français.*

Acrem. — ✝ Acuculam. — Acutum. — Adjudicare. —

______

1. L'affaiblissement est aussi désigné sous le nom de *principe de la moindre action.*

Alacrem. — † Callum. — † Calopediam. — Camellam.
† Carptiare. — † Carricare. — † Caryophyllum. — † Ca-
veolam. — † Cicadulam. — Ciconiam. — Cicutam. —
† Claream. — Classicum. — † Clericatum. — Conflare.
— Contum. — Coquum. — Crassum. — † Craticulam.
— † Crotalum. — Cryptam. — Cucurbitam. — † Cupel-
letum. — Draconem. — † Ecclesiam. — Fabricare. —
Ficum. —† Incrassare. —† Increnare. —Joculari. —Ju-
dicare. — Locustam. — Macrum. — Manducare. —
† Muscatum. — † Narricare. — Orcum. — Pedicam. —
† Plumbicare. —† Sericam. — Verecundiam. — † Ver-
vecarium. — Vicarium. — Vindicare.

Corrigé. — *Affaiblissement de* **c** *en* **g.** — Aigre. — Aiguille.
— Aigu. — Adjuger. — Allègre. — Galle. — Galoche. — Ga-
melle. — Gercer. — Charger. — Girofle. — Geôle. — Cigale.
— Cigogne. — Ciguë. — Glaire. — Glas. — Clergé. — Gon-
fler. — Gond. — Gueux. — Gras. — Grille. — Grelot. —
Grotte. — Gourde. — Gobelet. — Dragon. — Église. — Forger.
— Figue. — Engraisser. — Engrener. — Jongler. — Juger.
— Langouste. — Maigre. — Manger. — Muguet. — Narguer.
— Ogre. — Piège. — Plonger. — Serge. — Vergogne. —
Berger. — Viguier. — Venger.

159e EXERCICE.

Comme le précédent.

Aprilem. — Capillum. — Capram. — Capreolum. —
Concipere. — Coopertum. — Crepare. — Cupam. —
Episcopum. — Insepelire. — Leporem. — Lupam. —
† Nappetum, *diminutif* de napum. — Nepotem. — Ope-
rare. — Pauperem. — Percipere. — Rapam. — Rapere.
— Recipere. — Recuperare. — Ripam. — Sapere. —
Saponem. — Saporem. — Separare.

† Ab-ante. — † Aurifabrum. — Caballum. — Colubram. — Cubare. — Debere. — Ebrium. — Fabam. —

Febrim. — Gubernaclum. — Gubernare. — Habere. — Hibernum. — Labrum. — Liberare. — Libram. — Librum. — Probam. — Probare. — Subinde. — Tabernam. — Turbare. — Verbenam. — Verbinum, *nom de ville*.

Corrigé. — 1º *Affaiblissement de* **p** *en* **v.** — Avril. — Cheveu. — Chèvre. — Chevreuil. — Concevoir. — Couvert. — Crever. — Cuve. — Évêque. — Ensevelir. — Lièvre. — Louve. — Navet. — Neveu. — Ouvrer. — Pauvre. — Percevoir. — Rave. — Ravin. — Recevoir. — Recouvrer. — Rive. — Savoir. — Savon. — Saveur. — Sevrer.

2º *Affaiblissement de* **b** *en* **v.** — Avant. — Orfèvre. — Cheval. — Couleuvre. — Couver. — Devoir. — Ivre. — Fève. — Fièvre. — Gouvernail. — Gouverner. — Avoir. — Hiver. — Lèvre. — Livrer. — Livre (une). — Livre (un). — Preuve. — Prouver. — Souvent. — Taverne. — Trouver. — Verveine. — Vervins.

3º *Assimilation ou accommodation et dissimilation* [1].

160ᵉ EXERCICE.

Trouver les mots français de **formation populaire** *venus des mots latins suivants; indiquer les changements de consonnes qui ont eu lieu dans le passage du latin au français.*

I. — *Assimilation.* — †Adcrescere. — †Adpastum. — †Adportare. — † Adrestare. — †Ad-retro. — †Adripare. — †Adrorare. — Cognoscere. — Columnam. — †Exquadrare. — Feminam. — Garumnam, *nom de fleuve*. — Hederam. — †Hominem. — †Matrinam. — Nutrire. — Nutrituram. — †Patrinum. — Petram. — Putrere. — †Quadrariam. — Quadratum. — † Quadrifurcum. — Somnum. — Vitrum.

____

1. Pour faciliter la prononciation, deux lettres semblables en latin sont devenues différentes en français ; ainsi de deux **r** l'une a été changée en **l.**

II. — *Dissimilation*. — Cribrum. — Fragrare. — Lus-
ciniolam. — † Parafredum. — Peregrinum.

Corrigé. — I. Adcrescere, accroître, le **d** s'est assimilé au
c suivant, etc. — Appât. — Apporter. — Arrêter. — Arrière.
— Arriver. — Arroser. — Connaitre. — Colonne. — Équarrir.
— Femme. — Garonne. — Lierre (pour *l'hierre*). — Homme.
— Marraine. — Nourrir. — Nourriture. — Parrain. — Pierre.
— Pourrir. — Carrière. — Carré. — Carrefour. — Somme.
— Verre.

II. Crible. — Flairer. — Rossignol. — Palefroi. — Pèlerin.

4° *Substitution de consonnes.*

161ᵉ EXERCICE.

Trouver les mots français de **formation populaire** *qui viennent des mots latins suivants; indiquer les substitutions de consonnes qui ont eu lieu dans le passage du latin au français.*

1° *Au commencement des mots :* — † Gambam. — Gau-
dere. — Gemellum. — Mappam. — Mattam. — Vadum.
— Vaginam. — Vasconem. — Vastare. — Vespam. —
† Viscum.

2° *Au milieu des mots :* — Apostolum. — † Comes
stabuli. — Computare. — † Primum-tempus. — Pumicem. — Rumicem. — Rumigare.

3° *A la fin des mots :* Æramen. — † Bitumen. — Examen. — Homo. — Levamen. — Ligamen. — Meum. —
Racemum. — Rem. — Summum. — Suum. — Tuum.

Bovem. — Brevem. — Cervum. — Clavem. — Nervum. — Novem. — Novum. — Ovum. — Servum.

Soricem. — Vicem.

Calcem. — Crucem. — Nucem. — Pacem. — Vocem.

Corrigé. — 1° Jambe. — Jouir. — Jumeau. — Nappe. —
Natte. — Gué. — Gaine. — Gascon. — Gâter. — Guêpe. — Gui.

2º Apôtre. — Connétable. — Conter. — Printemps. — Ponce. — Ronce. — Ronger.

3º Airain. — Béton. — Essaim. — On. — Levain. — Lien. — Mon. — Raisin. — Rien. — Son, *subst.* — Son. — Ton. Bœuf. — Bref. — Cerf. — Clef. — Nerf. — Neuf, *adj. num.* — Neuf, *adj. qual.* — Œuf. — Serf. Souris. — Fois. Chaux. — Croix. — Noix. — Paix. — Voix.

5º *Lettres euphoniques intercalées.*

162ᵉ EXERCICE.

(Grammaire, § 21 *ter*, II.)

Trouver les mots français de **formation populaire** *venus des mots latins suivants; dire quelles sont les lettres euphoniques qui ont été intercalées dans le passage du latin au français.*

Cameracum, *nom de ville.* — Cameram. — Camerare. — Cucumerem. — Cumulum. — Humilem. — Insimul. — Marmor. — Numerum. — Simulare. — Tremulare.

Absolvere. — Cinerem. — Fulgur. — Generum. — Ingenerare. — Molere. — Plangere. — Ponere. — Portus-Veneris, *nom de ville.* — Pulverem. — Summonere. — Tenerum. — Veneris-dies.

Cannabum. — †Encaustum. — Fundam. — Perdicem. — Regestum. — Rusticum. — Thesaurum. — Villosum.

Accrescere. — Antecessorem. — Cognoscere. — Crescere. — Essere, *bas latin pour* esse.

Corrigé. — Cambrai. — Chambre. — Cambrer. — Concombre. — Comble. — Humble. — Ensemble. — Marbre. — Nombre. — Sembler. — Trembler.

Absoudre. — Cendre. — Foudre. — Gendre. — Engendrer.

— Moudre. — Plaindre. — Pondre. — Port-Vendres. — Poudre. — Semondre. — Tendre. — Vendredi.

Chanvre. — Encre. — Fronde. — Perdrix. — Registre. — Rustre. — Trésor. — Velours.

Accroître. — Ancêtre. — Connaître. — Croître. — Être.

163ᵉ EXERCICE.

(Grammaire, § 21 *ter*, II, 1.)

Trouver les mots français de **formation populaire** *venus des mots latins suivants; indiquer les consonnes latines que représente la consonne française* **b.**

Barbam. — Bibere. — Bene. — Benignum. — Bonum. Bovem. — Laborem. — Mobilem. — Nobilem. — Plumbum. — Sabulum.

Apiculam. — Apothecam. — † Cupelletum. — Duplum. — † Perustulare. — Tympanum.

Corvellum. — Curvare. — Curvum. — Vesontionem, *nom de ville.* — † Vervecarium. — Vervicem.

Corrigé. — **B** *français représente :* 1° **b** *latin.* — Barbe. — Boire. — Bien. — Bénin. — Bon. — Bœuf. — Labeur. — Meuble. — Noble. — Plomb. — Sable.

2° **p** *latin.* — Abeille. — Boutique. — Gobelet. — Double. — Brûler. — Timbre.

3° **v** *latin.* — Corbeau. — Courber. — Courbe. — Besançon. — Berger. — Brebis.

164ᵉ EXERCICE.

(Grammaire, § 21 *ter*, 2)

Trouver les mots français de **formation populaire** *venus des mots latins suivants; indiquer les consonnes latines que représente la consonne française* **c.**

Capsam. — Cœlum. — Collum. — Colorem. — Cubare. — Facilem. — Secundum. — Siccum. — Stomachum.

Quadragesimam. — Quadrantem. — † Quadrariam.
— Quadratum. — † Quadrifurcum. — † Quadrum. —
Quare. — Quassare. — Quemque-unum. — Quietum. —
Quinque. — Quinquaginta. — Quiritare. — Quomodo.
— Quotam.

† Mergum. — Pergamenum.

Corrigé. — **C** *français représente :* 1° **c** *latin.* — Caisse. —
Ciel. — Col. — Couleur. — Couver. — Facile. — Second. —
Sec. — Estomac.

2° **qu** *latin.* — Carême. — Cadran. — Carrière. — Carré.
— Carrefour. — Cadre. — Car. — Casser. — Chacun. — Coi.
— Cinq. — Cinquante. — Crier. — Comme. — Cote.

3° **g** *latin.* — Marcotte (*avec un suf. dimin.*). — Parchemin.

165ᵉ EXERCICE.

(Grammaire, § 21 *ter*, II, 2 *bis*.)

Trouver les mots français de **formation populaire** *venus
des mots latins suivants; indiquer à quelle consonne latine correspond la consonne française* **ch.**

Caballum. — † Caballarium. — † Caballicare. —
† Cadentiam. — Cadere. — † Calamellum. — Calamum.
— Calceare. — Calcem. — † Calciatam. — † Caldaria.
— † Calefare (*bas-latin pour* calefacere). — Calidum.
— Calorem. — Calvum. — † Cambiare. — Camelum.
— Cameram. — † Caminatam. — † Caminum. — † Ca-
misiam. — Campestrem. — † Campinionem. — Cam-
pum. — Canalem. — Cancellarium. — Cancellare. —
Cancrum. — Candelam. — Canem. — Caniculam. —
Canile. — † Cannabisium (*bas-latin dérivé de* cannabem).
— Canonicum. — Cantare. — Canterium. — Cantio-
nem. — Cantor. — Cantum.

Corrigé. — **Ch** *français représente* **c** *latin.* — Cheval. —

Chevalier. — Chevaucher. — Chance. — Choir. — Chalumeau. — Chaume. — Chausser. — Chaux. — Chaussée. — Chaudière. — Chauffer. — Chaud. — Chaleur. — Chauve. — Changer. — Chameau. — Chambre. — Cheminée. — Chemin. — Chemise. — Champêtre. — Champignon. — Champ. — Chenal. — Chancelier. — Chanceler. — Chancre. — Chandelle. — Chien. — Chenille. — Chenil. — Chenevis. — Chanoine. — Chanter. — Chantier. — Chanson. — Chanteur. — Chant.

166ᵉ EXERCICE.

Comme le précédent.

† Capellaturam. — Capillum. — Capitale. — Capitellum. — Capitulum. — Caponem. — Cappam. — Capram. — Capreolum. — † Caprifolium. — † Captiare. — Captivum. — Caput. — † Caram. — Carbonem. — Carcerem. — † Cardinariam (*bas-latin dérivé* de cardinem, *gond*). — † Carduonem. — Caritatem. — Carmen. — Carpentarium. — Carpinum. — † Carricare. — Carrucam. — Carrum. — Carum. — Casam. — † Casibubulam. — † Casnum. — Castaneam. — Castellum. — Castigare. — Catenam. — Catenionem. — † Cattum. — Caulem.

Cicer. — † Cichorium. — Cicum. — Circare. — Cosam.

Corrigé. — Chevelure. — Cheveu. — Cheptel. — Chapiteau. — Chapitre. — Chapon. — Chape. — Chèvre. — Chevreuil. — Chèvrefeuille. — Chasser. — Chétif. — Chef. — Chère. — Charbon. — Chartre. — Charnière. — Chardon. — Cherté *et* Charité. — Charme, *attrait.* — Charpentier. — Charme, *arbre.* — Charger. — Charrue. — Char. — Cher. — Chez. — Chasuble. — Chêne. — Châtaigne. — Château. — Châtier. — Chaîne. — Chignon. — Chat. — Chou.

Chiche (pois). — Chicorée. — Chiche, *de peu de valeur.* — Chercher. — Chose.

167ᵉ EXERCICE.

Comme les précédents.

† Acarnare. — Arcam. — Collocare. — † Decadentiam. — † Decanare. — Ducatum. † — Excadentiam. — † Excorticare. — † Expandicare. — Ferocem. — Furcam. — † Incapistrare. — Mancum. — † Manicam. — † Masticare. — Mercatum. — Micam. — † Minuscadentem. — Muscam. — † Pendicare. — Perticam. — Pervincam. — † Plancam. — Porcarium. — Prædicare. † Pullicam. — Scabinum. — Scalam. — † Tincam.

Buccam. — Peccatum. — † Siccam. — † Siccare. — † Vaccam.

Corrigé. — Acharner. — Arche. — Coucher. — Déchéance. — Déchaîner. — Duché. — Échéance. — Écorcher. — Épancher. — Farouche. — Fourche. — Enchevêtrer. — Manchot. — Manche. — Mâcher. — Marché. — Miche. — Méchant. — Mouche. — Pencher. — Perche. — Pervenche. — Planche. — Porcher. — Prêcher. — Pouliche. — Échevin. — Échelle. — Tanche.

Bouche. — Péché. — Sèche. — Sécher. — Vache.

168ᵉ EXERCICE.

Trouver les mots français de **formation populaire** *venus des mots latins suivants (d = **d**) :*

Adamantem. — † Ad-tunc. — † De-aurare. — Debere. — Debitam. — Decanum. — Decem. — Decimam. — Decipere. — Deducere. — Defendere. — Deliberare. — Delphinum. — † De-mane. — Demonstrare. — Denegare. — Denumerare. — Denuntiare. — Depingere. — † Deretranum. — † De-retro. — Desiderare. — Designare. — Despoliare. — Detinere. — Deum. — † De-unde. — Diabolum. — † Diaconum. — Dicere. — † Diem-domini-

cam. — Dignari. — Dilatare. — Diluvium. — Dimidium.
— Directum. — †Discarnare. — Discum. — Disjun-
gere. — Dispositum. — Disruptam. — Dissolvere. —
Distrahere. — Districtum. — Dolorem. — Dominam.
— †Dominiarium. — †Dominicellum. — Donare. —
Dormitorium. — Dotarium. — Draconem. — †Dric-
tiare. — Dubitare. — †Ductile. — Dulcem. — Dulco-
rem. — Duodecim. — Duos. — Duplum.

Corrigé. — **D** *français représente* **d** *latin.* — Diamant. —
Donc. — Dorer. — Devoir. — Dette. — Doyen. — Dix. —
Dîme. — Decevoir. — Déduire. — Défendre. — Délivrer. —
Dauphin. — Demain. — Démontrer. — Dénier. — Dénombrer.
— Dénoncer. — Dépeindre. — Dernier. — Derrière. — Dé-
sirer. — Désigner. — Dépouiller. — Détenir. — Dieu. — Dont.
— Diable. — Diacre. — Dire. — Dimanche. — Daigner. —
Délayer. — Déluge. — Demi. — Droit. — Décharner. — Dais.
— Disjoindre. — Dépôt. — Déroute. — Dissoudre. — Dis-
traire. — Détroit. — Douleur. — Dame. — Danger. -
Damoiseau. — Donner. — Dortoir. — Douaire. — Dragon.
— Dresser. — Douter. — Douille. — Doux. — Douceur. —
Douze. — Deux. — Double.

169ᵉ EXERCICE.

(Grammaire, § 21 *ter*, II, 3.)

Trouver les mots français de **formation populaire** *venus
des mots latins suivants; indiquer les consonnes latines que représente la consonne française* **f.**

Fabam. — Facilem. — Falcem. — Febrim. — Fima-
rium. — Fluctum. — Fremere. — Furcam. — Ossifragam.

Cophinum. — Elephantum. — Graphium. — †Gri-
phonum. — Phasianum. — †Phialam. — †Phlegma.
— †Phrenesin. — Sulphur.

Activum. — Bovem. — Brevem. — Cervum. — Clavem.

— **Navem.** — Nervum. — Novem. — Novum. — Ovum.
— **Salvum.** — Servum. — Vicem. — Vivum.

Corrigé. — **F** *française représente :* 1° **f** *latine.* — Fève. — Facile. — Faux. — Fièvre. — Fumier. — Flot. — Frémir. — Fourche. — Orfraie.

2° **ph** *latin.* — Coffre. — Olifant. — Greffe. — Griffon. — Faisan. — Fiole. — Flemme. — Frénésie. — Soufre.

3° **v** *latin.* — Actif. — Bœuf. — Bref. — Cerf. — Clef. — Nef. — Nerf. — Neuf, *adj. num.* — Neuf, *nouveau.* — Œuf. — Sauf. — Serf, — Fois. — Vif.

170ᵉ EXERCICE.

(Grammaire, § 21 *ter*, II, 4.)

Trouver les mots français de **formation populaire** *venus des mots latins suivants ; indiquer les consonnes latines que représente la consonne française* **g**.

Angustiam. — Cingulam. — Gemere. — Gigantem. — Gobionem. — Gustum. — Largum. — Longum. — Pugnum. — Stagnum.

Vadum. — Vaginam. — Vasconem. — Vasconiam. — Vastare. — Vespam. — † Viscum. — † Viscummalvam. — † Vulpeculionem. — † Abreviare. — † Alleviare. — † Assediare. — † Cambiare. — Diluvium. — Fimbriam. — † Levium. — † Leviarium. — † Salviam. — Servientem. — † Subleviare.

Acrem. — † Acuculam. — Acutum. — Adjudicare, etc. (*Voir* 158ᵉ *Exercice*, II.)

Corrigé. — **G** *français représente :* 1° **g** *latin.* — Angoisse. — Sangle. — Gémir. — Géant. — Goujon. — Goût. — Large. — Long. — Poing. — Étang.

2° **v** *latin.* — Gué. — Gaîne. — Gascon. — Gascogne. — Gâter. — Guêpe. — Gui. — Guimauve. — Goupillon. — Abréger. — Alléger. — Assiéger. — Changer. — Déluge. —

Frange. — Liège. — Léger. — Sauge. — Sergent. — Soulager.

3° **c** *latin.* — Aigre. — Aiguille. — Aigu, etc.

171ᵉ EXERCICE.

(Grammaire, § 21 *ter*, III, 6.)

Trouver les mots français de **formation populaire** *venus des mots latins suivants ; signaler l'addition ou la suppression de la consonne* **h.**

†Agolettam. — †Altiare. — Altum. — †Armeniam. — Asciam. — Augurium. — Cohortem. — †Eremitam. — †Ericiare. — Ericium. — Habere. — Habitare. — Hanc-horam. — †Hastellarium. — †Haustare. — Heri. — Hoc-illud. — Hodie. — Homo. — Hominem. — Honorem. — Horam. — Horridum. — Hortulanum. — Invadere. — Octesimum. — Octo. — Oleum. — Ostium. — Ostream. — Tradere. — Traditionem. — Ul] ulare. — Upupam.

Corrigé. — Houlette. — Hausser. — Haut. — Hermine. — Hache. — Heur. — Cohorte. — Ermite *et* hermite. — Hérisser. — Hérisson. — Avoir. — Habiter. — Encore. — Atelier. — Oter. — Hier. — Oui. — Hui (*aujourd'hui*). — On. — Homme. — Honneur. — Heure. — Ord, *ancien adjectif d'où est dérivé* ordure. — Ortolan. — Envahir. — Huitième. — Huit. — Huile. — Huis. — Huitre. — Trahir. — Trahison. — Hurler. — Houppe.

172ᵉ EXERCICE.

(Grammaire, § 21 *ter*, II, 6.)

Trouver les mots français de **formation populaire** *venus des mots latins suivants ; indiquer à quelles consonnes latines correspond la consonne française* **j.**

Jactare. — Januarium. — †Jejunare. — Jocari. — †Jocale. — Joculari. — Jovis-barbam. — Judicem. —

Juncum. — Junctum. — Juncturam. — Jungere. — Jurare. — Justitiam. — Juvenem. — †Juvenicellum. — †Juxtare.

Diurnalem. — Diurnum. — Gobionem. — Hyacinthum. † Galbinum. — †Gambam. — †Gascariam. — Gaudere. — †Gaudiam. — †Gaudiosum. — †Gautam. — Gemellum.

Corrigé. — **J** *français représente :* 1° **j** *latin.* — Jeter. — Janvier. — Jeûner. — Jouer. — Joyau. — Jongler. — Joubarbe. — Juge. — Joug. — Joint. — Jointure. — Joindre. — Jurer. — Justice. — Jeune. — Jouvenceau. — Joûter.

2° **i** *latin :* Journal. — Jour. — Goujon. — Jacynthe.

3° **g** *latin :* Jaune. — Jambe. — Jachère. — Jouir. — Joie. — Joyeux. — Joue. — Jumeau.

173ᵉ EXERCICE.

Trouver les mots français de **formation populaire** *venus des mots latins suivants (l = l) :*

Glirem. — Illac. — Illam. — Illorum. — Illum. — Laborare. — Labruscam. — Lacertum. — Lacrimam. — Lactem. — Lactucam. — Lætitiam. — Laminam. — Lampetram. — Lanam. — Lanariam. — Lanceam. — Latrocinium. — Latronem. — Laudare. — †Laudemiam. — Laxam. — Laxare. — Laxum. — Lazarum. — †Lectariam. — †Lectrinum. — Lectum. — Legalem. — Legalitatem. — Legem. — Legere. — Leonem. — Leporem. — Leucam. — †Leviarium. — †Levium. — Liberationem. — Libram. — Librum. — Licere. — Ligamen. — Ligare. — Ligationem. — Lilium. — Linguam. — Lineam. — Lineum. — Linteolum. — Litteram. — Litteratum. — †Locarium. — Locustam. — Lucere. — Luctari. — †Lumbeam. — Lunæ-diem. — Lupum. — Luscum. — Lutram.

Corrigé. — Loir. — Là. — Elle. — Leur. — Le. — Labourer. — Lambruche. — Lézard. — Larme. — Lait. — Laitue. — Liesse. — Lame. — Lamproie. — Laine. — Lanière. — Lance. — Larcin. — Larron. — Louer. — Louange. — Laisse. — Laisser. — Lâche. — Ladre. — Litière. — Lutrin. — Lit. — Loyal. — Loyauté. — Loi. — Lire. — Lion. — Lièvre. — Lieu. — Léger. — Liège. — Livraison. — Livre (une). — Livre (un). — Loisir. — Lien. — Lier. — Liaison. — Lis. — Langue. — Ligne. — Lin. — Linceul. — Lettre. — Lettré. — Loyer. — Langouste. — Luire. — Lutter. — Longe. — Lundi. — Loup. — Louche. — Loutre.

174ᵉ EXERCICE.

Trouver les mots français de **formation populaire** *venus des mots latins suivants (m = **m**) :*

† Hemicranium. — † Macionem. — Macrorem. — Macrum. — Maculam. — † Madium (*pour* maium). — Magis. — Major. — Male-aptum. — Maledicere. — Malignum. — Malleum. — Manentem. — † Manerium. — † Manicam. — † Mansationem. — † Mansianoticum. — Mansionem. — † Mansuram. — † Marcare. — Marginem. — Margulam. — † Maritaticum. — Maritare. — Marmorem. — † Martellum. — † Materiarium. — † Matrastrem. — † Matrem. — † Matricularium. — † Matrinam. — Maturum. — Matutinum. — † Maxucam. — † Medalliam (*pour* metalleam). — Medietanum. — † Medietarium. — Medietatem. — Medium. — Medullam. — Melius. — Mensurabilem. — Mensem. — Mensuram. — Mensurare. — † Mercatantem. — Mercatum. — Mercedem. — Mercurii-diem. — Messionem. — † Metipsimum. — Meum. — Micam. — Millesimum. — Millia. — Milliarium. — † Minaciam. — † Minare. — Ministerium. — Minor. — Minus. — Minutum. — Mirabilia. — Misculare. — † Missam. — † Missaticum. — Mittere.

— † Mixtellum. — Mobilem. — Modulum. — Molam. — Molere. — † Molinarium. — † Molituram. — Monasterium. — Monstrare. — Monticellum. — † Moram. — Morbum. — Mordere. — Mores. — Mortem. — † Motam. — Movere. — Muscam. — Mutare.

Corrigé. — Migraine. — Maçon. — Maigreur. — Maigre. — Maille. — Mai. — Mais. — Maire. — Malade. — Maudire. — Malin. — Mail. — Manant. — Manoir. — Manche. — Maison. — Masure. — Marcher. — Marge. — Marne. — Mariage. — Marier. — Marbre. — Marteau. — Madrier. — Marâtre. — Mère. — Marguiller. — Marraine. — Mûr. — Matin. — Massue. — Maille. — Mitoyen. — Moitié. — Mi. — Moelle. — Mieux. — Mesurable. — Mois. — Mesure. — Mesurer. — Marchand. — Marché. — Merci. — Mercredi. — Moisson. — Même. — Mon. — Mie. — Millième. — Mille. — Millier. — Menace. — Mener. — Métier. — Moindre. — Moins. — Menu. — Merveille. — Mêler. — Messe. — Message. — Mettre. — Méteil. — Meuble. — Moule. — Meule. — Moudre. — Meunier. — Moutûre. — Moustier. — Montrer. — Monceau. — Mûre. — Morve. — Mordre. — Mœurs. — Mort. — Meute. — Mouvoir. — Mouche. — Muer.

175e EXERCICE.

Trouver les mots français de **formation populaire** *venus des mots latins suivants (n = n) :*

Nanum. — Nappetum. — † Nariculam. — † Naricare. — Nascentiam. — † Nascere. — † Nasellum. — Nasum. — Natalem. — Nativum. — Nauseam. — † Navettam. — Navicellam. — Navigare. — Necare. — † Necentem. — Negare. — Negotium. — Nepotem. — † Neptiam. — Nidicare. — Nidum. — Nigellam. — Nigrum. — Niveam. — Nobilem. — Nocere. — † Nocibilem. — Noctem. — Nodare. — Nodosum. — Nodum. — Nominare. — Non-illud. — Non-obstante. — Nostrum. — † Novellitatem. — Novellum. — Novem. — † Novenam. — Novum. —

Nubem. — Nudum. — Numerare. — Numerosum. —
Numerum. — Nucalem. — †Nucarium. — Nuptias.
— Nutricem. — Nutrire.

Corrigé. — Nain. — Navet. — Narine. — Narguer. —
Naissance. — Naître. — Naseau. — Nez. — Noël. — Natif.
— Nausée. — Navette. — Nacelle. — Nager. — Noyer. —
Néant. — Nier. — Négoce. — Neveu. — Nièce. — Nicher. —
Nid. — Nielle. — Noir. — Neige. — Noble. — Nuire. — Nui-
sible. — Nuit. — Nouer. — Noueux. — Nœud. — Nommer.
— Nenni. — Nonobstant. — Notre. — Nouveauté. — Nouveau.
— Neuf, *adj. num.* — Neuvaine. — Neuf, *nouveau.* — Nue. —
Nu. — Nombrer. — Nombreux. — Nombre. — Noyau. —
Noyer. — Noces. — Nourrice. — Nourrir.

176ᵉ EXERCICE.

Trouver les mots français de **formation populaire** *venus
des mots latins suivants (p = **p**)* :

Pacare. — Pacem. — Pæoniam. — Paganum. — Palam. — Palatium. — Palatum. — Paleam. — Pallidum. — Palmam. — Palpebram. — Palum. — †Pam-
pinam. — †Panacem. — Panem. — Panticem. —
Papilionem. — †Pappalitatem. — †Pappam. — †Pa-
pyrium. — Par. — Parabolam. — †Parabolare. —
Paradisum. — †Paragraphum. — †Paraveredum. —
†Parescere. — †Pariculum. — Parœciam. — †Parti-
cellam. — Partiri. — †Pascham. — †Pascere. —
— †Passerellum. — Pastorem. — †Pasturam. — Patellam. — Patrem. — †Patrinum. — Paucum. — Pauperem. — Paupertatem. — Pausare. — Pavonem. —
Pavorem.

Corrigé. — Payer. — Paix. — Pivoine. — Païen. — Pelle.
— Palais, *demeure.* — Palais *de la bouche.* — Paille. — Pâle.
— Paume. — Paupière. — Pal. — Pampre. — Panais. — Pain.
— Panse. — Pavillon. — Papauté. — Pape. — Papier. — Pair.

— Parole. — Parler. — Parvis. — Parafe. — Palefroi. — Paraître. — Pareil. — Paroisse. — Parcelle. — Partir. — Pâque. — Paître. — Passereau. — Pâtre. — Pâture. — Poêle. — Père. — Parrain. — Peu. — Pauvre. — Pauvreté. — Poser. — Paon. — Peur.

177ᵉ EXERCICE.

Suite du précédent.

Peccare. — Peccatorem. — † Pectinare. — Pectinem. — † Pectoraculum. — Pedem. — Pedicam. — † Peditonem. — Pejorem. — Pejus. — Pellem. — † Pelliciam. — Pendere. — † Pendicare. — Penicillum. — Pensare. — Percam. — Percipere. — Percurrere. — Percursum. — Perdere. — Perdicem. — Perdonare. — Peregrinum. — † Pergaminum. — Periculosum. — Periclum. — Permedium. — Permittere. — Persicum. — Pervincam. — † Petium. — Petram. — Petroselinum. — Petrosum. — Picam. — Picem. — Picturam. — Pietatem. — † Pietosum. — Pigmentum. — Pigritiam. — † Piluccium. — Pingere. — † Piperatam. — † Pipionem. — Piper (*n.*). — † Pirulam. — Pirum. — Piscari. — Piscatorem. — † Piscionem. — Pistrinum. — † Pisturire. — Pituitam.

Corrigé. — Pécher. — Pécheur. — Peigner. — Peigne. — Poitrail. — Pied. — Piège. — Piéton. — Pire. — Pis. — Peau. — Pelisse. — Pendre. — Pencher. — Pinceau. — Peser. — Perche. — Percevoir. — Parcourir. — Parcours. — Perdre. — Perdrix. — Pardonner. — Pèlerin. — Parchemin. — Périlleux. — Péril. — Parmi. — Permettre. — Pêche. — Pervenche. — Pièce. — Pierre. — Persil. — Pierreux. — Pie. — Poix. — Peinture. — Pitié. — Pieux. — Piment. — Paresse. — Peluche. — Peindre. — Purée. — Pigeon. — Poivre. — Perle. — Poire. — Pêcher. — Pêcheur. — Poisson. — Pétrin. — Périr. — Pépie.

178ᵉ EXERCICE.

Suite des précédents.

Placere. — Placitum. — Plangere. — Plantaginem.
— † Plastrum. — Platanum. — Plateam. — Plicare. —
Plorare. — † Plumbicare. — Plumbum. — Pluere. —
Pluralem. — † Pluriores. — Pœnam. — Pœnitentiam.
— Pollicem. — Polypum. — Pomum. — Ponere. —
Porcarium. — † Portaculum. — † Portarium. — Porti-
cum. — Posituram. — Post. — † Posterulam. — Post-
natum. — Potentiam. — † Potere. — † Pratellum.
— Præbendam. — Præconium. — Prædam. — Prædi-
care. — Præsentiam. — Præsidentiam. — Præpositum.
— Præstare. — Præstum. — † Precare. — † Prensio-
nem. — Prensum. — Presbyterum. — Pretium. — Pri-
marium. — † Primalitatem. — Principalitatem. —
Principem. — † Privalitatem. — Pro. — Probam. —
Probare. — Profectum. — † Prominare. — Promittere.
— Promovere. — Proscribere. — † Prosequere. — Providere. — Pulmonem. — Pulpitum. — Pulsare. — Pul-
sum. — Pumicem. — Punctionem. — Punctum. —
Pungere. — Punicellum. — Puppim. — Purpuram. —
Puteum. — Putrire. — † Psalmum. — Psalterium.

Corrigé. — Plaisir *et* plaire. — Plaid. — Plaindre. — Plan-
tain. — Plâtre. — Plane. — Place. — Plier. — Pleurer. —
Plomber. — Plomb. — Pleuvoir. — Pluriel. — Plusieurs. —
Peine. — Pénitence. — Pouce. — Poulpe. — Pomme. —
Poser. — Porcher. — Portail. — Portier. — Porche. — Pos-
ture. — Puis. — Poterne. — Puîné. — Puissance. — Pouvoir.
— Préau. — Provende. — Prône. — Proie. — Prêcher. —
Présence. — Préséance. — Prévôt. — Prêter. — Prêt. —
Prier. — Prison. — Pris. — Prêtre. — Prix. — Premier. —
Primauté. — Principauté. — Prince. — Privauté. — Pour. —
Preuve. — Prouver. — Profit. — Promener. — Promettre. —

Promouvoir. — Proscrire. — Poursuivre. — Prévoir. — Poumon. — Pupitre. — Pousser. — Pouls. — Ponce. — Ponction. — Point. — Poindre. — Pinceau. — Poupe. — Pourpre. — Puits. — Pourrir. — Psaume. — Psautier.

179ᵉ EXERCICE.

(Grammaire, § 21 *ter*, II, 7 et 9.)

Trouver les mots français de **formation populaire** *venus des mots latins suivants ; indiquer les consonnes latines que représentent les consonnes françaises* **q, s et x.**

I. — Quadraginta. — Qualem. — Qualemcumque. — Quando. — Quartarium. — Quatuor. — Quatuordecim. — Querelam. — Quicumque. — † Quietantiam. — Quietum. — Quid. — Quindecim.

II. — Asparagum. — Cerasum. — Magis. — † Mansionem. — Minus. — Risum. — Sacramentum. — Solum. — Sparsum. — Ursum. — Vasconiam.

Ambaciam, *nom de ville*. — Cingulum. — Placere. — Soricem. — Vicem. — Vicinum.

Ligationem. — Otiosum. — Potionem. — Rationem. — Sationem. — Traditionem. — Venetiam, *nom de ville*. Exagium. — Examen. — Laxare.

III. — Sex. — Sexaginta.

Calcem. — Crucem. — Decem. — Nucem. — Pacem. — Vocem.

Duos. — Otiosum. — Russum. — Sponsum. — Vinosum.

Corrigé. — I. *La consonne française* **q** *représente la consonne latine* **q.** — Quarante. — Quel. — Quelconque. — Quand. — Quartier. — Quatre. — Quatorze. — Querelle. — Quiconque. — Quittance. — Quitte. — Quoi. — Quinze.

II. **S** *français représente :* 1° **s** *latin.* — Asperge. — Cerise. — Mais. — Maison. — Moins. — Ris. — Serment. — Seul. — Épars. — Ours. — Gascogne.

2° **c** *latin*. — Amboise. — Sangle. — Plaisir. — Souris. — Fois. — Voisin.

3° **t** *latin*. — Liaison. — Oiseux. — Poison. — Raison. — Saison. — Trahison. — Venise.

4° **x** *latin*. — Essai. — Essaim. — Laisser.

III. **X** *français représente :* 1° **x** *latin*. — Six. — Soixante.

2° **c** *latin*. — Chaux. — Croix. — Dix. — Noix. — Paix. — Voix.

3° **s** *latine*. — Deux. — Oiséux. — Roux. — Époux. — Vineux.

180ᵉ EXERCICE.

Trouver les mots français de **formation populaire** *venus des mots latins suivants* (*r* = **r**) :

Rabiem. — Racemum. — † Radellum. — † Radiam. — Radiare. — † Radiculare. — † Radicinam. — Radium. — † Ramaticum. — † Ramellum. — † Ramicellum. — Rancidum. — Rapam. — Rapere. — † Rasiculare. — Rastellum. — Rasum. — Rationabilem. — Rationem. — † Receptam. — Recolligere. — Recuperare. — Redemptionem. — Reflectere. — † Regalimen. — Regalitatem. — Regem. — Reginam. — † Regulare. — Relucere. — Rem. — † Repastum. — Reprobare. — † Repropiare. — Requirere. — Requisitam. — Resolvere. — Respectum. — Respondere. — Restringere. — Restivum. — † Reticellum. — Retinere. — Retrahere. — Revidere. — Rhythmum. — Ridere. — Rigidum. — † Ripariam. — † Ripatieum. — † Rivicellum. — Rubeum. — † Rubigulam. — Rumicem. — Rumigare. — Ruptam. — † Rupturam. — Russum. — Rusticum.

Corrigé. — Rage. — Raisin. — Radeau. — Raie. — Rayer. — Râcler. — Racine. — Rais. — Ramage. — Rameau. — Rinceau. — Rance. — Rave. — Ravir. — Râcler. — Râteau. — Ras. — Raisonnable. — Raison. — Recette. — Recueillir. — Recouvrer. — Rançon. — Réfléchir. — Royaume. — Royauté.

— Roi. — Reine. — Régler. — Reluire. — Rien. — Repas. — Réprouver. — Reprocher. — Récrier. — Requête. — Résoudre. — Répit. — Répondre. — Restreindre. — Rétif. — Réseau. — Retenir. — Retraire. — Revoir. — Rythme. — Rire. — Roide. — Rivière. — Rivage. — Ruisseau. — Rouge. — Rouille. — Ronce. — Ronger. — Route. — Roture. — Roux. — **Rustre.**

181ᵉ EXERCICE.

Trouver les mots français de **formation populaire** *venus des mots latins suivants* (*t* = **t**) :

Tabanum. — Tabulam. — ✝ Tabulellum. — Tacere. — Tactum. — ✝ Taleare. — Talpam. — ✝ Taratrum. — ✝ Taxitare. — Tectum. — Tegulam. — Temonem. — Temperare. — ✝ Temporam. — Tempus. — Tendere. — Tenere. — Tenerum. — ✝ Tentam. — Tepidum. — Terminum. — Terrenum. — Territorium. — Tertiam. — Tertium. — Testam. — Testimonium. — Testum. — Thecam. — Tibiam. — ✝ Tiliolum. — Tincam. — Tincturam. — Tingere. — Titionem. — Titulum. — Tondere. — Torculum. — Tormentum. — Tornare. — ✝ Tornicare. — Torquere. — ✝ Tortam. — Tortiare. — Tortum. — ✝ Tot-cito. — Trabatam. — Tractare. — Tractatum. — ✝ Tractiare. — Tradere. — Traditorem. — Traducere. — Trahere. — Trans. — Transsalire. — ✝ Transtellum. — ✝ Transpassare. — Tredecim. — Tremulam. — Tremulare. — ✝ Tricciare. — Trichilam. — Trifolium. — Triginta. — Tripedem. — ✝ Tritare. — Trojam. — Truncum. — Tubellum. — — Turbinem. — Turbulare. — Turonensem. — Turrim. — Tussim. — Tympanum. — Tyrannum.

Corrigé. — Taon. — Table *et* tôle. — Tableau. — Taire. — Tact. — Tailler. — Taupe. — Tarière. — Tâter. — Toit. — Tuile. — Timon. — Tremper. — Tempe. — Temps. — Tendre. — Tenir. — Tendre. — Tente. — Tiède. — Terme. — Terrain. — Territoire. — Tierce. — Tiers. — Tête. — Témoin. — Têt. — Taie. — Tige. — Tilleul. — Tanche. — Teinture. — Teindre. — Tison. — Titre. — Tondre. — Treuil. — Tourment. — Tourner. — Tournoyer. — Tordre. — Tourte. — Torcher. — Tors. — Tôt. — Travée. — Traiter. — Traité. — Tresser. — Trahir. — Traître. — Traduire. — Traire. — **Très**. — Tressaillir. — Tréteau. — Trépasser. — Treize. — Tremble. — Trembler. — Tresser. — Treille. — Trèfle. — Trente. — Trépied. — Trier. — Truie. — Tronc. — Tuyau. — Trombe. — Troubler. — Tournois. — Tour. — Toux. — Timbre. — Tyran.

182ᵉ EXERCICE.

(Grammaire, § 21 *ter*, II, 8.)

Trouver les mots français de **formation populaire** *venus des mots latins suivants; indiquer quelles sont les consonnes latines que représente la consonne française* **v**.

Calvum. — † Gengivam. — Vaccam. — Valentem. — Valentiam. — Valere. — Vallem. — † Vascellum. — † Vassaletum. — Vecturam. — Venam. — Venationem. — † Vendemiare. — Venenum. — Veneris-diem. — Verbenam. — Vere. — Verecundiam. — † Veruculum. — Vesicam. — Vesperem. — Vestire. — Viam. — Viarium. — Vicinum. — Videre. — Viduam. — Viduum. — Vigilare. — Villosum. — Vindicare. — Vineam. — Vini-opulens. — Virgam. — Viridem. — Viridarium. — Virtutem. — Vitellum. — Vitrum. — Vivere. — Vocalem. — † Volutam. — Votum. — Vulturium.

Aprilem. — Capillum. — Capram. — Capreolum, etc. (*Voir* 159ᵉ *Exercice*.)

Ab-ante. — Aurifabrum. — Caballum, etc. (*Voir* 159ᵉ *Exercice*.)

Corrigé. — **V** *français représente :* 1° **v** *latin* — Chauve. — Gencive. — Vache. — Vaillant. — Vaillance. — Valoir. — **Val.**

— Vaisseau. — **Valet.** — **Voiture.** — Veine. — Venaison. —
Vendanger. — **Venin.** — Vendredi. — Verveine. — Voire. —
Vergogne. — **Verrou.** — Vessie. — Vêpre. — Vêtir. — Voie.
— Voyer. — **Voisin.** — Voir. — Veuve. — Veuf. — Veiller.
— Velours. — **Venger.** — Vigne. — Vignoble. — Verge. —
Vert. — **Verger.** — Vertu. — Veau. — Verre. — Vivre. —
Voyelle. — **Voute.** — **Vœu.** — **Vautour.**

2° **p** *latin.* — **Avril.** — Cheveu. — Chèvre. — Chevreuil, etc.

3° **b** *latin.* — **Avant.** — Orfèvre. — Cheval, etc.

N. B. — Les exercices 183-329, qui sont des
exercices de grammaire historique, se trouvent dans
le second volume du livre du Maître.

SUPPLÉMENT

OU

NOTIONS COMPLÉMENTAIRES

CHAPITRE PREMIER

FORMATION DES MOTS

QUESTIONNAIRE

Quels sont les divers éléments dont peuvent se composer les mots? § 422.

Qu'est-ce que la racine? § 423.

D'où vient le mot racine?

Qu'est-ce que le radical? § 424

D'où vient le mot radical?

Qu'appelle-t-on *affixes?* § 425.

Quelle différence y a-t-il entre les *préfixes* et les *suffixes?*

D'où viennent les mots affixes, préfixes et suffixes?

Qu'appelle-t-on *désinences?* § 426.

Que désigne-t-on sous le nom de *terminaison?* § 428.

Tous les mots sont-ils simples? § 429.

Quels sont les mots primitifs? § 430.

Quels sont les mots dérivés?

Comment les mots composés sont-ils formés? § 431.

De quels éléments les mots composés sont-ils formés? § 436.

Quels sont les préfixes qui entrent dans la formation des mots composés?

Dans certains mots composés y a-t-il eu altération des éléments qui les constituent?

Comment, si on les examine au point de vue de leur forme, peut-on classer les mots composés?

Dans les mots composés formés de deux mots simples, les mots simples sont-ils toujours reconnaissables?

Citez des mots composés français formés de deux mots latins.

Y a-t-il des mots composés venus directement du grec ou du latin.

Qu'appelle-t-on mots *juxtaposés?*

Quelle serait la seule classification naturelle des mots composés?

Quels sont les divers procédés de composition en français?

Dans tout mot composé, y a-t-il un mot qui exprime l'idée principale?

Qu'appelle-t-on *famille de mots?* § 437.

En quoi consiste l'analyse étymologique? § 439.

I. — Des mots et de leurs divers éléments.

330ᵉ EXERCICE.

(Grammaire, §§ 422-427.)

Dans chacun des mots suivants, distinguer la racine, le radical, le suffixe et, s'il y a lieu, le préfixe et la désinence;

dresser un tableau analogue à celui qui est dans la grammaire au § 427.

1. But, buter, débuter.

2. Gorge, gorgerette, engorgement, dégorger, regorger.

3. Ivre, ivresse, enivrer, enivrement.

4. Rang, rangée, [vous] arrangeâtes, déranger.

5. Rond, rondeur, [des] rondelles, [nous] arrondirons.

6. Aspect, perspective, circonspection, respectable.

Corrigé.

1. Racine. **2.** Préfixe. **3.** Radical. **4.** Suffixe. **5.** Désinence.

	1. Racine	2. Préfixe	3. Radical	4. Suffixe	5. Désinence	
1.	But		but-	er		
		dé-	but-	er		
2.	Gorge		gorge-	rette		
		en-	gorge-	ment		
		dé-	gorg-	er		
		re-	gorg-	er		
3.	Ivre		ivr-	esse		
		en-	ivr-	er		
		en-	ivr-	ment		
4.	Rang		rang-	ée		
		ar-	range-	â-	tes	(*nombre.*)
		dé-	rang-	er		
5.	Rond		rond-	eur		
			rond-	elle-	s	(*id.*)
		ar-	rond-	ir-	ons	(*id.*)
6.	(Spect)	a-	spect			
		per-	spect-	ive		
		circon-	spect-	ion		
		re-	spect-	able.		

331e EXERCICE.

(Grammaire, §§ 426-428.)

Dans les mots suivants séparer les désinences du radical et dire ce qu'indiquent les désinences :

1. [Nous] aimerons les élèves laborieux.

2. Les consuls romains commandaient les armées.

3. Toutes les femmes recherchent les bijoux.

4. [Nos] amis [nous] adressent [de] bonnes paroles.

Corrigé. — (Nous) aim-**er-ons**, *désinences indiquant que le verbe est au futur et à la* 1re *personne du pluriel,* le-**s** élève-**s** laborieu-**x**, *article, substantif et adjectif au pluriel.* — Le-**s** consul-**s** romain-**s**, *article, nom, adjectif au plur.,* command-**aient**, *verbe à l'imparfait et à la* 3e *pers. du plur.,* le-s armée-**s** *article, nom au plur.* — Tout-**e-s** *adj. au fém. et au plur.,* le-**s** femme-**s**, *art., nom au plur.,* recherch-**ent**, *verbe au présent et à la* 3e *pers. du plur.,* le-**s** bijou-**x**, *art., nom au plur.* — (Nos) ami-**s**, *nom au plur.* (nous) adress-**ent**, *verbe au présent et à a* 3e *pers. du plur.* (de) bon-**ne-s**, *adjectif au fém. et au plur.,* parole-**s**, *nom au plur.*

II. — Des diverses espèces de mots.

332e EXERCICE.

(Grammaire, §§ 430-431.)

Mettre les mots suivants en trois colonnes : mettre dans la première les mots primitifs, dans la seconde les mots dérivés, dans la troisième les mots composés; placer sur la même ligne, s'il est possible, les mots de la même famille :

Arc. — Archer. — Arc-en-ciel. — Avant-coureur. — Balle. — Ballon. — Bonhomme. — Château. — Château-fort. — Châtelain. — Chèvre. — Chèvrefeuille. — Chevrotine. — Contre-marche. — Courir. — Démarche. — Dépoter. — Essuie-mains. — Essuyer. — Garde. —

Garde-chasse. — Gardien. — Homme. — Hommelette. — Hôtel. — Hôtelier. — Hôtel-Dieu. — Jet. — Jet-d'eau. — Marche. — Parcourir. — Passe-port. — Pied-à-terre. — Port. — Porte-balle. — Pot. — Pot-au-feu. — Rejeter. — Remporter. — Resserrer. — Serre-tête. — Serrer. — Suie. — Terre. — Terrestre. — Vent. — Ventiler. — Vol-au-vent.

Corrigé.

Arc,	archer,	arc-en-ciel.
Courir,	parcourir,	avant-coureur.
Balle,	ballon,	porte-balle.
Homme,	hommelette,	bonhomme.
Château,	châtelain,	château-fort.
Chèvre,	chevrotine,	chèvre-feuille.
Marche,	démarche,	contre-marche.
Pot,	dépoter,	pot-au-feu.
Suie,	essuyer,	essuie-mains.
Garde,	gardien,	garde-chasse.
Hôtel,	hôtelier,	hôtel-Dieu.
Jet,	rejeter,	jet-d'eau.
Port,	remporter,	passe-port.
Terre,	terrestre,	pied-à-tere.
Serrer,	resserrer,	serre-tête.
Vent,	ventiler,	vol-au-vent.

III. — Des affixes.

1° *Préfixes.*

333ᵉ EXERCICE.

Trouver les préfixes français venus du préfixe latin **ad** *; en indiquer la signification et donner des exemples de mots formés avec ces préfixes.*

Corrigé. — Ces préfixes sont **ad-, ac-, af-, ag-, al-, an-, ap-, ar-, as-, at-** ; pour la signification et les exemples, voir Grammaire, pages 463 et 464.

334ᵉ EXERCICE.

Faire la liste de tous les préfixes français venus de préfixes grecs; en indiquer la signification et donner des exemples de mots formés avec ces préfixes. Dire si ces mots sont de formation savante ou d'origine populaire.

Corrigé. — A- *et* **an-,** *du grec* ἀ *privatif,* a le sens négatif : amnistie, athée, anémie, etc., mots de formation savante, comme tous ceux qui suivent.

Amphi-, *du grec* ἀμφί, signifie autour, des deux côtés : amphithéâtre, amphibie, amphibraque.

Ana-, *du grec* ἀνά, signifie en arrière, en suivant, d'après : anachorète, anachronisme, anagramme.

Anti-, *du grec* ἀντί, signifie contre : antipape, antidote, antipode, antiscorbutique, mots de formation savante ; antienne, mot de formation populaire venu du latin *antiphona,* grec ἀντίφωνον.

Apo-, *du grec* ἀπό, marque éloignement : apogée, apostasie, etc., mots de formation savante, comme ceux qui suivent.

Archi-, *du grec* ἀρχι-, marque supériorité, primauté, excès : archange (*pour* archiange), archiprêtre, archichancelier.

Auto-, *du grec* αὐτός, signifie même, lui-même : autocrate autographe, autopsie, etc.

Kata-, *du grec* κατά, signifie contre, en bas : catachrèse, cataclysme, catapulte (*latin* catapulta).

Di-, *du grec* δίς, signifie deux fois : dilemme, diphtongue, dicéphale, dicotylédone.

Dia-, *du grec* διά, signifie à travers, entièrement : diaphane, diagnostic, diatribe.

Dys-, *du grec* δύς, signifie mal, difficulté : dyspepsie, dysphagie.

En- *et* **em-,** *du grec* ἐν, signifient dedans : encaustique, encyclique, encyclopédie, embryon, empyrée.

Épi-, *du grec* ἐπί, signifie sur : épidémie, épiderme, épitaphe.

Eu-, *du grec* εὖ, signifie bien : euphonie, euphémisme.

Hétéro-, *du grec* ἕτερος, signifie autre : hétérodoxe, hétérogène.

Hyper-, *du grec* ὑπέρ, signifie au-dessus, au-delà : hyperbole, hypertrophie.

Hypo-, *du grec* ὑπό, signifie au-dessus : hypogastre, hypothèque.

Méla- et **mélan-**, *du grec* μέλας, signifie noir : Mélanésie, mélancolie.

Méso- et **mes-**, *du grec* μέσος, signifie au milieu : Mésopotamie, mésentère.

Méta- et **met-**, *du grec* μετά, signifie changement : métaphore, météore.

Micro-, *du grec* μικρός, signifie petit : microscope, Micronésie, microbe.

Mis-, *du grec* μῖσος, signifie haine : misanthrope, misanthropie.

Néo-, *du grec* νέος, signifie nouveau : néologisme, néophyte.

Ortho-, *du grec* ὀρθός, signifie droit : orthographe, orthopédie.

Para-, *du grec* παρά, signifie à côté, au delà : paradoxe, paralogisme, paraphernal.

Péri-, *du grec* περί, signifie autour : périmètre, périphrase, péristyle.

Philo-, *du grec* φίλος, signifie ami : philosophe, philanthrope, philotechnique.

Pro-, *du grec* πρό, signifie devant, en avant : prostyle, protase, prologue, prothèse.

Pros-, *du grec* πρός, signifie vers : prosélyte, prosodie.

Syn-, **syll-**, **sym-**, **sy-**, *du grec* σύν, συλ-, συμ-, signifie avec : syndic, syllabe, sympathie, symétrie.

Télé-, *du grec* τῆλε, signifie au loin : télégraphe, télescope, téléphone.

335ᵉ EXERCICE.

Indiquer l'origine latine et la signification des préfixes français **com**, **dis**, **en**, **ex**, **in**, **mes**, **ob**, **per**, **pro**, **sous**, **super**, **trans** ; *dire quels autres préfixes ont été formés de ceux-là par altération, assimilation, etc., et donner des exemples.*

Corrigé. — **Com-**, du latin *cum*, signifie avec, compatriote; par altération : 1° **co-**, coaccusé; 2° **col-**, collaborer; 3° **con-**, concitoyen; 4° **cor-**, corrompre.

Dis-, du latin *dis-*, signifie séparation, privation : disparaître, disposer; par élision **di-**, digérer, digression ; par assimilation : **dif-**, diffamer, difforme.

En-, du latin *in-*, signifie dedans : encadrer; par accommodation : **em-** : emballer, emmagasiner.

Ex-, du latin *ex*, signifie dehors : excentrique; par suppression ou accommodation : 1° **e-**, écrémer; 2° **ef-**, effondrer; 3° **es-**, essuyer.

In- (1), du latin *in*, signifie dedans : incarcérer; par accommodation : 1° **il-**, illuminer; 2° **im-**, importer; 3° **ir-**, irruption.

In- (2), du latin *in-*, a le sens négatif : inhumain; par accommodation : 1° **il-**, illettré; 2° **im-**, immérité; 3° **ir-**, irrégulier.

Mes-, du latin *minus*, marque un état moindre, mauvais : mésallier, mésaventure; par altération : **mé-**, mécontent, mépriser.

Ob-, du latin *ob*, signifie en face de : objecter; par assimilation : 1° **oc-**, occurrence; 2° **op-**, opposer.

Per-, du latin *per*, signifie à travers, jusqu'au bout : perforer, perfection; par altération **par**, parcourir, parfaire.

Pro-, du latin *pro*, signifie en avant : proposer, produire; par altération : **pour**, pourparler, pourchasser.

Sous-, du latin *sub*, signifie sous, en dessous : soustraire; par altération : **sou-**, souterrain.

Super-, du latin *super*, signifie au-dessus : superposer; par altération : **supré-**, du latin *supra*, suprématie.

Trans-, du latin *trans*, signifie au-delà : transporter; par altération : 1° **tra-**, traduire; 2° **tré-**, trépasser.

336ᵉ EXERCICE.

Indiquer les préfixes qui se trouvent dans les mots suivants ; dire la signification de chaque préfixe et la signification de chaque mot.

Amener. — S'abstenir. — Adjoindre. — Affluer. — Annoter. — Assiéger. — Attenter. — Ambition. — Antédiluvien. — Aîné. — Antidater. — Bénédiction. — Bienfait. — Biscuit. — Bipède. — Circumnavigation. — Circonscrire. — Cisalpin. — Compatriote. — Coassocié. — Collaborer. — Concitoyen. — Correspondre. — Contravention. — Contrôle.

Corrigé. — Amener (**a**, tendance), mener, conduire en quelque endroit ou vers quelqu'un. — S'abstenir (**abs**, éloignement), se tenir éloigné de, s'empêcher de faire une chose. — Adjoindre (**ad**, rapprochement), joindre une ou plusieurs personnes à une ou plusieurs autres pour faire un tout. — Affluer (**af**, pour ad, tendance, rapprochement), couler vers. — Annoter (**an**, pour ad, rapprochement), faire des notes, des remarques sur un texte. — Assiéger (**as**, pour ad, rapprochement), s'établir auprès d'une ville pour chercher à la prendre. — Attenter (**at**, pour ad, rapprochement), faire une tentative contre quelqu'un ou quelque chose. — Ambition (**amb**, autour, de tous les côtés), action d'aller de tous les côtés pour arriver aux honneurs. — Antédiluvien (**ante**, avant), qui a existé avant le déluge. — Aîné (**ai**, par altération pour ante), qui est né avant. — Antidater (**anti**, par altération pour ante), mettre une date antérieure à la véritable. — Bénédiction (**bene**, bien), action de dire du bien, par conséquent d'appeler sur une personne ou une chose la protection du ciel. — Bienfait (**bien**, traduction de bene, dans les mots d'origine populaire), chose bien faite, service rendu à quelqu'un. — Biscuit (**bis**, deux fois), pain auquel on a donné deux cuissons pour le faire cuire. — Bipède (**bi**, altération de bis), qui a deux pieds. — Circumnavigation (**circum**, tout autour), voyage autour du monde. — Circonscrire (**circon,** altération de circum), tracer des bornes, des limites autour d'une chose. — Cisalpin (**cis,** en deçà), qui est en-deçà des Alpes. — Compatriote (**com,** avec), qui est de la même patrie qu'un autre. — Coassocié (**co,** par altération pour còm), qui est associé avec quelqu'un. — Collaborer (**col,** par altération pour com), travailler avec quelqu'un. — Concitoyen (**con,** par altération pour com), qui est citoyen du même pays qu'un autre. — Correspondre (**cor,** par altération pour com), rapporter, être conforme à quelque chose, communiquer avec quelqu'un , avoir un échange de lettres. — Contravention (**contra,** contre), action contre une loi, un ordre, etc. — Contrôle, contraction pour contre-rôle (**contre**), registre double qu'on tient pour la vérification d'un autre.

<h3 style="text-align:center">337e EXERCICE.</h3>

Comme le précédent.

Dépayser. — Déshonorer. — Distraire. — Disperser. — Diffamer. — Encadrer. — Emmagasiner. — Entremêler. — Excommunier. — Écrémer. — Effusion. — Essouffler. — Extraordinaire. — Forfaire. — Fourvoyer. — Inscrire. — Illuminer. — Immerger. — Irruption. — Infidèle. — Illettré. — Immérité. — Irrégulier. — Intervalle. — Introduire.

Corrigé. — Dépayser (**dé,** éloignement), éloigner d'un pays, faire changer de pays. — Déshonorer (**dés,** éloignement), éloigner, priver de l'honneur. — Distraire (**dis,** séparation), séparer une partie d'un tout. — Disperser (**di,** par altération pour dis, séparation, distribution), répandre çà et là, sans ordre, sans choix. — Diffamer (**dif,** par assimilation pour dis), priver de la bonne renommée, perdre de réputation. — Encadrer (**en,** dedans), mettre dans un cadre. — Emmagasiner (**em,** par accommodation pour en), mettre dans un magasin. — Entremêler (**entre**), mêler plusieurs choses parmi d'autres. — Excommunier (**ex,** dehors, hors de), mettre hors de la communion. — Écrémer (**e,** pour ex), ôter la crème de dessus le lait. — Effusion (**ef,** par accommodation pour ex), action de répandre au dehors. — Essouffler (**es,** par accommodation pour **ex**), enlever le souffle, mettre hors d'haleine. — Extra-ordinaire (**extra,** dehors), qui est hors de l'usage ordinaire. — Forfaire (**for,** dehors), agir en dehors du devoir, contre le devoir, l'honneur. — Fourvoyer (**four,** dehors), mettre hors de la bonne voie. — Inscrire (**in,** dedans, sur), écrire un nom, une mention sur quelque chose. — Illuminer (**il,** par accommodation pour **in**), répandre de la lumière sur quelque chose. — Immerger (**im,** par accommodation pour in), plonger dans l'eau, dans un liquide. — Irruption (**ir,** par accommodation pour in), action de se précipiter dans un pays. — Infidèle (**in,** sens négatif), qui n'est pas fidèle. — Illettré (**il,** par accommodation pour in), qui n'est pas lettré. — Immérité (**im,** par accommodation pour in), qui n'est pas mérité. — Irrégulier (**ir,** par accommodation pour in), qui n'est pas régulier. — Intervalle (**inter,** entre), littér. l'espace entre deux palissades, distance d'un lieu ou d'un objet à un autre. — Introduire (**intro,** en dedans), conduire en dedans.

<h2 align="center">338° EXERCICE.</h2>

Avec des préfixes et les verbes simples suivants former des verbes composés.

Malade. — Maussade. — Mésaventure. — Méfait. — Minuit. — Nonpareil. — Obstacle. — Occurrence. — Opposer. — Outrecuidant. — Parcourir. — Perturba-teur. — Posthume. — Pourchasser. — Prénom. — Prologue. — Réagir. — Refaire. — Rétrograder.

Corrigé. — Malade, dans la vieille langue *malate* (de **mal,** signifiant mal, et *aptus,* disposé), mal disposé. — Maussade, ancienn. *malsade* (de **mal,** et de *sade,* adjectif qui signifiait ayant un goût, une saveur, désagréable, déplaisant. — Mésaventure (de **mes,** en latin *minus,* indiquant un état moindre, mauvais, fâcheuse aventure. — Méfait (de **mé,** par altération de *mes,*) mauvaise action. — Minuit (de **mi,** en latin *medius,* signifiant moitié), la moitié, le milieu de la nuit. — Nonpareil (de **non,** qui a le sens négatif), qui est sans pareil. — Obstacle (de **ob,** en latin *ob,* devant), qui est placé devant, ce qui empêche qu'une personne ne parvienne à ses fins. — Occurrence (de **oc,** par assimilation pour *ob,* et *currere,* courir), rencontre, événement fortuit. — Opposer (de **op,** par assimilation pour *ob*), poser devant, placer une chose de manière qu'elle fasse obstacle à une autre. — Outrecuidant (de **outre,** au delà de, et *cuidant* participe du vieux verbe *cuider,* croire), qui croit de soi au delà de ce qu'il doit croire, présomptueux. — Parcourir (de **par,** à travers), courir à travers un pays, un livre. — Perturbateur (de **per,** à travers), qui porte le trouble à travers un pays, une société. — Posthume (de **post,** après), qui est né après la mort de son père. — Pourchasser (de **pour,** en latin *pro,* devant), chasser devant soi. — Prénom (de **pré,** en latin *præ,* en avant), qui est placé en avant du nom. — Prologue (de **pro,** en avant et λόγος, discours), ce qui sert de prélude à une pièce dramatique. — Réagir (de **ré,** du latin *re,* qui signifie retour en arrière), agir en sens contraire. — Refaire (de **re,** signifiant renouvellement), faire une chose à nouveau. — Rétrograder (de **retro,** en arrière, et *gradi* marcher), revenir en arrière, retourner sur ses pas.

339ᵉ EXERCICE.

Comme le précédent.

Soustraire. — Souscription. — Subjuguer. — Succéder. — Suffixe. — Supporter. — Suspecter. — Superposer. — Surnommer. — Susdit. — Transporter. — Traduire. — Trépasser. — Vicomte.

Corrigé. — Soustraire (de **sous,** en dessous), tirer en dessous, enlever par fraude. — Souscription (de **sou,** altération de *sous,* en dessous et *scribere,* écrire), signature mise au-dessous d'un acte pour l'approuver. — Subjuguer (de **sub,** au-dessous et *jugum,* joug), mettre sous le joug, dominer. — Succéder (de **suc,** par assimilation pour *sub*), venir après, prendre la place de. — Suffixe (de **suf,** par assimilation pour **sub,** et *fixus,* fiché), élément qui, dans un mot, suit le radical. — Supporter (de **sup,** par assimilation pour *sub*), porter en dessous, soutenir quelque chose qui est au-dessus. — Suspecter (de **su**, par altération pour *sub*, et *spectare*, regarder), regarder en dessous, soupçonner. — Superposer (de **super**, au-dessus), poser au-dessus. — Surnommer (de **sur**, au-dessus), mettre un nom sur un autre, ajouter un nom à quelqu'un. — Susdit (de **sus**, par altération pour *sur*), qui a été dit dessus, précédemment. — Transporter (de **trans**, au delà), porter au delà, porter d'un lieu dans un autre. — Traduire (de **tra**, par altération pour *trans*, au delà et *ducere*, conduire), transférer d'un lieu dans un autre, faire passer d'une langue dans une autre. — Trépasser (de **tré**, par altération pour *trans*), aller au-delà du tombeau, mourir. — Vicomte (de **vi**, par altération pour **vice**, à la place de), littér. qui est à la place du comte.

2° *Suffixes.*

340ᵉ EXERCICE.

Trouver les substantifs français venus des substantifs latins suivants; souligner les suffixes latins et les suffixes français.

Abolitionem. — Abundantiam. — Accusatorem. — Accusatricem. — Adulatricem. — Adversarium. — Avaritiam. — † Bataliam. — Beneficium. — † Campaniam. — Capreolum. — Certitudinem. — Claviculam (*deux mots*). — Consulatum. — Craticulam. — Decanum. — Dividendum. — Dormitorium. — Eleemosinarium. — Examen. — Factionem (*deux mots*). — Filiolum. — Granarium. — Historiam. — Justitiam. — Latronem. — Legendam. — Leporellum. — Levamen.

Corrigé. — **Aboliti**onem, aboli**tion**. — **Abundantiam**, abon**dance**. — **Accusat**orem, accusa**teur**. — **Accusatricem**, accusatrice. — **Adulat**ricem, adula**trice**. — **Adversarium**, adver**saire**. — **Avaritiam**, ava**rice**. — † **Bataliam**, ba**taille**. — **Benefic**ium, bé**néfice**. — † **Campaniam**, cam**pagne**. — **Capreolum**, che**vreuil**. — **Certitudinem**, certi**tude**. — **Claviculam**, cla**vicule**, che**ville**. — **Consulatum**, consu**lat**.

— † Craticulam, grille. — Decanum, doyen. — Dividendum, dividende. — Dormitorium, dortoir. — Eleemosinarium, aumônier. — Examen, essaim. — Factionem, faction, façon. — Filiolum, filleul. — Granarium, grenier. — Historiam, histoire. — Justitiam, justice. — Latronem, larron. — Legendam, légende. — Leporellum, lapereau. — Levamen, levaim.

341e EXERCICE.

Comme le précédent.

Manicam. — Militarem. — Naturam. — Negligentiam. — Opusculum. — Oraculum. — Paganum. — Paupertatem. — Perfidiam. — Perticam. — Pigritiam. — † Piluccium. — Potionem (*deux mots*). — Prophetissam. — † Ramellum. — Ranunculam (*deux mots*). — Rationem (*deux mots*). — Refectorium. — Reprimendam. — Salvatorem. — Sanitatem. — † Scutarium. — Sæcularem. — Sophistam. — Spectaculum. — Testamentum. — Tristitiam. — Venatorem. — † Vervecarium. — † Viarium. — Viaticum. — Vivarium.

Corrigé. — Manicam, manche. — Militarem, militaire. — Naturam, nature. — Negligentiam, négligence. — Opusculum, opuscule. — Oraculum, oracle. — Paganum, païen. — Paupertatem, pauvreté. — Perfidiam, perfidie. — Perticam, perche. — Pigritiam, paresse. — † Piluccium, peluche. — Potionem, potion, poison. — Prophetissam, prophétesse. — † Ramellum, rameau. — Ranunculam, renoncule, grenouille. — Rationem, ration, raison. — Refectorium, réfectoire. — Reprimendam, réprimande. — Salvatorem, sauveur. — Sanitatem, santé. — † Scutarium, écuyer. — Sæcularem, séculier. — Sophistam, sophiste. — Spectaculum, spectacle. — Testamentum, testament. — Tristitiam, tristesse. — Venatorem, veneur. — † Vervecarium, berger. — Viarium, voyer. — Viaticum, viatique. — Vivarium, vivier.

342° EXERCICE.

Trouver des noms indiquant l'agent, formés avec l'un des suffixes **eur, teur, er, ier, ien, iste,** *et ayant la même racine que les mots suivants :*

Accuser. — Acheter. — Archive. — Art. — Artifice. — Aumône. — Balayer. — Blanchir. — Botanique. — Brique. — Changer. —Charpente. — Chiffon. — Chimie. — Chirurgie. — Conduire. — Christianisme. — Couteau (*anc. franc.* coutel). — Couvrir. — Cultiver. — Dent. — Détruire. — Diriger. — Drogue. — Fable (*fabulam*). — Fosse. — Horloge. — Herbe. — Jardin. — Labourer. —Liqueur. —Machine. —Marbre. — Mode. — Monnaie. — Musique. — Œil (*oculum*). — Oiseau (*anc. franc.* oisel). —Paysage. —Pêcher. — Pharmacie. — Physique. — Piano. — Profaner. — Restaurer. — Serrure. — Succéder. — Tuile. — Vaincre. — Vitre.

Corrigé. — Accusateur. — Acheteur. — Archiviste. — Artiste. — Artificier. — Aumônier. — Balayeur. — Blanchisseur. — Botaniste. — Briquetier. — Changeur. — Charpentier. — Chiffonnier. — Chimiste. — Chirurgien. — Conducteur. — Chrétien. — Coutelier. — Couvreur. — Cultivateur. — Dentiste. — Destructeur. — Directeur. — Droguiste. — Fabuliste. — Fossoyeur. — Horloger. — Herboriste. — Jardinier. — Laboureur. — Liquoriste. — Machiniste. — Marbrier. — Modiste. — Monnayeur. — Musicien. — Oculiste. — Oiselier *et* oiseleur. — Paysagiste. — Pêcheur. — Pharmacien. — Physicien. — Pianiste. — Profanateur. — Restaurateur. — Serrurier. — Successeur. — Tuilier. — Vainqueur. — Vitrier.

343° EXERCICE.

Trouver des noms indiquant l'action ou le résultat de l'action, formés avec l'un des suffixes **tion (ation, ition, ission), ment, age, ure,** *et ayant la même racine que les mots suivants :*

Abolir. — Agir. — Agriculteur. — Apprenti. — Ba-

din. — Bêler. — Blesser. — Brigand. — Conclure. —
Confesser. — Confondre. — Conserver. — Convertir. —
Coopérer. — Créer. — Diriger. — Distribuer. — Éclai-
rer. — Expulser. — Feuille. — Fonder. — Hurler. —
Imaginer. — Imiter. — Instruire. — Lire. — Mugir. —
Nager (*natare*). — Naviguer. — Ombre. — Orner. —
Payer. — Peindre. — Pèlerin. — Permettre. — Pro-
duire. — Protéger. — Raccommoder. — Rétribuer. —
Rugir. — Séduire. — Soulager. — Soumettre. — Suc-
céder. — Témoigner. — Tester. — Voyager.

Corrigé. — Abolition. — Action. — Agriculture. — Appren-
tissage. — Badinage. — Bêlement. — Blessure. — Brigan-
dage. — Conclusion. — Confession. — Confusion. — Conser-
vation. — Conversion. — Coopération. — Création. — Direc
tion. — Distribution. — Éclaircissement. — Expulsion. —
Feuillage. — Fondation *et* fondement. — Hurlement. — Ima
gination. — Imitation. — Instruction. — Lecture. — Mugisse-
ment. — Natation. — Navigation. — Ombrage. — Ornement.
— Paiement. — Peinture. — Pèlerinage. — Permission. —
Production. — Protection. — Raccommodement *et* raccommodage. — Rétribution. — Rugissement. — Séduction. — Sou-
lagement. — Soumission. — Succession. — Témoignage. —
Testament. — Voyage.

344ᵉ EXERCICE.

*Trouver des noms indiquant la manière, les qualités ou les
défauts, formés avec l'un des suffixes* **ance, ence, esse, té,
tude, erie, ise,** *et ayant la même racine que les mots suivants :*

Abondant. — Adroit. — Apparent. — Bas. — Bête. —
Bienfaisant. — Brusque. — Brutal. — Complaire. —
Constant. — Corpulent. — Crédule. — Curieux. — Dé-
fiant. — Digne. — Élégant. — Éloquent. — Étourdi. —
Excellent. — Fainéant. — Fourbe. — Franc. — Fré-
quent. — Gentil. — Gourmand. — Humain (*humanum*).
— Ignorer. — Imprudent. — Innocent. — Médire. —

Mûr (*maturum*). — Négliger. — Noble. — Obéir. — Obscur. — Persévérer. — Pervers. — Poli. — Préférer. — Prudent. — Sage. — Sain (*sanum*). — Saint. — Sot. — Suffire. — Sûr. — Tempérer. — Triste. — Vaillant. — Violent.

Corrigé. — Abondance. — Adresse. — Apparence. — Bassesse. — Bêtise. — Bienfaisance. — Brusquerie. — Brutalité. — Complaisance. — Constance. — Corpulence. — Crédulité. — Curiosité. — Défiance. — Dignité. — Élégance. — Éloquence. — Étourderie. — Excellence. — Fainéantise. — Fourberie. — Franchise. — Fréquence. — Gentillesse. — Gourmandise. — Humanité. — Ignorance. — Imprudence. — Innocence. — Médisance. — Maturité. — Négligence. — Noblesse. — Obéissance. — Obscurité. — Persévérance. — Perversité. — Politesse. — Préférence. — Prudence. — Sagesse. — Santé. — Sainteté. — Sottise. — Suffisance. — Sûreté. — Tempérance. — Tristesse. — Vaillance. — Violence.

345ᵉ EXERCICE.

Trouver des noms de lieux ou d'instruments, formés avec l'un des suffixes **acle, ail, ain, oir, oire, er,** *et ayant la même racine que les mots suivants :*

Abreuver. — Arroser. — Balancer. — Bassiner. — Bûche. — Chiffon. — Compter. — Cracher. — Dame. — Dormir. — Échec. — Écrire. — Écumer. — Épouvanter. — Éteindre. — Éventer. — Fruit. — Grain. — Gratter. — Guêpe. — Huile. — Laminer. — Lever. — Mirer. — Nager. — Obus. — Parler. — Passer. — Planter. — Raser. — Ruche. — Salade. — Semer. — Soupirer. — Spectateur.

Corrigé. — Abreuvoir. — Arrosoir. — Balançoire. — Bassinoire. — Bûcher. — Chiffonnier. — Comptoir. — Crachoir. — Damier. — Dortoir. — Échiquier. — Écritoire. — Écumoire. — Épouvantail. — Éteignoir. — Éventail. — Fruitier. — Grenier. — Grattoir. — Guêpier. — Huilier. — Laminoir.

— Levier. — Miroir. — Nageoire. — Obusier. — Parloir. — Passoire. — Plantoir. — Rasoir. — Rucher. — Saladier. — Semoir. — Soupirail. — Spectacle.

346ᵉ EXERCICE.

Indiquer les diminutifs des mots suivants.

Ane. — Animal. — Arbre. — Bande (*deux diminutifs*). — Baril. — Bateau (*ancien français* bâtel). — Bâton. — Bois (*bas-latin* boscum). — Boule. — Broche. — Bûche. — Caisse (*latin* cassam). — Carpe. — Chambre. — Chanson. — Chausse. — Chemise. — Chèvre. — Corps (*latin* corpus). — Croc. — Cuve. — Dindon. — Épaule. — Femme. — Feuille. — Fil. — Fille. — Fleur. — Forme. — Fosse. — Fourche. — Globe. — Goutte. — Hache. — Histoire (*latin* historiam). — Homme. — Ile. — Jambon. — Jardin. — Lance. — Langue. — Lièvre (*à l'origine* lèvre, *du latin* leporem). — Lourd. — Maison. — Manche. — Mie. — Mont. — Mouche. — OEil. — Oie. — Oiseau. — Orme. — OEuvre (*latin* opus). — Paille. — Partie. — Peau (*latin,* pellis, *gén.* pellis). — Pigeon. — Pince. — Planche. — Poule. — Prune. — Puce. — Roi. — Roue. — Rue. — Sac. — Serpe. — Solive. — Table. — Tour. — Trompe.

Corrigé. — Anon. — Animacule. — Arbrisseau. — Bandeau et bandelette. — Barillet. — Batelet. — Bâtonnet. — Bosquet. — Boulette. — Brochette. — Bûchette. — Cassette. — Carpillon. — Chambrette. — Chansonnette. — Chaussette. — Chemisette. — Chevreau. — Corpuscule. — Crochet. — Cuvette. — Dindonneau. — Épaulette. — Femmelette — Feuillette. — Filet. — Fillette. — Fleurette. — Formule. — Fossette. — Fourchette. — Globule. — Gouttelette. — Hachette. — Historiette. — Hommeau [1]. — Ilot. — Jambonneau. —

1. Le bon hommeau des coups se consola. LA FONTAINE.

Jardinet. — Lancette. — Languette. — Levrette. — Lourdaud.
— Maisonnette. — Manchette. — Miette. — Monticule. —
Moucheron. — Œillet. — Oison. — Oisillon. — Ormeau. —
Opuscule. — Paillette. — Particule. — Pellicule. — Pigeon-
neau. — Pincette. — Planchette. — Poulette. — Prunelle. —
Puceron. — Roitelet. — Rouet. — Ruelle. — Sachet. — Ser-
pette. — Soliveau. — Tablette. — Tourelle. — Trompette.

2e *Classe.* — *Suffixes des adjectifs et participes.*

347e EXERCICE.

*Trouver les mots français venus des mots latins suivants;
souligner les suffixes dans les mots latins et dans les mots français.*

Adolescentem. — Adversarium. — Amabilem. —
Amantem. — Amatum. — Bellicosum. — Benignum. —
Candidum. — Captivum. — Centesimum. — Civilem.
— Crudelem. — Doctissimum. — Familiarem. — Fini-
tum. — Furibundum. — Heroicum. — Legalem. —
Malignum. — Militarem. — Mortalem. — Perditum.
— Prudentem. — Rapacem. — Rubescentem. — San-
guinarium. — Scriptum. — Silvaticum. — Solubilem.
— Somniferum. — Submissum. — Valentem.

Corrigé. — Adolescentem, adolescent. — Adversarium,
adversaire. — Amabilem, aimable. — Amantem, aimant.
— Amatum, aimé. — Bellicosum, belliqueux. — Benignum,
bénin. — Candidum, candide. — Captivum, captif. —
Centesimum, centième. — Civilem, civil. — Crudelem,
cruel. — Doctissimum, doctissime. — Familiarem, familier. — Finitum, fini. — Furibundum, furibond. — Heroicum, héroïque. — Legalem, légal. — Malignum, malin.
— Militarem, militaire. — Mortalem, mortel. — Perditum,
perdu. — Prudentem, prudent. — Rapacem, rapace. —
Rubescentem, rougissant. — Sanguinarium, sanguinaire.
— Scriptum, écrit. — Silvaticum, sauvage. — Solubilem,
soluble. — Somniferum, somnifère. — Submissum, sou-
mis. — Valentem, vaillant.

348ᵉ EXERCICE.

Indiquer les adjectifs formés avec l'un des suffixes **able, aire, al, el, eux, if,** *et ayant la même racine que les mots suivants.*

Aborder. — Abus. — Addition. — Admirer. — Adoption. — Adorer. — Adverbe. — Angle. — Année. — Approbation. — Arsenic. — Attaquer. — Automne. — Avantage. — Baptême. — Blâmer. — Caverne. — Cellule. — Centre. — Colosse. — Communication. — Comparer. — Consul. — Correction. — Corrélation. — Courage. — Crime. — Danger. — Dent. — Déplorer. — Domicile. — Essence. — Éternité. — Faire. — Faste. — Grammaire. — Individu. — Langueur. — Location. — Maître. — Matière. — Muscle. — Nature. — Nier. — Préférer. — Province. — Recteur. — Soufre. — Superficie. — Temps. — Université. — Venin. — Vœu.

Corrigé. — Abordable. — Abusif. — Additionnel. — Admirable. — Adoptif. — Adorable. — Abverbial. — Anguleux. — Annuel. — Approbatif. — Arsenieux *et* arsenical. — Attaquable. — Automnal. — Avantageux. — Baptismal. — Blâmable. — Caverneux. — Cellulaire. — Central. — Colossal. — Communicatif. — Comparable. — Consulaire. — Correctionnel. — Corrélatif. — Courageux. — Criminel. — Dangereux. — Dentaire. — Déplorable. — Domiciliaire. — Essentiel. — Éternel. — Faisable. — Fastueux. — Grammatical. — Individuel. — Langoureux. — Locatif. — Magistral. — Matériel. — Musculaire. — Naturel. — Niable. — Préférable. — Provincial. — Rectoral. — Sulfureux. — Superficiel. — Temporel. — Universitaire. — Venimeux. — Votif.

3ᵉ *Classe.* — *Suffixes des verbes.*

349ᵉ EXERCICE.

Dans les verbes suivants souligner les suffixes; dire l'origine de chaque suffixe et ce qu'il signifie.

Aimer. — Barboter. — Bonifier. — Centraliser. —

Côtoyer. — **Devoir.** — **Familiariser.** — **Ferrailler.** — **Finir.** — **Germaniser.** — **Gesticuler.** — **Grisonner.** — **Harceler.** — **Larmoyer.** — **Marqueter.** — **Pendiller.** — **Pétrifier.** — **Recevoir.** — **Rectifier.** — **Rendre.** — **Rêvasser.** — **Ridiculiser.** — **Rimailler.** — **Tortiller.** — **Vivoter.** — **Voltiger.**

Corrigé. — (La signification de chaque suffixe n'est indiquée qu'une fois). — **Aimer** (latin-*are*), suffixe indiquant l'idée générale d'action. — **Barboter** (suffixe français), diminutif. — **Bonifier** (lat.-*ficâre*), indiquant l'idée de cause. — **Centraliser** (grec *ίζειν*, bas latin-*izare*), idée de cause. — **Côtoyer** (lat.-*icare*), fréquentatif. — **Devoir** (lat.-*ere*), idée générale d'action. — **Familiariser** (lat-*izare*). — **Ferrailler** (suff. français) fréquentatif. — **Finir** (lat.-*ire*), idée générale d'action. — **Germaniser** (lat.-*izare*). — **Gesticuler** (lat.-*ulare*), diminutif. — **Grisonner** (suff. français), fréquentatif. — **Harceler** (suff. français), diminutif. — **Larmoyer** (lat.-*icare*). — **Marqueter** (suff. français), diminutif. — **Pendiller** (lat.-*illare*) diminutif. — **Pétrifier** (lat.-*ficare*). — **Recevoir** (lat.-*ere*). — **Rectifier** (lat.-*ficare*). — **Rendre** (lat.-*ere*). **Rêvasser** (lat.-*ascere*), fréquentatif. — **Ridiculiser** (lat.-*izare*). — **Rimailler** (suff. français). — **Tortiller** (lat.-*illare*). — **Vivoter** (suff. français). — **Voltiger** (suff. italien), diminutif.

350ᵉ EXERCICE.

Indiquer les verbes formés avec l'un des suffixes **fier** *et* **iser,** *et ayant la même racine que les mots suivants :*

Auteur. — Bon. — Caractère. — Certain. — Civil. — Doux. — Égal. — Familier. — Faux (*falsum*). — Faveur. — Fort. — Fruit. — Gloire. — Humain. — Immortel. — Juste. — Maître. — Martyr. — Mort. — Organe. — Paix. — Pur. — Pierre. — Réel. — Ridicule. — Sacré. — Saint. — Scandale. — Signe. — Simple. — Sympathie. — Tyran. — Vif. — Vrai.

Corrigé. — Autoriser. — Bonifier. — Caractériser. — Certifier. — Civiliser. — Dulcifier. — Égaliser. — Familiariser. — Falsifier. — Favoriser. — Fortifier. — Fructifier. — Glorifier. — Humaniser. — Immortaliser. — Justifier. — Maîtriser. — Martyriser. — Mortifier. — Organiser. — Pacifier. — Purifier. — Pétrifier. — Réaliser. — Ridiculiser. — Sacrifier. — Sanctifier. — Scandaliser. — Signifier. — Simplifier. — Sympathiser. — Tyranniser. — Vivifier. — Vérifier.

4ᵉ *Classe.* — *Suffixes des adverbes et autres particules.*

351ᵉ EXERCICE.

(Revoir Grammaire, § 143.)

I. — *Avec le suffixe* **ment** *et les adjectifs suivants, former des adverbes et conclure en disant d'après quels principes ils sont formés.*

Abondant. — Adroit. — Confus. — Courageux. — Élégant. — Éperdu. — Gai. — Impuni. — Joli. — Lent. — Obscur. — Présent. — Prudent. — Savant. — Véhément.

Corrigé. — Abondamment (le t final de l'adjectif a été supprimé devant le suffixe **ment**, et l'n s'est changée en **m**, par assimilation avec la lettre initiale du suffixe. — Adroitement (adjectif féminin et suffixe **ment**). — Confusément (l'e muet de l'adjectif s'est changé en **é** fermé). — Courageusement (adjectif féminin et suffixe **ment**). — Élégamment (formé comme **abondamment**). — Éperdument (la forme féminine de l'adjectif a disparu). — Gaiement *et* gaîment (dans la seconde forme l'e muet du féminin a été remplacé par un accent circonflexe). — Impunément (formé irrégulièrement d'**impuni**). — Joliment (l'e a disparu sans laisser de trace). — Lentement (formé d'après la règle générale). — Obscurément (comme **confusément**). — Présentement (règle générale). — Prudemment (comme **abondamment**). — Savamment (id.). — Véhémentement (règle générale).

352ᵉ EXERCICE.

(Grammaire, § 433, Rem. I.)

Faire la liste des suffixes français qui ne sont pas d'origine latine; citer des mots formés à l'aide de ces suffixes et choisir, autant que possible, d'autres exemples que ceux qui sont donnés dans la grammaire.

Corrigé. — *Substantifs :* **Ade** (résultat de l'action), canonnade, glissade. — **Ace** et **-asse** (péjoratifs), populace, hommasse, villasse. — **Illon** (diminutif), carpillon, oisillon. — **Ot** et **iot** (diminutifs), Jeannot, pâlot, chariot.

2° *Verbes :* **Ailler** (fréquentatif), écrivailler. — **Onner** (fréquentatif), grisonner, foisonner. — **Eler** (diminutif), chanceler, écarteler, marteler, morceler. — **Eter** (diminutif), becqueter, marqueter, tacheter. — **Oter** (diminutif), buvoter, chuchoter, clignoter.

353ᵉ EXERCICE.

Distinguer parmi les mots suivants ceux qui sont d'origine latine (comme **accusateur** *qui vient de* **accusatorem**)*, et ceux qui sont de formation française (comme* **cultivateur,** *qui est dérivé de* **cultiver**).

Accusateur, agriculteur, cultivateur. — Charpentier, banquier, épicier, menuisier. — Antagoniste, chimiste, dentiste. — Abreuvoir, comptoir, pressoir. — Bûcher, clocher, grenier. — Chevreau, drapeau, lapereau, perdreau. — Aiguille, cheville, coquille, faucille, flottille. — Balayage, fermage, raccommodage, voyage. — Demoiselle, écuelle, prunelle, tonnelle. — Chrétien, chirurgien, gardien. — Bestiole, carriole, casserole.

Corrigé. — Accusateur *(accusatorem)*, agriculteur *(agricultorem)*, cultivateur *(cultiver)*. — Charpentier *(carpentarium)*, banquier *(banque)*, épicier *(épices)*, menuisier *(menu)*. — Antagoniste *(antagonistam)*, chimiste *(chimie)*, dentiste *(dent)*. — Abreuvoir *(abreuver)*, comptoir *(compter)*, pressoir *(presso* *rium*). — Bûcher (bûche), clocher (cloche), grenier (*grana-rium*). — Chevreau (chèvre), drapeau (drap), lapereau (*leporellum*), perdreau (perdrix). — Aiguille († *acuclam*), cheville (†*claviculam*), coquille (*conchylium*), faucille (*falcillam*), flottille (flotte). — Balayage (balayer), fermage (ferme), raccommodage (raccommoder), voyage (*viaticum*). — Demoiselle († *domiricellam*), écuelle (*scutellam*), prunelle (prune), tonnelle (tonne). — Chrétien (*christianum*), chirurgien (chirurgie), gardien (garder). — Bestiole (*bestiolam*), carriole (de l'italien *carriula*), casserole (casse).

IV. — Des mots dérivés.

354e EXERCICE.

(Grammaire, § 434.)

Parmi les mots suivants les dérivés seront soulignés une fois, les dérivés de dérivés seront soulignés deux fois.

1. Acte, action, actionner, actionnaire, actif, activité, activement. — 2. Aiguille, aiguillée, aiguillette, aiguillon, aiguillonner. — 3. Ane, ânesse, ânon, ânerie. — 4. Bombe, bombarde, bombarder, bombardement. — 5. Casse, casserole, casserolée. — 6. Centre, central, centraliser, centrifuge, centripète. — 7. Char, charrier, charrette, charretier, charretée. — 8. Fer, ferrer, ferrage, ferrement, ferrure, ferraille, ferrailler, ferrailleur. — 9. Fol, follet, folâtre, folâtrer. — 10. Table, tablier, tablette, tabletier, tabletterie. — 11. Tambour, tambourin, tambouriner. — 12. Voile, voilier, voilure, voilerie.

Corrigé. — (Les dérivés sont en italiques, les dérivés de dérivés en grasses.) — 1. Acte, *action,* **actionner, actionnaire,** *actif,* **activité, activement.** — 2. Aiguille, *aiguillée, aiguillette, aiguillon,* **aiguillonner.** — 3. Ane, *ânesse, ânon, ânerie.* — 4. Bombe, *bombarde,* **bombarder, bombardement.** — 5. Casse, *casserole,* **casserolée.** — 6. Centre, *central,* **centraliser,** *centrifuge, centripète.* — 7. Char, *charrier,* *charrette*, **charretier, charretée**. — 8. Fer, *ferrer, ferrage, ferrement, ferrrure, ferraille*, **ferrailler, ferrailleur**. — 9. Fol, *follet, folâtre, folâtrer*. — 10. Table, *tablier, tablette*, **tabletier, tabletterie**. — 11. Tambour, *tambourin,* **tambouriner**. — 12. Voile, *voilier, voilure, voilerie*.

<h2 style="text-align:center">355e EXERCICE.</h2>

Montrer par un certain nombre de doublets que le suffixe latin et le radical ont été altérés dans les mots de formation populaire et respectés dans les mots de formation savante ; voir plus haut, pages 52-55.

Corrigé. — (Les mots de formation populaire sont en italiques, les mots de formation savante en grasses.) — Nat*alem*, *noël*, **natal**. — Præsid*entiam*, *préséance*, **présidence**. — Prehen*sionem*, *prison*, **préhension**. — Redemptionem, *rançon*, **rédemption**. — Secat*orem*, *scieur*, **sécateur**. — Musc*atum*, *muguet*, **muscat**. — Épistol*arium*, *épistolier*, **épistolaire**. — Justit*iam*, *justice*, **justesse**, etc.

<h2 style="text-align:center">356e EXERCICE.</h2>

(Grammaire, § 434.)

Dire de quels mots latins viennent les mots français suivants qui sont de formation populaire ; signaler les **lettres parasites ou prosthétiques** *qui se trouvent dans les mots français.*

Accroître. — Ancêtre. — Cendre. — Chambre. — Comble. — Échelle. — École. — Épine. — Étude. — Fronde. — Gendre. — Haut. — Huile. — Huis. — Huit. — Huître. — Humble. — Jongler. — Langouste. — Lanterne. — Lendemain. — Lierre. — Loriot. — Lors. — Luette. — Nombre. — Perdrix. — Poudre. — Rustre. — Tante. — Trahir. — Trésor. — Velours. — Vendredi.

Corrigé. — Accroître (*accrescere*), il y a eu une intercalation euphonique de la dentale **t.** — Ancêtre (*antecessorem*), intercalation d'un **t.** — Cendre (*cinerem*), intercalation d'un **d.** — Chambre (*cameram*), intercalation d'un **b.** — Comble (*cumulum*), intercalation d'un **b.** — Échelle (*scalam*), **é** prosthétique. — École (*scolam*), **é** prosthétique. — Épine (*spinam*), **é** prosthétique. — Étude (*studium*), **é** prosthétique. — Fronde (*fundam*), intercalation d'une **r.** — Gendre (*generum*), intercalation d'un **d.** — Haut (*altum*), **h** prosthétique. — Huile (*oleum*), **h** prosthétique. — Huis (*ostium*), **h** prosthétique. — Huit (*octo*), **h** prosthétique. — Huître (*ostream*), **h** prosthétique. — Humble (*humilem*), intercalation d'un **b.** — Jongler (*joculari*), intercalation d'une **n.** — Langouste (*locustam*), intercalation d'une **n.** — Lanterne (*laternam*), intercalation d'une **n.** — Lendemain, ancienn. **l'endemain**, agglutination de l'article. — Lierre (*hederam*), agglutination de l'article. — Loriot, ancienn. **loriol** (*aureolum*), agglutination de l'article. — Lors, à l'origine **l'ores**, agglutination de l'article. — Luette, à l'origine **l'uette** (diminutif d'un mot disparu venant de *uvam*), agglutination de l'article. — Nombre (*numerum*), intercalation d'un **b.** — Perdrix (*perdicem*), intercalation d'une **r.** — Poudre (*pulverem*), intercalation d'un **d.** — Rustre (*rusticum*), intercalation d'une **r.** — Tante (*amitam*), **t** prosthétique, peut-être venant du possessif **ta.** — Trahir (*tradere*), intercalation d'une **h.** — Trésor (*thesaurum*), intercalation d'une **r.** — Velours (*villosum*), intercalation d'une **r.** — Vendredi (*Veneris-diem*), intercalation d'un **d.**

357e EXERCICE.

(Grammaire, § 435, Rem. II.)

Marquer l'accent tonique sur les mots suivants.

Aiguille, aiguillée. — Blanc, blanchâtre. — Bombe, bombarde. — Chandelle, chandelier. — Cheval, chevalier. — Clair, clarté. — Cuirasse, cuirassier. — Épice, épicier. — Faim, famine. — Fer, ferrure. — Figue, figuier. — Fol, folâtre. — Huître, huîtrerie. — Ile, îlot. — Maire, mairie. — Notaire, notariat. — Obscur, obscurité. — Pèlerin, pèlerinage. — Porte, portier. — Régler, règlement. — Sec, sécheresse. — Table, tablette. — Veuve, veuvage. — Voile, voilure.

Corrigé. — (La syllabe sur laquelle tombe l'accent tonique est en italiques). — Ai*gui*lle, aiguil*lée*. — *Blanc*, blanc*hâtre*. — *Bombe*, bom*barde*. — Chan*delle*, chande*lier*. — *Cheval*, cheva*lier*. — *Clair*, clar*té*. — Cui*rasse*, cuirassier. — *Épice*, épi*cier*. — *Faim*, fa*mine*. — *Fer*, fer*rure*. — *Figue*, fi*guier*. — *Fol*, fo*lâtre*. — *Huître*, huitre*rie*. — *Ile*, î*lot*. — *Maire*, mai*rie*. — *Notaire*, nota*riat*. — *Obscur*, obscu*rité*. — Pèle*rin*, pèleri*nage*. — *Porte*, por*tier*. — *Régler*, règle*ment*. — *Sec*, séche*resse*. — *Table*, ta*blette*. — *Veuve*, veu*vage*. — *Voile*, voi*lure*.

1° *Dérivation nominale avec suffixes.*

358° EXERCICE.

(Grammaire, § 435.)

Séparer les substantifs suivants en trois classes selon qu'ils sont dérivés d'autres substantifs, d'adjectifs ou de verbes ; dire de quel mot chacun d'eux est formé.

Aiguillée. — Bombarde. — Caisson. — Causeur. — Célébration. — Centaine. — Cerisier. — Chandelier. — Chauffage. — Chevalier. — Coureur. — Douairière. — Douzaine. — Dressoir. — Droiture. — Drôlerie. — Esclavage. — Floraison. — Folie. — Forgeron. — Fourniture. — Fraîcheur. — Frottement. — Guichetier. — Hôtellerie. — Jaillissement. — Jaunisse. — Lamelle. — Lampiste. — Nageoire. — Noirceur. — Obscurité. — Remplissage. — Rougeur. — Sécheresse. — Verdure.

Corrigé. — 1° *Dérivés de substantifs* : Aiguillée (*aiguille*). — Bombarde (*bombe*). — Caisson (*caisse*). — Cerisier (*cerise*). — Chandelier (*chandelle*). — Chevalier (*cheval*). — Douairière (*douaire*). — Esclavage (*esclave*). — Guichetier (*guichet*). — Hôtellerie (*hôtel*). — Lamelle (*lame*). — Lampiste (*lampe*).

2º *Dérivés d'adjectifs* : Centaine (*cent*). — Douzaine (*douze*), — Droiture (*droit*). — Drôlerie (*drôle*). — Folie (*fol*). — Fraîcheur (*frais*). — Jaunisse (*jaune*). — Noirceur (*noir*). — Obscurité (*obscur*). — Rougeur (*rouge*). — Sécheresse (*sec*). — Verdure (*vert*).

3º *Dérivés de verbes* : Causeur (*causer*). — Célébration (*célébrer*). — Chauffage (*chauffer*). — Coureur (*courir*). — Dressoir (*dresser*). — Floraison (*florir*). — Forgeron (*forger*). — Fourniture (*fournir*). — Frottement (*frotter*). — Jaillissement (*jaillir*). — Nageoire (*nager*). — Remplissage (*remplir*).

<h3 style="text-align:center">359ᵉ EXERCICE.</h3>

Dire pour chacun des adjectifs suivants s'il est formé d'un autre mot français (substantif, adjectif ou verbe), ou s'il est venu directement du latin.

Admissible. — Affable. — Amovible. — Argentin. — Argileux. — Bellâtre. — Blâmable. — Blondin. — Bonasse. — Cruel. — Effroyable. — Fâcheux. — Faillible. — Galantin. — Grognard. — Guttural. — Honteux. — Jaunâtre. — Loquace. — Nonchalant. — Original. — Ovoïde. — Pacifique. — Photographique. — Primaire. — Punissable. — Rigide. — Secourable. — Séculier. — Sensible. — Souhaitable. — Studieux. — Tarissable. — Thermal. — Vagabond. — Violent.

Corrigé. — Admissible (admettre). — Affable (*affabilem*). — Amovible (†*amovibilem*). — Argentin (argent). — Argileux (argile). — Bellâtre (beau). — Blâmable (blâmer). — Blondin (blond). — Bonasse (bon). — Cruel (*crudelem*). — Effroyable (effrayer). — Fâcheux (fâcher). — Faillible (faillir). — Galantin (galant). — Grognard (grogner). — Guttural (†*gutturalem*). — Honteux (honte). — Jaunâtre (jaune). — Loquace (*loquacem*). — Nonchalant (non chaloir). — Original (*originalem*). — Ovoïde (ove, de *ovum*). — Pacifique (*pacificum*). — Photographique (photographie). — Primaire (*primarium*). — Punissable (punir). — Rigide (*rigidum*). — Secourable (secourir). — Séculier (*sæcularem*). — Sensible (*sensibilem*). — Souhaitable (souhaiter). — Studieux (*studiosum*). — Tarissable (tarir). — Thermal (thermes). — Vagabond (*vagabundum*).— Violent (*violentum*).

2° *Dérivation nominale sans suffixes.*

360ᵉ EXERCICE.

Après avoir trouvé les verbes français venus des verbes latins suivants, faire suivre chaque verbe français du substantif qui en est dérivé.

Ex. : *accordare*, accorder, accord.

† Accordare. — † Affrontare. —Adjutare. — † Allongare. —Ambulare.—†Auctoricare, *dérivé de* auctorare. — Annuntiare. — Appellare. — Applicare. — Apportare. — † Appropiare. — † Appodiare. — † Arrestare. — Auscultare. — Blasphemare. — Carricare. — † Cassare. — Cessare. — † Cambiare. — †Combatuere. — Computare. — Concertare. — † Confortare. — Conservare. — Consignare. — Contestari. — † Contrastare. — † Conviare. — Constare. — Collocare. — Colligere. — Crassare. — †Debatuere. — Debacchari. — Declinare. — Decorare. — Dedignari. — Dilatare. — † Demandare. — Demorari. — Denegare. — Derivare. — Dispensare. — Despoliare. — Desiderare. — Designare. — Destinare. — Disputare. — Dubitare.

Corrigé. — †**Accordare**, accorder, accord. — † **Affrontare**, affronter, affront. — **Adjutare**, aider, aide. — †**Allongare**, allonger, allonge. — **Ambulare**, ambler, amble. — †**Auctoricare**, dérivé de **auctorare**, octroyer, octroi. — **Annuntiare**, annoncer, annonce. — **Appellare**, appeler, appel. — **Applicare**, appliquer, applique. — **Apportare**, apporter, apport. — † **Appropiare**, approcher, approche. — †**Appodiare**, appuyer, appui. — † **Arrestare**, arrêter, arrêt. — **Auscultare**, écouter, (aux) écoutes. — **Blasphemare**, blâmer, blâme. — **Carricare**, charroyer, charroi, *et* *aussi* charger, charge. — † **Cassare**, casser, casse. — **Cessare**, cesser, (sans) cesse. — †**Cambiare**, changer, change. — † **Combatuere**, combattre, combat. — **Computare**, compter, compte. — **Concertare**, concerter, concert. — †**Confortare**, conforter, confort. — **Conservare**, conserver, conserve. — **Consignare**, consigner, consigne. — **Contestari**, contester, conteste. — †**Contrastare**, contraster, contraste. — †**Conviare**, convoyer, convoi. — **Constare**, coûter, coût. — **Collocare**, coucher, couche. — **Colligere**, cueillir, cueille. — **Crassare**, graisser, graisse. — †**Debatuere**, débattre, débat. — **Debacchari**, débaucher, débauche. — **Declinare**, décliner, déclin. — **Decorare**, décorer, décor. — **Dedignari**, dédaigner, dédain. — **Dilatare**, délayer, délai. — †**Demandare**, demander, demande. — **Demorari**, demeurer, demeure. — **Denegare**, dénier, déni. — **Derivare**, dériver (à la dérive). — **Dispensare**, dépenser, dépense *et* dispenser, dispense. — **Despoliare**, dépouiller, dépouille. — **Desiderare**, désirer, désir. — **Designare**, désigner, dessin *et* dessein. — **Destinare**, destiner, destin. — **Disputare**, disputer, dispute. — **Dubitare**, douter, doute.

361ᵉ EXERCICE.

Comme le précédent.

Elevare. — Emendare. — Evigilare. — † Exclarare. — Excorticare. — Excusare. — Expaventare. — Fatigare. — Fixare. — Flagrare. — Fodicare. — Glandinare. — Gubernare. — Grunnire. — † Imbracchiare. — Implicare. — † Impicare. — † Incavare. — Incrassare. — † Intaleare. — † Intrabare. — † Intertenere. — † Inviare. — Insultare. — Intricare. — Jejunare. — † Juxtare. — Laxare. — Legare. — Ligare. — Locare. — Manu-tenere. — † Mancare. — Modulari. — Monstrare. — Mutare. — Navigare. — † Offerere (*au lieu de* offerre). — Passare. — Percurrere. — Perdonare. — Pacare. — Piscari. — Plorare. — Portare. — Pausare. — Providere. — Pulsare. — Prædicare. — Præsentare. —

Pressare. — Præstare. — Prolongare. — Protestari. — Provenire. — Purgare.

Corrigé. — **Elevare**, élever, élève. — **Emendare**, amender, amende. — **Evigilare**, éveiller, éveil. — †**Exclarare**, éclairer, éclair. — **Excorticare**, écorcher, écorce (*pour* écorche). — **Excusare**, excuser, excuse. — **Expaventare**, épouvanter, épouvante. — **Fatigare**, fatiguer, fatigue. — **Fixare**, ficher, fiche. — **Flagrare**, flairer, flair. — **Fodicare**, fouiller, fouille. — **Glandinare**, glaner, glane. — **Gubernare**, gouverner, gouverne. — **Grunnire**, grogner, groin. — †**Imbracchiare**, embrasser, embrasse. — **Implicare**, employer, emploi. — †**Impicare**, empeser, empois. — †**Inclavare**, enclaver, enclave. — †**Incrassare**, engraisser, engrais. — **Insultare**, insulter, insulte. — †**Intaleare**, entailler, entaille. — †**Intrabare**, entraver, entrave. — †**Intertenere**, entretenir, entretien. — **Intricare**, intriguer, intrigue. — †**Inviare**, envoyer, envoi. — **Jejunare**, jeûner, (à) jeun. — †**Juxtare**, jouter, joute. — **Laxare**, laisser, lais. — **Legare**, léguer, legs. — **Ligare**, liguer, ligue. — **Locare**, loger, loge. — **Manu-tenere**, maintenir, maintien. — †**Mancare**, manquer, manque. — **Modulari**, modeler, modèle. — **Monstrare**, montrer, montre. — **Mutare**, muer, mue. — **Navigare**, nager, nage. — †**Offerere** (au lieu de *offerre*) offrir, offre. — **Passare**, passer, pas. — **Percurrere**, parcourir, parcours. — **Perdonare**, pardonner, pardon. — **Pacare**, payer, paye. — **Piscari**, pêcher, pêche. — **Plorare**, pleurer, pleur. — **Portare**, porter, port. — **Pausare**, poser, pose. — **Providere**, pourvoir, pourvoi. — **Pulsare**, pousser, pousse. — **Prædicare**, prêcher, prêche. — **Præsentare**, présenter, présent. — **Pressare**, presser, presse. — **Præstare**, prêter, prêt. — **Prolongare**, prolonger, prolonge. — **Protestari**, protester, protêt. — **Provenire**, provenir, provin. — **Purgare**, purger, purge.

362e EXERCICE.

Comme les précédents.

Quiritare. —Recitare. —Reclamare. —Recurrere. —

Recolligere. — Reformare. — Refutare. — Regustare. — Relaxare. — Relevare. — Replicare. — Reportare. — Repausare. — Reservare. — Restare. — Retardare. — Reverberare. — † Recusare. — Sacrare. — Succurrere. — † Solidare. — Sollicitare. — † Subjornare. — Sufflare. — Sustinere. — Taxare. — Temperare. — Tornare. — Tractare. — † Truncare. — † Transpassare. — Transportare. — † Transversare. — † Turbulare. — Visitare.

Corrigé. — **Quiritare,** crier, cri. — **Recitare,** réciter, récit. — **Reclamare,** réclamer, réclame. — **Recurrere,** recourir, recours. — **Recolligere,** recueillir, recueil. — **Reformare,** réformer, réforme. — **Refutare,** refuser, refus. — **Regustare,** ragoûter, ragoût. — **Relaxare,** relâcher, relâche *et* relaisser, relais. — **Relevare,** relever, relief. — **Replicare,** répliquer, réplique *et* replier, repli. — **Reportare,** reporter, report. — **Repausare,** reposer, repos. — **Reservare,** réserver, réserve. — **Restare,** rester, reste. — **Retardare,** retarder, retard. — **Reverberare,** réverbère. — † **Recusare,** ruser, ruse. — **Sacrare,** sacrer, sacre. — **Succurrere,** secourir, secours. — † **Solidare,** solder, solde *et* souder, soude. — **Sollicitare,** soucier, souci. — † **Subjornare,** séjourner, séjour. — **Sufflare,** souffler, souffle. — **Sustinere,** soutenir, soutien. — **Taxare,** taxer, taxe *et* taux. — **Temperare,** tremper, trempe. — **Tornare,** tourner, tour. — **Tractare,** traiter, traite. — † **Truncare,** trancher, tranche. — **Transpassare,** trépasser, trépas. — **Transportare,** transporter. — † **Tranversare,** traverser, traverse. — † **Turbulare,** troubler, trouble. — **Visitare,** visiter, visite.

363e EXERCICE.

Indiquer les substantifs dérivés des verbes suivants [1]:

Accueillir. — Acquitter. — Adresser. — Afficher. —

1. De deux mots français, l'un nom et l'autre verbe, contenant la même racine, le plus long, c'est-à-dire le verbe, n'est pas toujours

Appointer. — Apprêter. — Attaquer. — Avancer. —
Baigner. — Baisser. — Bouter. — Brouiller. — Buter.
— Cacher. — Calquer. — Caqueter. — Carguer. —
Chasser. — Chausser. — Choisir. — Compasser. —
Confesser. — Consulter. — Contourner. — Coter. —
Cumuler. — Déblayer. — Déborder. — Débourser. —
Décompter. — Défroquer. — Dégainer. — Dégeler. —
Dégoûter. — Démériter. — Départir. — Désavouer. —
Dessiner. — Détailler. — Détourner. — Détremper. —
Deviser.

Corrigé. — Accueil. — Acquit. — Adresse. — Affiche. —
Appoint. — Apprêt. — Attaque. — Avance. — Bain. —
Baisse. — Bout. — Brouille. — But. — Cache. — Calque. —
Caquet. — Cargue. — Chasse. — Chausse. — Choix. — Compas. — Confesse. — Consulte. — Contour. — Cote. — Cumul.
— Déblai. — Débord. — Débours. — Décompte. — Défroque.
— Dégaine. — Dégel. — Dégoût. — Démérite. — Départ. —
Désaveu. — Dessin. — Détail. — Détour. — Détrempe. —
Devis.

<h3 align="center">364e EXERCICE.</h3>

Comme le précédent.

Ébaucher. — Ébattre. — Écarter. — Échanger. —
Écheveler. — Efforcer. — Effrayer. — Égoutter. —
Élancer. — Embarrasser. — Émouvoir. — Employer.
— Emprunter. — Encaisser. — Enchérir. — Encombrer. — Enter. — Entraver. — Envelopper. — Envoyer.
— Éprouver. — Épurer. — Équiper. — Escompter. —
Éventer. — Exploiter. — Ficher. — Flairer. — Flotter.

dérivé du plus court et par l'adjonction d'une nouvelle terminaison.
Souvent, au contraire, c'est le plus court qui est sorti du plus long,
et une racine toute factice s'est dégagée, sur le terrain français,
d'un dérivé étranger par son origine. » E. EGGER, *Observations sur
un procédé de dérivation très fréquent dans la langue française et
dans les autres idiomes néo-latins*, Paris, 1864, page 36.

— Fouiller. — Fouler. — Frapper. — Frayer. — Froncer. — Gâcher. — Gager. — Gagner. — Galoper. — Garder. — Garer. — Greffer. — Gripper. — Guetter.

Corrigé. — Ébauche. — Ébat. — Écart. — Échange. — Écheveau. — Effort. — Effroi. — Égoût. — Élan. — Embarras. — Émoi. — Emploi. — Emprunt. — Encaisse. — Enchère. — Encombre. — Ente. — Entrave. — Enveloppe. — Envoi. — Épreuve. — Épure. — Équipe. — Escompte. — Évent. — Exploit. — Fiche. — Flair. — Flotte. — Fouille. — Foule. — Frappe. — Frai. — Fronce. — Gâche. — Gage. — Gain. — Galop. — Garde. — Gare. — Greffe. — Grippe. — Guet.

<h2 align="center">365e EXERCICE.</h2>

Comme les précédents.

Hâler. — Hausser. — Jauger. — Lustrer. — Manquer. — Marauder. — Marcher. — Mécompter. — Mépriser. — Miner. — Mirer. — Octroyer. — Offenser. — Parfumer. — Parier. — Percer. — Pincer. — Piquer. — Placer. — Planer. — Planter. — Préluder. — Rabaisser. — Rabattre. — Radouber. — Rafler. — Râler. — Ramasser. — Ramper. — Rapporter. — Rappeler. — Réappeler. — Reborder. — Rebuter. — Réchauffer. — Rechercher. — Récompenser. — Réconforter. — Reculer.

Corrigé. — Hâle. — Hausse. — Jauge. — Lustre. — Manque. — Maraude. — Marche. — Mécompte. — Mépris. — Mine. — Mire. — Octroi. — Offense. — Parfum. — Pari. — Perce. — Pince. — Pique. — Place. — Plan. — Plant. — Prélude. — Rabais. — Rabat. — Radoub. — Râfle. — Râle. — Ramas. — Rampe. — Rapport. — Rappel. — Réappel. — Rebord. — Rebut. — Réchaud. — Recherche. — Récompense. — Réconfort. — Recul.

366e EXERCICE.

Comme les précédents.

Régaler. — Regarder. — Regretter. — Rejeter. — Relayer. — Remblayer. — Remonter. — Remordre. — Remoudre. — Remparer. — Remployer. — Rencontrer. — Renforcer. — Renommer. — Renverser. — Renvoyer. — Reprocher. — Ressauter. — Ressortir. — Retourner. — Revancher. — Réveiller. — Rider. — Rissoler. — Ruser. — Sangloter. — Serrer. — Siéger. — Souhaiter. — Soupirer. — Suinter. — Supporter. — Surcharger. — Surcroître. — Surnommer. — Tailler. — Tirer. — Toquer. — Torcher. — Touer. — Tournoyer. — Tracer. — Tresser. — Tricoter. — Trousser. — Veiller. — Vendanger. — Verser. — Vocaliser. — Voler.

Corrigé. — Régal. — Regard. — Regret. — Rejet. — Relai. — Remblai. — Remonte. — Remords. — Remoud. — Rempart. — Remploi. — Rencontre. — Renfort. — Renom. — Renverse (à la) — Renvoi. — Reproche. — Ressaut. — Ressort. — Retour. — Revanche. — Réveil. — Ride. — Rissole. — Ruse. — Sanglot. — Serre. — Siège. — Souhait. — Soupir. — Suint. — Support. — Surcharge. — Surcroît. — Surnom. — Taille. — Tire. — Toque. — Torche. — Toue. — Tournoi. — Trace. — Tresse. — Tricot. — Trousse. — Veille. — Vendange. — Verse (à). — Vocalise. — Vol.

367e EXERCICE.

Dire d'où viennent les substantifs verbaux suivants.

Allée. — Arrivée. — Chute. — Contrainte. — Conquête. — Course. — Couvée. — Curée. — Découverte. — Dédit. — Défense. — Destinée. — Dette. — Dit. — Durée. — Échappée. — Élite. — Émeute. — Emplette.

— Entorse. — Fonte. — Fuite. — Fumée. — Gelée. — Issue. — Joint. — Livrée.

Corrigé.— Les langues romanes et le français en particulier, possèdent la faculté remarquable de former des substantifs avec les participes passés, surtout avec les participes féminins. Les substantifs qui précèdent ont été formés du participe des verbes suivants : Aller. — Arriver. — Choir. — Contraindre. — Conquérir. — Courir. — Couver. — Curer. — Découvrir — Dédire. — Défendre. — Destiner. — Devoir, **debitam** [1]. — Dire. — Durer. — Échapper. — Élire. — Émouvoir, **emotam**. — Employer, **implicitam**. — **Intortam**. — Fondre. — Fuir.— Fumer. — Geler. — Issoir, vieux français. — Joindre. — Livrer.

368e EXERCICE.

Comme le précédent.

Mêlée. — Meute. — Montée. — Offense. — Offerte. — Ouïe. — Partie. — Pente. — Pensée. — Percée. — Perte. — Permis. — Pesée. — Pincée. — Plainte. — Pointe. — Pointillé. — Portée. — Poussée. — Préjugé. — Quête. — Rangée. — Recette. — Reçu. — Reculée.

Corrigé. — Mêler. — Mouvoir, **motam**. — Monter. — Offenser. — Offrir. — Ouïr. — Partir. — Pendre, **penditam**. — Penser. — Percer. —Perdre, **perditam**. — Permettre. — Peser. — Pincer. — Plaindre. — Poindre, **punctam**. — Pointiller. — Porter. — Pousser. — Préjuger. — Quérir, **quæsitam**. — Ranger. — Recevoir, **receptam**. — Reculer.

369e EXERCICE.

Comme les précédents.

Réduit.—Référé. — Refonte. — Régie. — Remise.— Rente. — Renommée. — Rentrée. — Réponse. — Res-

1. Dette était, dans l'ancien français, ce qu'on appelle un *participe fort*.

tant. — Résumé. — Revenu. — Revue. — Route. —
Saignée. — Sortie. — Source. — Suée. — Suite. —
Sursis. — Teinte. — Tente. — Tenue. — Tournée. —
Tracé. — Trait. — Traite. — Value. — Vente. — Visée.

Corrigé. — Réduire. — Référer. — Refondre. — Régir. —
Remettre. — Rendre, **redditam**. — Renommer. — Répondre.
— Rester. — Résumer. — Revenir. — Revoir. — Rompre,
ruptam. — Saigner. — Sortir. — Sourdre. — Suer. — Sui-
vre. — Surseoir. — Teindre. — Tendre, **tentam**. — Tenir.
— Tourner. — Tracer. — Traire, **tractum** et **tractam**. —
Valoir. — Vendre. — Viser.

370ᵉ EXERCICE.

*Dire pour chacun des verbes suivants s'il vient d'un substan-
tif, d'un adjectif ou d'un autre verbe.*

Aigrir. — Aiguillonner. — Bêcher. — Blanchir. —
Bleuir. — Boiser. — Bourreler. — Charroyer. — Criail-
ler. — Égaler. — Égaliser. — Farder. — Garantir. —
Guerroyer. — Jaunir. — Mâchonner. — Maçonner. —
Maîtriser. — Manœuvrer. — Marbrer. — Matelasser.
— Menacer. — Mordiller. — Partager. — Pendiller. —
Planer. — Ramoner. — Rançonner. — Ranger. — Râ-
teler. — Rêvasser. — Rougir. — Soupçonner. — Sour-
ciller. — Talonner. — Tambouriner. — Tapoter. —
Tirailler. — Verdir.

Corrigé. — Aigrir (*aigre*). — Aiguillonner (*aiguillon*). —
Bêcher (*bêche*). — Blanchir (*blanc*). — Bleuir (*bleu*). — Boiser
(*bois*). — Bourreler (*bourre*). — Charroyer (*char*). — Criailler
(*crier*). — Égaler (*égal*). — Égaliser (*égal*). — Farder (*fard*). —
Garantir (*garant*). — Guerroyer (*guerre*). — Jaunir (*jaune*).
— Mâchonner (*mâcher*). — Maçonner (*maçon*). — Maîtriser
(*maître*). — Manœuvrer (*manœuvre*). — Marbrer (*marbre*). —
Matelasser (*matelas*). — Menacer (*menace*). — Mordiller (*mordre*). — Partager (*partage*). — Pendiller (*pendre*). — Planer

(*plan*). — Ramoner (*ramon*, petit balai fait de branches). — Rançonner (*rançon*). — Ranger (*rang*). — Rateler (*ratel*, rateau). — Rêvasser (rêver). — Rougir (*rouge*). — Soupçonner (*soupçon*). — Sourciller (*sourcil*). — Talonner (*talon*). — Tambouriner (*tambourin*). — Tapoter (taper). — Tirailler (*tirer*). — Verdir (*vert*).

V. — Des mots composés.

371ᵉ EXERCICE.

(Grammaire, §§ 436 et 436 *bis*.)

Indiquer les mots simples qui sont entrés dans la composition des substantifs suivants.

Amont. — Aubépine. — Autruche. — Aval. — Becfigue. — Bégueule. — Béjaune. — Bonheur. — Bonhomme. — Bonjour. — Bonsoir. — Cachenez. — Chafouin. — Connétable. — Fainéant. — Faubourg. — Ferblanc. — Gendarme. — Gentilhomme. — Hautbois. — Havresac. — Jeudi. — Joubarbe. — Licou.

Corrigé. — Amont (*ad montem*). — Aubépine (aube du latin *albam*, épine). — Autruche (*avis-struthio*). — Aval (*ad vallem*). — Becfigue (bèque-figue, en italien *beccafico*). — Bégueule (béc, du vieux verbe béer, [gueule). — Béjaune (bec-jaune). — Bonheur (bon-heur). — Bonhomme (bon-homme). — Bonjour (bon-jour). — Bonsoir (bon-soir). — Cachenez (cache, de cacher, et nez). — Chafouin (chat-fouine). — Connétable (*comesstabuli*). — Fainéant (fait-néant). — Faubourg (*foris-burgus*, bourg hors de la ville). — Ferblanc (fer-blanc). — Gendarme (gent-d'arme). — Gentilhomme (gentil-homme). — Hautbois (haut-bois). — Havresac (Havre, en allemand avoine, sac). — Jeudi (*Jovis dies*). — Joubarbe (*Jovis barba*). — Licou (lie-cou).

372ᵉ EXERCICE.
Comme le précédent.

Malaise. — Malechance. — Malheur. — Maltraiter. —

Mardi. — Mercredi. — Midi. — Milieu. — Minuit. — Oriflamme. — Patenôtre. — Pivert. — Plafond. — Portefeuille. — Pourboire. — Printemps. — Prudhomme. — Quintessence. — Raifort. — République. — Saindoux. — Sainfoin. — Samedi. — Sauvegarde. — Soucoupe. — Vaurien. — Vendredi. — Verglas. — Verjus. — Vinaigre.

Corrigé. — Malaise (mal, ancien adjectif, aise). — Malechance (male-chance). — Malheur (mal-heur). — Maltraiter (mal, adverbe, traiter). — Mardi (*Martis-dies*). — Mercredi (*Mercurii-dies*). — Midi (mi, de *medius* et *dies*). — Milieu (milieu). — Minuit (mi-nuit). — Oriflamme, (ancien français orie, de *aurea*, et flamme). — Pâtenôtre (*pater-noster*). — Pivert (pic-vert, en italien *pico-verde*). — Plafond (plat-fond). — Portefeuille (porte-feuilles). — Pourboire (pour-boire). — Printemps (*primum-tempus*). — Prudhomme (ancien français prude, de *prudens*, et homme. — Quintessence (quinte-essence, proprement la cinquième essence, supérieure aux quatre éléments). — Raifort (anc. français, de *radicem*, et fort). — République (*res-publica*). — Saindoux (ancien français sain, du latin ✝ *sagimen*, graisse, et doux). — Sainfoin (sain, du latin *sanum*, et doux). — Samedi (*sabbati-dies*). — Sauvegarde (sauvegarde). — Soucoupe (sous-coupe). — Vaurien (vaut-rien). — Vendredi (*Veneris-dies*). — Verglas (verre-glace, propr. glace transparente comme le verre). — Verjus (vert-jus). — Vinaigre (vin-aigre).

373° EXERCICE.

Trouver les verbes composés formés avec les substantifs suivants et des préfixes[1].

Balle. — Barbe. — Barque. — Baume. — Boîte. —

---

1. Ces composés ne doivent pas être confondus avec ceux qui sont formés d'une préposition et d'un verbe déjà dérivé d'un substantif, tel que *bouche, boucher, déboucher*.

Boule. — Bourbe. — Bourse. — Bruit. — Caisse. —
Cartel. — Chaîne. — Chair. — Chappe. — Chef. — Cil.
— Col. — Cosse. — Contenance. — Côte. — Courage.
— Coutume. — Croc. — Diable. — Dimanche. — Dos.
— Face. — Faix. — Fil. — Fils. — Fonds. — Four. —
Friche. — Froc. — Front. — Gaîne. — Genou. — Geôle.
— Globe. — Gorge. — Gosier. — Gouffre. — Goûte. —
Grain. — Guise.

Corrigé. — Emballer, déballer. — Ébarber. — Embarquer,
débarquer. — Embaumer. — Emboîter, déboîter. — Ébouler.
— Embourber, débourber. — Débourser, rembourser. —
Ébruiter. — Encaisser. — Écarteler. — Enchaîner, déchaîner.
— Décharner. — Échapper. — Achever. — Dessiller, ancien
français **déciller**. — Décoller. — Écosser. — Décontenancer.
— Accoter. — Encourager, décourager. — Accoutumer. —
Accrocher, décrocher. — Endiabler. — Endimancher. —
Adosser. — Effacer. — Affaisser. — Enfiler, défiler. — Affi-
lier. — Effondrer *et* enfoncer, de l'ancien français **fonser.**
— Enfourner, défourner. — Défricher. — Défroquer. —
Affronter, confronter. — Dégainer, rengainer. — Agenouiller.
— Enjôler, ancien français **engeôler.** — Englober. — En-
gorger, dégorger. — Égosiller. — Engouffrer. — Dégoûter.
— Égrener. — Déguiser.

374e EXERCICE.

Comme le précédent.

Jambe. — Jour. — Lac. — Lait. — Ligne. — Lit. —
Manche. — Mantel. — Masse. — Merveille. — Monceau.
— Os. — Pal. — Pâte. — Pays. — Peluche. — Pièce.
— Piste. — Poison. — Poisson. — Pot. — Prison. —
Provision. — Rôle. — Semence. — Somme. — Table.
— Terre. — Tête. — Toile. — Tonne. — Tour. —
Trappe. — Valise. — Vertu. — Victuaille. — Visage.

— Voie. — Croupe. — Force. — Hure. — Orgueil. — Terre.

Corrigé. — Enjamber. — Ajourner. — Enlacer, délacer. — Allaiter. — Aligner. — Aliter. — Emmancher, démancher. — Démanteler. — Amasser, ramasser. — Émerveiller. — Amonceler. — Désosser. — Empaler. — Empâter. — Dépayser. — Éplucher. — Rapiécer. — Dépister. — Empoisonner. — Empoissonner. — Empoter, dépoter. — Emprisonner. — Approvisionner. — Enrôler. — Ensemencer. — Assommer. — Attabler. — Atterrer, enterrer, déterrer. — Entêter. — Entoiler, rentoiler. — Entonner. — Entourer. — Attraper. — Dévaliser. — Évertuer. — Ravitailler. — Envisager, dévisager. — Convoyer, dévoyer, envoyer, fourvoyer.

Accroupir. — Renforcir. — Ahurir. — Enorgueillir. — Atterrir.

375ᵉ EXERCICE.

Avec des mots invariables français et les verbes simples suivants former des verbes composés :

Abonder. — Baisser. — Cadrer. — Carrer. — Charger. — Chasser. — Chauffer. — Clore. — Couper. — Courir. — Dire. — Donner. — Élever. — Enchérir. — Exciter. — Faire. — Fouir. — Hausser. — Lacer. — Lever. — Mander. — Marquer. — Mener. — Monter. — Nommer. — Nager. — Passer. — Prendre. — Seoir. — Signer. — Veiller. — Venir. — Vivre.

Corrigé. — Surabonder. — Surbaisser. — Encadrer. — Contrecarrer. — Surcharger. — Pourchasser. — Surchauffer. — Enclore. — Surcouper. — Parcourir. — Contredire. — Pardonner. — Surélever. — Surenchérir. — Surexciter. — Contrefaire, parfaire, surfaire, malfaire. — Enfouir. — Surhausser. — Enlacer. — Enlever. — Contremander. — Contremarquer. — Surmener. — Surmonter. — Surnommer. — Surnager. — Outrepasser, surpasser. — Surprendre. — Surseoir. — Contresigner. — Surveiller. — Contrevenir, survenir, bienvenir. — Survivre.

376e EXERCICE.

Trouver les verbes composés formés avec les adjectifs suivants et des préfixes.

Borgne. — Chaud. — Court. — Farouche. — Fin. — Fol. — Fort. — Gai. — Ivre. — Joli. — Juste. — Loin. — Long. — Meilleur. — Mousse. — Niais. — Pareil. — Petit. — Pire. — Prêt. — Proche. — Pure. — Quitte. — Souple. — Sûr. — Vif.

Bel. — Brute. — Clair. — Doux. — Fade. — Ferme. — Frais. — Froid. — Jeune. — Laid. — Lent. — Lourd. — Mince. — Moindre. — Mol. — Mort. — Noble. — Pauvre. — Plan. — Plat. — Profond. — Rond. — Sage. — Sombre. — Sourd. — Tendre. — Tiède.

Corrigé. — Éborgner. — Échauder. — Écourter. — Effaroucher. — Affiner. — Affoler. — Renforcer. — Égayer. — Enivrer. — Enjoliver. — Ajuster. — Éloigner. — Allonger. — Améliorer. — Émousser. — Déniaiser. — Appareiller. — Rapetisser. — Empirer. — Apprêter. — Approcher. — Épurer. — Acquitter. — Ensanglanter. — Assurer. — Aviver *et* raviver.

Embellir. — Abrutir. — Éclaircir. — Adoucir. — Affadir. — Affermir. — Rafraîchir. — Refroidir. — Rajeunir. — Enlaidir. — Ralentir. — Alourdir. — Amincir. — Amoindrir. — Amollir. — Amortir. — Anoblir *et* ennoblir. — Appauvrir. — Aplanir. — Aplatir. — Approfondir. — Arrondir. — Assagir. — Assombrir. — Assourdir. — Attendrir. — Attiédir.

377e EXERCICE.

Parmi les mots composés suivants distinguer ceux qui sont venus tout formés du latin et ceux qui sont de formation française.

Aqueduc, viaduc. — Longipède, longipenne, vélocipède, curviligne, rectiligne, tardigrade. — Omnipotent, ventripotent. — Parricide, fratricide, homicide, infanticide, régicide, suicide, insecticide. — Lucifuge, fébrifuge, vermifuge. — Funambule, noctambule, somnambule. — Lethifère. somnifère, soporifère, sudorifère. — Vivipare, ovipare. floripare. — Carnivore, herbivore, omnivore. — Agricole, vinicole.

Corrigé. — (N. B. — Tous les composés suivants sont des composés de mots.) — Aqueduc *(aquæductum)*, viaduc formé de *via* et *ductus*). — Longipède *(longipedem)*, longipenne (formé du suffixe *longi* et de *penna)*, vélocipède (formé de *velox, velocis* et de *pes)*, curviligne 'formé de *curvus* et de *ligne)*, rectiligne (formé de *rectus* et de *ligne)*, tardigrade (formé de *tardus* et de *grade)*. — Omnipotent *(omnipotentem)*, ventripotent (formé de *ventri* et de *potentem)*. — Parricide *(parricidam)*, fratricide *(fratriculam)*, homicide *(homicidam)*, infanticide, régicide, suicide et insecticide (formés en français par analogie). — Lucifuge *(lucifugum)*, fébrifuge et vermifuge (formés en français par analogie). — Funambule *(funambulum)*, noctambule et somnambule (formés en français par analogie). — Léthifère *(lethiferum)*, somnifère *(somniferum)*, soporifère *(soporiferum)*, sudorifère (formé en français par analogie). — Vivipare *(viviparum)*, ovipare *(oviparum)*, floripare (formé en français par analogie). — Carnivore *(carnivorum)*, herbivore, omnivore (formés en français par analogie). — Agricole *(agricolam)*, vinicole (formé en français par analogie).

378e EXERCICE.

Parmi les mots composés suivants distinguer ceux qui sont venus tout formés du latin et ceux qui sont de formation française.

Circonférence, circonscrire, circumnavigation. — Coexister, cohabiter. — Contradiction, contravention. — Dispenser, dissimuler, discontinuer, discréditer. — Exhumer, exciter. — Intercaler, intercéder, interfolier. — Perforer, permuter, persécuter, persifler. — Péninsule, pénombre. — Superflu. superfin. — Transcrire, transférer, transvaser, transpercer.

Corrigé.— (N. B.—Les composés suivants sont composés par particules; ils sont plus nombreux et plus importants que les précédents [1].) — Circonférence (*circumferentiam*), circonscrire (*circumscribere*), circumnavigation (formé en français par analogie). — Coexister (de formation française), cohabiter (*cohabiare*). — Contradiction (*contradictionem*), contravention (de formation française, du latin *contravenire*). — Dispenser (*dispensare*), dissimuler (*dissimulare*), discontinuer et discréditer (de formation française). — Exhumer (de formation française), exciter (*excitare*). — Intercaler (*intercalare*), intercéder (*intercedere*), interfolier (de formation française). — Perforer (*perforare*), permuter (*permutare*), persécuter (de formation française, du latin *persecutus*), persifler (de formation française). — Péninsule (*pæninsulam*), pénombre (de formation française). — Superfin (de formation française), superflu (*superfluum*). — Transcrire (*transcribere*), transférer (*transferre*), transvaser et transborder (de formation française).

379ᵉ EXERCICE.

Chacun des mots composés qui suivent a été formé de deux ou de plusieurs mots grecs; dire le sens de chaque mot et indiquer les éléments qui le constituent.

Acanthoïdes. — Achromatique. — Adénologie. — Aérolithe. — Aéromètre. — Aéronaute. — Aérostat. — Agérasie. — Alexipyrétique. — Alphabet. — Allopathe. — Allopathie. — Amphiptère. — Anachronisme. — Anaéroïde. — Androtomie. — Anémie. — Anémomètre. — Anémoscope. — Anesthésie. — Angiographie. — Angiotomie. — Anhydre. — Antémétique. — Anthelminthique. — Anthropographie. — Anthropologie. — Anthropomorphisme. — Anthroposomatologie. — Anti-

1. Je tiens à répéter que pour tous les Exercices sur les mots composés, je me suis beaucoup servi du savant ouvrage de M. A. Darmesteter : *Traité de la formation des mots composés dans la langue française, comparés aux autres langues romanes et au latin.* Paris, Franck.

cachectique. — Antiasthmatique. — Antipyrétique. — Antiseptique. — Antispasmodique. — Apétale. —Aphélie. — Aréomètre. — Argyropée. — Astéromètre. — Atmosphère. — Autobiographie. — Azote.

Corrigé. — **Acanthoïdes**, plantes semblables à l'acanthe (ἄκανθος, εἶδος). — **Achromatique**, qui fait voir les objets sans couleur étrangère (*à privatif*, χρῶμα). — **Adénologie**, partie de la médecine qui traite des glandes (ἀδήν, λόγος). — **Aérolithe**, pierre tombée du ciel (ἀήρ, λίθος). — **Aéromètre**, instrument qui sert à mesurer la condensation ou la raréfaction de l'air (ἀήρ, μέτρον). — **Aéronaute**, celui qui navigue dans les airs (ἀήρ, ναύτης). — **Aérostat**, ballon pour s'élever dans les airs (ἀήρ, ἵσταμαι). — **Agérasie**, état d'un vieillard qui est vigoureux comme un jeune homme (*à privatif*, γηράσκω). — **Alexipyrétique**, qui chasse la fièvre (ἀλέξω, πυρετός). — **Alphabet** (ἄλφα, βῆτα). — **Allopathe**, celui qui pour guérir une maladie cherche à produire des symptômes opposés à ceux de cette maladie (ἄλλος, πάθος). — **Allopathie**, doctrine des allopathes. — **Amphiptère**, dragon à deux ailes (ἀμφίς, πτερόν). — **Anachronisme**, faute contre la chronologie (ἀνά, χρόνος). — **Anaéroïde**, nom donné à un baromètre dont une boîte vidée d'air est la pièce principale (*ἀν privatif*, ἀήρ). — **Androtomie**, dissection du corps humain (ἀνήρ, τομή). — **Anémie**, maladie qui consiste dans l'affaiblissement des globules du sang (*ἀν privatif*, αἷμα). — **Anémomètre**, instrument qui sert à mesurer la force du vent (ἄνεμος, μέτρον). — **Anémoscope**, instrument qui fait connaître la direction des vents (ἄνεμος, σκοπεῖν). — **Anesthésie**, privation de la faculté de sentir (*ἀν privatif*, αἰσθάνεσθαι). — **Angiographie**, description des vaisseaux du corps (ἀγγεῖον, γράφω). — **Angiotomie**, dissection des vaisseaux (ἀγγεῖον, τομή). — **Anhydre**, qui ne contient pas d'eau (*ἀν privatif*, ὕδωρ). — **Antémétique**, remède contre le vomissement (ἀντί, ἐμετός). — **Anthelmintique**, remède contre les vers (ἀντί, ἕλμινς, ἕλμινθος). — **Anthropographie**, description de l'homme (ἄνθρωπος, γράφω).

Anthropologie, traité sur l'homme (ἄνθρωπος, λόγος). — **Anthropomorphisme**, doctrine de ceux qui attribuent à Dieu une forme humaine (ἄνθρωπος, μορφή). — **Anthroposomatologie**, description du corps humain (ἄνθρωπος, σῶμα, λόγος). — **Anticachectique**,(remède) contre la cachexie ou dépérissement (ἀντί, καχεξία).—**Anthiasthmatique**,(remède) contre l'asthme (ἀντί, ἄσθμα). —**Antipyrétique**, (remède) contre la fièvre (ἀντί, πυρετός). — **Antiseptique**, propre à arrêter les progrès de la putréfaction (ἀντί, σηπτικός). — **Antispasmodique**,(remède) contre les spasmes(ἀντί, σπασμώδης). —**Apétale**,qui n'a pas de pétale (à privatif,πέταλον). — **Aphélie**, point de l'orbite d'une planète où elle se trouve à sa plus grande distance du soleil (ἀπό,ἥλιος).—**Aréomètre**, instrument qui sert à peser les fluides (ἀραιός, μέτρον). — **Argyropée**, art de faire de l'argent (ἄργυρος, ποιέω). — **Astéromètre**, instrument pour calculer le lever et le coucher des étoiles(ἀστήρ, μέτρον). — **Atmosphère**, couche de corps gazeux qui enveloppe le globe terrestre (ἀτμός, σφαῖρα). — **Autobiographie**, biographie d'une personne écrite par elle-même (αὐτός, βίος, γράφω). — **Azote**, gaz impropre à entretenir la vie (à privatif, ζώω).

380ᵉ EXERCICE.

Comme le précédent.

Baromètre. — Baroscope. — Bibliomane. — Bibliophile. — Biographe. — Blépharoptosis. — Brachygraphie. — Brachypnée. — Bromographie. — Bronchotomie. — Bucentaure. — Cacographie. — Catacoustique. — Chalcographie. — Cheiroptère. — Chorégraphie. — Chromolithographie. — Chronomètre. — Chrysanthème. — Chrysocale. — Chrysographe. — Chrysopée. — Conocarpe. — Coprophage. — Cristallographie. — Cryptocéphale. — Cryptographie. — Cyanhydrique. — Cyanogène. — Cyanomètre. — Cystotomie. — Décagramme. — Décalitre. — Décamètre. — Décasyllabique.

— Démonolatrie. — Dendromètre. — Dermographie. — Dermologie. — Dermotomie. — Desmologie. — Diaphanomètre. — Dièdre. — Discoïde. — Dodécagone. — Dyslalie. — Dysorexie.

Corrigé. — Baromètre, instrument servant à mesurer la pesanteur de l'air (βάρος, μέτρον). — **Baroscope,** instrument servant à déterminer la poussée verticale de l'air (βάρος, σκοπέω). — **Bibliomane,** celui qui a la manie des livres (βιβλίον, μαίνομαι). — **Bibliophile,** celui qui aime les livres (βιβλίον, φίλος). — **Biographe,** celui qui écrit la vie de quelqu'un (βίος, γράφω). — **Blépharoptosis,** chute des paupières (βλέφαρον, πτῶσις). — **Brachygraphie,** art d'écrire en abrégé (βραχύς, γράφω). — **Brachypnée,** respiration courte et pressée (βραχύς, πνοή). — **Bromographie,** partie de la médecine relative aux aliments (βρῶμα, γράφω). — **Bronchotomie,** incision faite aux voies respiratoires (βρόγχος, τομή). — **Bucentaure,** vaisseau qui portait à la proue l'image d'un centaure monté sur un bœuf (βοῦς, κένταυρος). — **Cacographie,** orthographe vicieuse (κακός, γράφω). — **Catacoustique,** partie de l'acoustique qui a pour objet les sons réfléchis (κατά, ἀκούω). — **Chalcographie,** gravure sur cuivre (χαλκός, γράφω). — **Cheiroptère,** qui a des mains ailées (χείρ, πτερόν). — **Chorégraphie,** art de noter les figures d'une danse (χορός, γράφω). — **Chromolithographie,** impression en couleur sur pierre (χρῶμα, λίθος, γράφω). — **Chronomètre,** instrument qui mesure le temps (χρόνος, μέτρον). — **Chrysanthème,** fleur qui, dans certaines variétés a la couleur de l'or (χρυσός, ἄνθεμον). — **Chrysocale,** métal qui a la beauté de l'or (χρυσός, καλός). — **Chrysographe,** qui écrit en lettres d'or (χρυσός, γράφω). — **Chrysopée,** art de convertir les métaux en or (χρυσός, ποιέω). — **Conocarpe,** qui a le fruit conique (κῶνος, κάρπος). — **Coprophage,** qui mange les ordures (κόπρος, φαγεῖν). — **Cristallographie,** description des cristaux (κρύσταλλος, γράφειν). — **Cryptocéphale,** insecte dont la tête est cachée (κρύπτω, κεφαλή). — **Cryptographie,** art d'écrire d'une manière mystérieuse (κρύπτω, γράφω). — **Cyanhydrique**, acide formé par la combinaison du cyanogène avec l'hydrogène (κυανός, ὕδωρ). — **Cyanogène**, combinaison d'azote et de carbone qui entre dans le bleu de Prusse (κυανός, γένομαι).— **Cyanomètre**, instrument destiné à mesurer l'intensité de la couleur bleue du ciel (κυανός, μέτρον). — **Cystotomie**, incision faite à la vessie (κύστις, τομή). — **Décagramme**, poids de dix grammes (δέκα, γράμμα). — **Décalitre**, mesure de dix litres (δέκα, λίτρα). —**Décamètre**, longueur de dix mètres (δέκα, μέτρον). — **Décasyllabique**, qui a dix syllabes (δέκα, συλλαβή). — **Démonolatrie**, culte du démon (δαίμων, λατρεία). — **Dendromètre**, instrument pour mesurer la quantité de bois que contient un arbre (δένδρον, μέτρον). — **Dermographie**, description de la peau (δέρμα, γράφω). — **Dermologie**, partie de la médecine qui traite de la peau (δέρμα, λόγος). — **Dermotomie**, dissection de la peau (δέρμα, τομή). — **Desmologie**, partie de l'anatomie qui traite des ligaments (δεσμός, λόγος). — **Diaphanomètre**, instrument pour mesurer la transparence de l'air (διαφανής, μέτρον). — **Dièdre**, angle formé par deux plans qui se rencontrent (δίς, ἕδρα). — **Discoïde**, qui a la forme d'un disque (δίσκος, εἶδος).—**Dodécagone**, polygone de douze côtés (δώδεκα, γωνία).—**Dyslalie**, articulation difficile des paroles (δύς-, λαλεῖν).—**Dysorexie**, diminution de l'appétit (δύς-, ὄρεξις).

<h2 style="text-align:center">381e EXERCICE.</h2>

Dire le sens de chacun des mots composés qui suivent et indiquer les éléments qui le constituent.

Échinophore. — Électrophore. — Électroscope. — Émétologie. — Ennéagone. — Entérographie. — Entomologie.—Éolipyle.—Galéopithèque. — Gamologie.— Géohydrographie. — Géologie. — Géoscopie. — Gleucomètre. — Glossotomie. — Glyptographie. — Goniométrie. — Graphomètre. — Hectolitre. — Hectomètre. — Hélicoïde. — Héliomètre. — Hélioscope. —Hémato-

logie. — Hémoptysie. — Hépatalgie. — Herpétologie.
— Hexagone. — Hiéroglyphe. — Hippiatrique. —
Hippotomie. — Hydrodynamique. — Hydrogène. —
Hydrographie. — Hygromètre.

Corrigé. — **Échinophore**, plante dont les fruits sont héris
sés de pointes (ἐχῖνος, φέρω). — **Électrophore**, instrument
qui se charge d'électricité (ἤλεκτρον, φέρω). — **Electroscope**,
instrument pour mesurer la quantité d'électricité que contient
l'air (ἤλεκτρον, σκοπέω). — **Émétologie**, partie de la médecine qui traite des vomitifs (ἐμετός, λόγος). — **Ennéagone**,
polygone de neuf côtés (ἐννέα, γωνία). — **Entérographie**,
description des intestins (ἔντερον, γράφω). — **Entomologie**,
science des insectes (ἔντομον, λόγος). — **Éolipyle**, boule
creuse qui, remplie d'eau et échauffée, produit un jet continu
de vapeur (Αἴολος, πύλη). — **Galéopithèque**, espèce de
singe (γαλέη, πίθηκος). — **Gamologie**, traité du mariage
(γάμος, λόγος). — **Géohydrographie**, description de la
terre et des eaux (γῆ, ὕδωρ, γράφω). — **Géologie**, science
qui s'occupe de l'intérieur de la terre (γῆ, λόγος). — **Géoscopie**, examen de la nature et des qualités de la terre (γῆ,
σκοπέω). — **Gleucomètre**, instrument pour mesurer la force
du moût de vin (γλεῦκος, μέτρον). — **Glossotomie**, dissection
de la langue (γλῶσσα, τομή). — **Glyptographie**, connaissance des gravures faites sur les pierres précieuses (γλυπτός,
γράφω). — **Goniométrie**, art de mesurer les angles (γωνία,
μέτρον). — **Graphomètre**, instrument pour mesurer les
angles sur le terrain (γράφω, μέτρον). — **Hectolitre**, mesure
de cent litres (ἑκατόν, λίτρα). — **Hectomètre**, mesure de
cent mètres (ἑκατόν, μέτρον). — **Hélicoïde**, qui a la figure
d'une hélice (ἕλιξ, εἶδος). — **Héliomètre**, instrument qui
sert à mesurer le diamètre du soleil (ἥλιος, μέτρον). —
Hélioscope, instrument qui sert à observer le soleil (ἥλιος,
σκοπέω). — **Hématologie**, partie de la médecine qui traite
du sang (αἷμα, λόγος). — **Hémoptysie**, crachement de sang
(αἷμα, πτύσις). — **Hépatalgie**, douleur du foie (ἧπαρ, ἄλγος).
— **Herpétologie**, traité des reptiles (ἑρπετόν, λόγος). —

Hexagone, polygone de six angles (ἕξ, γωνία). — **Hiéro-glyphe,** écriture sacrée (ἱερός, γλύφω). — **Hippiatrique,** médecine des chevaux (ἵππος, ἰατρική). — **Hippotomie,** ana-tomie du cheval (ἵππος, τομή). — **Hydrodynamique,** science de l'équilibre et du mouvement des fluides (ὕδωρ, δύναμις). — **Hydrogène,** gaz générateur de l'eau (ὕδωρ, γένος). — **Hydrographie,** description des eaux (ὕδωρ, γράφω). — **Hygromètre,** instrument qui marque le degré d'humidité de l'atmosphère (ὑγρός, μέτρον).

382ᵉ EXERCICE.

Comme le précédent.

Isagone. — Kilomètre. — Laryngotomie. — Lépidop-tère. — Lithotripsie. — Logarithme. — Logogriphe. — Lycopode. — Mégascope. — Mélodrame. — Métallogra-phie. — Météorologie. — Métrologie. — Métromanie. — Microbe. — Micrographie. — Micromètre. — Micro-scope. — Mnémotechnie. — Monopétale. — Myiologie. — Myographie. — Myologie. — Myriagramme. — Myria-mètre. — Nécrologie. — Néologisme. — Néphralgie. — Névralgie. — Névrologie. — Nosographie. — Nos-talgie. — Octogone. — Odontologie. — OEnomètre. — Ombromètre. — Ontologie. — Oolithe. — Ophiologie. — Ophtalmologie. — Oréographie. — Orthopédie. — Oryctologie. — Ostéotomie. — Otographie. — Oxygène.

Corrigé. — Isagone, qui a les angles égaux (ἴσος, γωνία). — **Kilomètre,** longueur de mille mètres (χίλιοι, μέτρον). — **Laryngotomie,** incision à la gorge (λάρυγξ, τομή). — **Lépi-doptère,** qui a des ailes écailleuses (λεπίς, πτερόν). — **Litho-tripsie,** opération par laquelle on broie la pierre dans la vessie (λίθος, τρίβω). — **Logarithme,** nombre pris dans une progression arithmétique, et répondant à un autre nombre pris dans une progression géométrique (λόγος, ἀριθμός). — **Logogriphe,** sorte d'énigme (λόγος, γρῖφος). — **Lycopode,**

espèce de mousse (λύκος, ποῦς). — **Mégascope**, instrument d'optique qui représente les objets en grand (μέγας, σκοπέω). — **Mélodrame**, drame mêlé de chants (μέλος, δράμα). — **Métallographie**, science des métaux (μέταλλον, γράφω). — **Météorologie**, partie de la physique qui traite des météores (μετέωρος, λόγος). — **Métrologie**, traité des mesures (μέτρον, λόγος). — **Métromanie**, manie de faire des vers (μέτρον, μανία). — **Microbe**, insecte dont la vie est courte (μίκρος, βίος). — **Micrographie**, description de petits objets vus au microscope (μίκρος, γράφω). — **Micromètre**, instrument servant à mesurer de petites grandeurs (μίκρος, μέτρον). — **Microscope**, instrument grossissant à la vue les petits objets (μίκρος, σκοπέω). — **Mnémotechnie**, art de se souvenir (μνήμων, τέχνη). — **Monopétale**, qui n'a qu'un pétale (μόνος, πέταλον). — **Myiologie**, traité sur les mouches (μυῖα, λόγος). — **Myographie**, description des muscles (μῦς, γράφω). — **Myologie**, traité des muscles (μῦς, λόγος). — **Myriagramme**, poids de dix mille grammes (μύριοι, γράμμα). — **Myriamètre**, longueur de dix mille mètres (μύριοι, μέτρον). — **Nécrologie**, notice sur une personne morte depuis peu (νεκρός, λόγος). — **Néologisme**, habitude d'employer des termes nouveaux (νέος, λόγος). — **Néphralgie**, douleur des reins (νεφρός, ἄλγος). — **Névralgie**, douleur des nerfs (νεῦρον, ἄλγος). — **Névrologie**, partie de l'anatomie qui traite des nerfs (νεῦρον, λόγος). — **Nosographie**, description des maladies (νόσος, γράφω). — **Nostalgie**, maladie du pays (νόστος, ἄλγος). — **Octogone**, qui a huit angles (ὀκτώ, γωνία). **Odontologie**, partie de l'anatomie qui traite des dents (ὀδούς, λόγος). — **Œnomètre**, instrument pour mesurer le degré de force du vin (οἶνος, μέτρον). — **Ombromètre**, instrument pour mesurer la quantité de pluie tombée (ὄμβρος, μέτρον). — **Ontologie**, science de l'être en général (ὄν, λόγος). — **Oolithe**, pierre composée de petites coquilles ressemblant à des œufs de poissons (ὠόν, λίθος). — **Ophiologie**, description des serpents (ὄφις, λόγος). — **Ophtalmologie**, partie de l'anatomie qui traite des yeux (ὀφθαλμός, λόγος). — **Oréographie**, description des montagnes (ὄρος, γράφω). — **Orthopé-**

die, art de corriger ou de prévenir dans les enfants les difformités du corps (ὀρθός, παιδεία). — **Oryctologie,** partie de l'histoire naturelle qui traite des fossiles (ὀρυκτός, λόγος). — **Ostéotomie,** dissection des os (ὀστέον, τομή). — **Otographie,** description de l'oreille (οὖς, γράφω). — **Oxygène,** gaz formant des oxydes et des acides (ὀξύς, γένος).

383ᵉ EXERCICE.

Dire le sens de chacun des mots composés qui suivent et indiquer les éléments qui le constituent.

Paléographie. — Pancarte. — Pandémonium. — Panophobie. — Panorama. — Panthéisme. — Pantographe. — Pantomètre. — Parallélographe. — Péchyagre. — Pentadécagone. — Périhélie. — Pétaloïde. — Philharmonique. — Philotechnique. — Phlébographie. — Phyllithe. — Phylloxéra. — Physiologie. — Phytolithe. — Pleuropneumonie. — Pneumographie. — Podomètre. — Polyanthée. — Protoxyde. — Pseudorexie. — Psychologie. — Psychromètre. — Ptyalagogue. — Pyrétologie. — Pyrotechnie. — Rachisagre. — Sarcologie. — Scaphandre. — Sélénographie. — Somatologie. — Splanchnologie. — Splénographie. — Stéréographie. — Stéréotype. — Stylométrie. — Tautogramme. — Taxidermie. — Télégraphe. — Tétraèdre. — Théodicée. — Théophilanthrope. — Thermomètre. — Trigonométrie. — Trinome. — Typographie.

Corrigé. — **Paléographie,** science des écritures anciennes (παλαιός, γράφω). — **Pancarte,** placard affiché pour donner un avis (πᾶν, χάρτης). — **Pandémonium,** lieu imaginaire que l'on suppose être la capitale des enfers (πᾶς, δαίμων). — **Panophobie,** espèce de maladie qui fait qu'on a peur de tout (Πᾶν, Pan, d'où terreur panique, φόβος). — **Panorama,** grand tableau circulaire (πᾶς, ὁράω). — **Panthéisme,** système de ceux qui n'admettent d'autre dieu que le grand tout (πᾶς, θεός). — **Pantographe**, instrument au moyen duquel on copie toutes sortes de dessins (πᾶς, γράφω). — **Pantomètre**, instrument pour mesurer toutes sortes d'angles (πᾶς, μέτρον). — **Parallélographe**, instrument pour tirer des lignes parallèles (παράλληλος, γράφω). — **Péchyagre**, goutte du coude (πῆχυς, ἄγρα). — **Pentadécagone**, figure qui a quinze angles (πέντε, δέκα, γωνία). — **Périhélie**, point de l'orbite d'une planète où elle est le plus près du soleil (περί, ἥλιος). — **Pétaloïde**, qui a la forme d'un pétale (πέταλον, εἶδος). — **Philharmonique**, qui aime l'harmonie (φίλος, ἁρμονία). — **Philotechnique**, qui aime les arts (φίλος, τέχνη). — **Phlébographie**, description des veines (φλέψ, γράφω). — **Phyllithe**, feuille pétrifiée (φύλλον, λίθος). — **Phylloxéra**, nom donné à un insecte qui attaque la racine de la vigne et le fait périr, improprement appelé ainsi de deux mots signifiant feuille sèche (φύλλον, ξηρός). — **Physiologie**, science qui traite des phénomènes de la vie (φύσις, λόγος). — **Phytolithe**, pierre qui a la figure de quelque plante (φυτόν, λίθος). — **Pleuropneumonie**, inflammation de la plèvre et du poumon (πλευρά, πνεύμων). — **Pneumographie**, description du poumon (πνεύμων, γράφω). — **Podomètre**, instrument destiné à mesurer le chemin qu'on a fait (πούς, μέτρον). — **Polyanthée**, qui a plusieurs fleurs (πολύς, ἄνθος). — **Protoxyde**, l'oxyde le moins oxydé de tous ceux que peut former une substance quelconque se combinant avec l'oxygène (πρῶτος, ὀξύς). — **Pseudorexie**, fausse faim (ψευδής, ὄρεξις). — **Psychologie**, partie de la philosophie qui traite de l'âme (ψυχή, λόγος). — **Psychromètre**, instrument propre à mesurer les degrés du froid (ψυχρός, μέτρον). — **Ptyalagogue**, qui excite la salivation (πτύαλον, ἄγω). — **Pyrétologie**, traité sur les fièvres (πυρετός, λόγος). — **Pyrotechnie**, art de se servir du feu (πῦρ, τέχνη). — **Rachisagre**, rhumatisme de l'épine du dos (ῥάχις, ἄγρα). — **Sarcologie**, traité des chairs (σάρξ, λόγος). — **Scaphandre**, appareil à l'aide duquel on peut se soutenir sur l'eau ou travailler sous l'eau (σκάφη, ἀνήρ). — **Sélénographie**, description [de la lune (σελήνη, γράφω). — **Somatologie**, traité du corps humain (σῶμα, λόγος). — **Splanchnologie**, partie de l'anatomie qui traite des viscères (σπλάγχνα, λόγος). — **Splénographie**, description de la rate (σπλήν, γράφω). — **Stéréographie**, art de représenter les solides sur un plan (στερεός, γράφω). — **Stéréotype**, se dit de livres imprimés avec des planches dont les caractères ne sont pas mobiles (στερεός, τύπος). — **Stylométrie**, art de mesurer une colonne (στῦλος, μέτρον).— **Tautogramme**, poème où l'on affecte de n'employer que des mots qui commencent tous par la même lettre (ταυτό, γράμμα). — **Taxidermie**, art de conserver les peaux des animaux (τάξις, δέρμα). — **Télégraphe**, instrument qui sert à écrire au loin (τῆλε, γράφω). — **Tétraèdre**, corps régulier dont la surface est formée de quatre triangles égaux (τέτταρες, ἕδρα). — **Théodicée**, partie de la philosophie qui traite de la justice de Dieu (θεός, δίκη). — **Théophilanthrope**, membre d'une secte religieuse qui donne pour base à son culte l'amour de Dieu et des hommes (θεός, φίλος, ἄνθρωπος). — **Thermomètre**, instrument fait pour indiquer les degrés de la chaleur ou du froid (θερμός, μέτρον). — **Trigonométrie**, partie de la géométrie qui s'occupe de la mesure des triangles (τρίγωνος, μέτρον). — **Trinome**, quantité algébrique composée de trois termes (τρεῖς, νομή). — **Typographie**, art de l'imprimerie (τύπος, γράφω).

384e EXERCICE.

Parmi les mots composés suivants, distinguer ceux qui sont venus tout formés du grec et ceux qui sont de formation française.

Amphibie, amphiptère. — Antidote, antiphrase, antipyrétique, antiseptique. — Apocryphe, apogée, aphélie. — Diacaustique, diamètre. — Dyslalie, dyspepsie, dyssenterie. — Géographie, géologie, géométrie. — Hémoptysie, hémorragie. — Hexacorde, hexagone, hexamètre. — Hydrogène, hydromel. — Hyperbole, hypertrophie. — Logarithme, logogriphe, logomachie. — Métallographie, métallurgie. — OEnomètre, œnophore. — Philharmonique, philhellène, philosophe. — Théodicée, théologie.

Corrigé. — Amphibie (ἀμφίβιος), amphiptère (formé en français de ἀμφίς et πτέρον). — Antidote (ἀντίδοτον'), antiphrase (ἀντίφρασις), antipyrétique (formé en français de ἀντί et πυρέτος), antiseptique (formé en français de ἀντί et σηπτικός). — Apocryphe (ἀπόκρυφος), apogée (ἀπόγειον), aphélie (formé en français de ἀπό et ἥλιος). — Diacaustique (formé en français de διά et καυστικός), diamètre (διάμετρος). — Dyslalie (formé de δύς, λαλεῖν), dyspepsie (δυσπεψία), dyssenteric (δυσεντερία). — Géographie (γεωγραφία), géologie (formé de γῆ et λόγος), géométrie (γεωμετρία). — Hémoptysie (αἱμόπτυσις), hémorragie (αἱμορῥαγία). — Hexacorde (formé de ἕξ et χορδή), hexagone (formé de ἕξ et γῶνος), hexamètre (ἑξάμετρος). — Hydrogène (formé de ὕδωρ, γένος), hydromel (ὑδρόμελι). — Hyperbole (ὑπερβολή), hypertrophie (formé de ὑπέρ et τροφή). — Logarithme (formé de λόγος et ἀριθμός), logogriphe (formé de λόγος, et γρίφος), logomachie (λογομαχία). — Métallographie (formé de μέταλλον et γράφω), métallurgie (μεταλλουργία). — OEnomètre (formé de οἶνος et μέτρον), œnophore (οἰνοφόρος). — Philharmonique (formé de φίλος et ἁρμονία), philhellène (φιλέλλην), philosophe (φιλόσοφος). — Théodicée (formé de θεός et δίκη), théologie (θεολογία).

<h2 style="text-align:center">385ᵉ EXERCICE.</h2>

Les mots composés qui suivent sont hybrides, c'est-à-dire composés d'éléments de langues différentes; dire de quels éléments chacun d'eux a été formé.

Anglomanie. — Bioxyde. — Capnofuge. — Centimètre. — Coxalgie. — Daguerréotype. — Décimètre. — Électro-aimant. — Galvanomètre. — Galvanoplastie. — Gazogène. — Gazomètre. — Lithotritie. — Millimètre. — Minéralogie. — Monocle. — Monorime. — Néolatin. — Pellagre. — Philocome. — Photosculpture. — Planisphère. — Squamoderme.

Corrigé. — Anglomanie (*anglo*, μανία). — Bioxyde (latin *bi* et *oxyde*). — Capnofuge (καπνός, latin *fugio*). —Centimètre (*centi*, du latin *centum* et μέτρον). — Coxalgie (latin *coxa*, ἀλγεῖν). — Daguerréotype (*Daguerre*, nom propre, τύπος). — Décimètre (*deci*, du latin *decem* et μέτρον). — Électro-aimant (ἤλεκτρον, et *aimant*). — Galvanomètre (*Galvani*, nom propre, et μέτρον). — Galvanoplastie (*Galvani* et πλάσσω). — Gazogène (*gaz* et γένος). — Gazomètre (*gaz* et μέτρον). — Lithotritie (λίθος et latin *tritum*). — Millimètre (*milli*, du latin *mille*, et μέτρον). —Minéralogie (*minéral* et λόγος). —Monocle (μόνος et latin *oculus*.) — Monorime (μόνος et *rime*). — Néolatin (νέος et *latin*). — Pellagre (latin *pellis* et ἄγρα). — Philocome (φίλος et latin *coma*). —Photosculpture (φῶς, φωτός et *sculpture*). —Planisphère (latin *planus* et σφαῖρα). — Squamoderme (latin *squama* et δέρμα).

<h2 style="text-align:center">386e EXERCICE.</h2>

(Grammaire, § 436 bis, fin.)

Les divers procédés de composition en français se ramènent à trois types principaux, **juxtaposition, composition par particules, composition proprement dite**; *dire auquel de ces trois types se rapporte chacun des mots suivants.*

Acompte. — Aide-major. — Aloi. — Arc-en-ciel. — Blanc-bec. — Café-concert. — Chef-d'œuvre. — Chou-fleur. — Coffre-fort. — Compère. — Entremêler. — Essuie-mains. —Injustice. — Maladroit. — Mésalliance. — Parapluie. — Plafond. — Porte-bonheur. —Pourboire. — Rose-thé.

Corrigé. — 1° *Juxtaposition* : Arc-en-ciel, blanc-bec, chef-d'œuvre, coffre-fort, plafond.

2° *Composition par particules :* compère, entremêler, injustice, maladroit, mésalliance.

3° *Composition elliptique ou composition proprement dite :* acompte, aide-major, aloi, café-concert, chou-fleur, essuie-mains, parapluie, porte-bonheur, pourboire, rose-thé.

VI. — Des familles de mots.

387e EXERCICE.

(Grammaire, § 438.)

Donner, d'après la grammaire, tous les mots qui se rattachent à la racine AG; *distinguer les mots primitifs, les mots dérivés, les mots composés.*

Corrigé. — Voir le tableau qui est dans la Grammaire, page 482.

388e EXERCICE.

Racine CAP. Mots primitifs, mots dérivés, mots composés.

Corrigé. — Voir le tableau qui est dans la Grammaire, pages 482 et 483.

389e EXERCICE.

Racine SPEC. Mots primitifs, mots dérivés, mots composés.

Corrigé. — Voir le tableau qui est dans la Grammaire, page 483.

390e EXERCICE.

Racine FOR (idée de force). Mots primitifs, mots dérivés, mots composés.

Corrigé. — *Mots primitifs* : fort, force, forcer.
Mots dérivés : fort (*subst.*), fortin, forteresse, fortifier, fortifiant, fortification; — forcément; — forcé, forcément.
Mots composés : forte-piano, raifort; — efforcer, effort; — renforcer, renforcement.

391e EXERCICE.

Racine LEV (idée de lever). Mots primitifs, **mots dérivés,** mots composés.

Corrigé. — *Mot primitif :* lever.

Mots dérivés : levée, levure, levain, levier, levant, levantin levantine.

Mots composés : lever-Dieu ; — élever, élève, élévation, éleveur, élevage ; — surélever, surélévation ; — prélever, prélèvement ; — [relever, relevé, relevée, releveur, relèvement, relevailles ; — soulever, soulèvement ; — relief, bas-relief.

392ᵉ EXERCICE.

Racine TEN (idée de tenir). Mots primitifs, mots dérivés, mots composés.

Corrigé. — *Mots primitifs :* tenir, tenace.

Mots dérivés : tenable, tenaille, tenailler, tenant, tenancier, teneur, tenon, tension, tenu, terme, ténuité ; — ténacité.

Mots composés : s'abstenir, abstention ; — attenant ; — contenir, contenant, contenance, contenu, décontenancer ; — détenir, détenu ; — entretenir, entretien ; — obtenir, obtention ; —retenir, retenue, rétention ; — soutenir, soutien, soutenance, soutenable, insoutenable, soutènement ; —partenaire ; — appartenir, appartenance, —lieutenant, lieutenance, sous-lieutenant, sous-lieutenance ; — maintien, maintenir, maintenu, maintenue, maintenant ; — détenter, détenteur, codétenteur, détention ;—sustenter, sustenteur ;—manutention ;—abstinent, abstinence ;—continent, continence, incontinent, incontinence, incontinental, incontinent, *adv.* continu, continuer, continuel, continuellement, continuité, continuateur, continuation, discontinuer, discontinuation ; — pertinent, pertinemment, impertinent, impertinemment, impertinence ;—obstiner, obstination, obstinément ; — agglutiner, agglutination, conglutiner, conglutinant, conglutination, etc.

VII. — De l'analyse étymologique.

393ᵉ EXERCICE.

(Grammaire, § 439.)

Faire l'analyse étymologique de tous les mots de la phrase suivante ; dire pour chacun d'où il vient, s'il est primitif, dérivé ou composé, et, s'il y a lieu, dégager les éléments qui le constituent.

Corrigé. — **Après,** dérivé de *près,* qui vient du latin *pressus,* proprement serré contre, qui avoisine, d'où le sens de *joignant,* et de *près.* — **le,** du latin *illum.* — **éléphant,** du latin *elephantem.* — **le,** du latin *illum.* — **rhinocéros,** du latin *rhinoceros* venu du grec ῥινόκερως, formé de ῥίν, *nez,* et κέρας, *corne.* — **est,** du latin *est.* — **le,** du latin *illum.* — **plus,** du latin *plus.* — **puissant,** du latin † *possentem,* participe barbare de *posse.* — **des,** contraction de *dels* qui représente *de les.* — **animaux,** du latin *animal.* — **quadrupèdes,** du latin *quadrupedus,* mot composé des racines des mots *quatuor,* quatre, et *pes,* pied. — **il,** du latin *ille.* — **a,** du latin *habet.* — **au,** anciennement *al,* contraction de *à le.* — **moins,** du latin *minus.* — **douze,** du latin *duodecim.* — **pieds,** du latin *pedes.* — **de,** du latin *de.* — **longueur,** dérivé de *long,* qui vient du latin *longum.* — **depuis,** formé de *de* et de *puis,* du latin *post.* — **la,** du latin *illam.* — **extrémité,** du latin *extremitatem.* — **du,** à l'origine *del,* contraction de *de le.* — **museau,** ancien français *musel,* diminutif de *muse,* qui dans l'ancien français signifiait *bouche* et venait du bas latin *musus,* transformation de *morsus.* — **jusque,** du latin *de usque.* — **à,** du latin *ad.* — **la,** du latin *illam.* — **origine,** du latin *originem.* — **de,** du latin *de.* — **la,** du latin *illam.* — **queue,** du latin *caudam.* — **six,** du latin *sex.* — **à,** du latin *ad.* — **sept,** du latin *septem.* — **pieds,** du latin *pedes.* — **de,** du latin *de.* — **hauteur,** dérivé de *haut,* du latin *altus.* — **et,** du latin *et.* — **la,** du latin *illam.* — **circonférence,** du latin *circumferentiam.* — **du,** à l'origine *del,* contraction de *de le.* — **corps,** du latin *corpus.* — **à,** du latin *ad.* — **peu,** du latin *paucum.* — **près,** du latin *pressum* (voir plus haut *après).* — **égale,** du latin *æqualem.* — **à,** du latin *ad.* — **sa,** du latin *suam.* — **longueur,** dérivé de *long,* du latin *longum.*

394ᵉ EXERCICE.

Dire d'où vient chacun des mots de la phrase suivante :

A l'âge de trente-trois ans, au milieu des plus vastes **desseins** qu'un homme eût jamais conçus et avec les plus **justes** espérances d'un heureux succès, Alexandre mourut sans avoir eu le loisir d'établir solidement ses affaires, laissant un frère imbécile et des enfants en bas âge incapables de soutenir un si grand poids. (BOSSUET.)

Corrigé. — La phrase précédente est citée par M. Egger[1] qui, voulant montrer que le latin a fourni les principaux éléments de notre langue rapproche de chaque mot français le mot ou les mots latins auxquels il remonte par voie de dérivation plus ou moins directe; dans la phrase latine que nous allons citer, M. Egger applique arbitrairement la syntaxe des cas avec les prépositions latines pour montrer que l'oubli de ces règles est précisément un des traits caractéristiques de la décadence du latin au moyen âge et de sa transformation en dialectes néo-latins.

Ad illum ætaticum de triginta tres annos, ad illum medium locum de illis plus vastis de-signis quæ unus homo habuisset jam magis concepta et apud hoc(?) illis plus justis sperantiis de uno auguroso successu, Alexander morivit sine habere habitum illum licere de stabilire solida-mente sua ad-facere, laxantis unum fratrem imbecillum et de-illos infantes in basso ætatico, incapabiles de sustinere unum sic grande pondus[2].

<h2 style="text-align:center">395e EXERCICE.</h2>

Dire d'où vient chacun des mots du morceau suivant.

Un vieux capitaine.

Corrigé. — Devant (de *et* avant) une (*unam*) table (*tabulam*) de (*de*) chêne († *casnum*), noircie (dér. de noir) par (*per*) la (*illam*) graisse (dérivé de gras) et (*et*) la (*illam*) fumée (dér. de fumer), était (*esse*) assis (*assidere*) le (*illum*) capitaine (espagnol *capitan* ou bas latin *capitaneus*) des (de les) reîtres (allemand *reiter*). Ce (*ecce-hoc*) était un grand (*grandem*) et gros (†*grossum*) homme (*hominem*) de cinquante (*quinquaginta*)

1. *Observations sur un procédé de dérivation très fréquent dans la langue française,* pages 4 et5.

2. Il serait dangereux de demander aux élèves de donner ainsi l'étymologie des mots d'une phrase; il vaut mieux procéder suivant la méthode que j'indique pour les exercices 393e et 395e.

ans (*annos*) environ (dér. de virer), avec (*apud-hoc*) un nez (*nasum*) aquilin (*aquilinum*), le teint (dér. de teindre) fort (*forte* ou *forti*) enflammé (*inflammatum*), les cheveux (*capillos*) grisonnants (dér. de gris) et rares (*raros*), couvrant (*cooperire*) mal (*male*) une large (*largam*) cicatrice (*cicatricem*) qui (*qui*) commençait († *cuminitiare*) à (*ad*) l'oreille (*auriculam*) gauche (mot d'origine germanique répondant à l'ancien haut allemand *welk*, faible) et qui venait (*venire*) se (*se*) perdre (*perdere*) dans (*de-intus*) son (*suum*) épaisse (*spissam*) moustache (italien *mostaccio*). Il (*ille*) avait (*habere*) ôté († *haustare*) sa cuirasse (italien *corazza*) et son casque (italien *casco*) et n' (*ne*) avait conservé (*conservare*) qu' (*quam*) un pourpoint (dér. de l'ancien verbe *pourpoindre*, piquer, broder) de cuir (*corium*) de Hongrie, noirci par le frottement (dér. de frotter) de ses armes (*arma*), et soigneusement (dér. de soin) rapiécé (dér. de pièce) en plusieurs († *pluriores*) endroits (composé de en et droit). Son sabre (allemand *säbel*) et ses pistolets (italien *pistola*) étaient déposés (*deponere*) sur (*super*) un banc (vieil haut allemand *banc*) à sa portée (dér. de porter) ; seulement (dér. de *seul*) il conservait sur lui (*illi-huic*) un large poignard (dér. de poing), arme qu'un homme prudent (*prudentem*) ne quittait (dér. de quitte) jamais (composé de ja et de mais) que pour (*pro*) se mettre (*mittere*) au (à le), lit (*lectum*).

N. B. — Les exercices du chapitre II se trouvent dans le second volume.

INDEX

DES MOTS CONTENUS DANS LES EXERCICES ÉTYMOLOGIQUES

N. B. — Les numéros renvoient aux Exercices. Un même mot figure parfois dans plusieurs Exercices, parce qu'il est l'objet de plusieurs remarques. L'étymologie des mots précédés d'un astérisque ne se trouve que dans le livre du Maître.

C

D

E

G

M

O

P

FIN DE L'INDEX.

TABLE MÉTHODIQUE DES MATIÈRES

FIN DE LA TABLE MÉTHODIQUE DES MATIÈRES.

Paris. — Typ. G. Chamerot, 19, rue des Saints Pères. — 13236.